洒脱

沐尘\编著

北京理工大学出版社
BEIJING INSTITUTE OF TECHNOLOGY PRESS

图书在版编目(CIP)数据

洒脱些 / 沐尘编著. —北京:北京理工大学出版社，2012.7
ISBN 978-7-5640-5860-9

Ⅰ. ①洒…　Ⅱ. ①沐…　Ⅲ. ①佛教–人生哲学–通俗读物
Ⅳ. ①B948–49

中国版本图书馆 CIP 数据核字(2012)第 083698 号

出版发行 / 北京理工大学出版社
社　　址 / 北京市海淀区中关村南大街 5 号
邮　　编 / 100081
电　　话 / (010)68914775(办公室)　68944990(批销中心)　68911084(读者服务部)
网　　址 / http://www.bitpress.com.cn
经　　销 / 全国各地新华书店
印　　刷 / 北京市通州富达印刷厂
开　　本 / 710 毫米 × 1000 毫米　1/16
印　　张 / 16
字　　数 / 230 千字
版　　次 / 2012 年 7 月第 1 版　　2012 年 7 月第 1 次印刷　　责任校对 / 陈玉梅
定　　价 / 29.80 元　　责任印制 / 边心超

图书出现印装质量问题,本社负责调换

前 言

生固欣然，死亦无憾；花落还开，水流不断

人生如梦，每个生命都是从无到有，而后又从有走向无，就在这生死的往复中，构成社会和世界。世人常常感叹人生的无常，说人生犹如梦幻，转瞬即逝。因此，每个人都想活得有声有色、有滋有味，也只有这样，才不枉到这个世界上走一回。

浮生若梦，人生几何，生命如此短暂，与永恒的自然相比，人生不过是一场梦。因此，如何提高生活质量、怎样活得有意义，就成了人们的一个永久的话题。

1942 年秋，弘一法师垂危时，曾作二偈给夏丏尊等旧友："君子之交，其淡如水。执象而求，咫尺千里。问余何适，廓尔亡言。华枝春满，天心月圆。"在这几句短偈中，充分表达了一份对世事的圆融、洒脱和从容，以及大师对生与死和万物生生不息的自然规律的大彻大悟。

生是死的开始，死是生的希望。人自出生的那一刻起，就开始生命的倒计时；人活在当下，要惜秒如金，生命就在呼吸之间，每一秒都是下一秒的"过去"。人们常说，产房和墓地是人生最平等的两个地方，因为不论贫富和好坏，在这两个地方的人都是一样的。

人在出生之时握着拳来到这个世界，仿佛是在说："整个世界都是我的。"然而只有到了离开人世时才摊开手掌，明白地告诉活着的人一个道理："看吧！我什么也没带走。"

生老病死是苦，然而这一自然规律是谁也无法逆转的，人们只能在有限的生命中调整自己的心态。事实也证明，生活无节、心胸狭窄就会缩短生命，反之则能健康长寿。因此，人活一世，应当坦荡做人，处事光明磊落，见人发财眼不红，别人升官不生气，把金钱和名利置之度外。除此之外，如果看见叶落花谢、行云流水，更不要触景伤情、多愁善感。与其叹年华之消逝，畏老死之将至，不如保持乐观的心态和宽广的胸怀，享受短暂的人生中无边的乐趣。

活着，就是一种幸福、一种希望。因为人生是无常的，所以更要珍惜生命里的每一分钟，这就是我们每一个活着的人最该做到的事情。

洒脱面对生活，笃定看待世事。人总是要老的，不要为年龄的增长而发愁，年龄的增长并不可怕，怕的是内心年龄的衰老。生命的意义在于活得充实，而不在于活得长久。看重生命，必须要有一份好心境。而心境的好坏，在人不在天，在己不在人。

把一段生命看成一场漫长而又短暂的旅行，无论旅途如何，归宿如何，对待这仅有一次而且不能重来的风景，要学会自我解脱，做到清心寡欲。正如赵朴初先生临终《遗偈》所说："生固欣然，死亦无憾；花落还开，水流不断；我今何有，谁欤安息；明月清风，不劳寻觅。"

目录

目录

CONTENTS

卷一

事能常足心常惬，
人到无求品自高

心中常存知足、善解、感恩、包容。敬重贵人，礼待小人。

真正的妙法是由智慧流露出来，真正的慈悲是用智慧的力量去推动。

知足者人贫心富，不知足者人富心贫

古时候，江西金溪有一个叫胡九韶的人焚香叩拜，感谢上天赐给他一日的清福。他的妻子笑着说："我们一日三餐都是菜粥，又怎么能称得上是清福呢？"他则说："我要庆幸自己生在太平盛世，没有战争、灾祸，而且庆幸我们全家人都能安居乐业，没有挨饿受冻，还要庆幸家里床上没有病人，监狱中没有囚犯，这不是清福又是什么呢？"

《佛遗教经》上说："若欲脱诸苦恼，当观知足。知足之法，即是富乐安稳之处。知足之人，虽卧地上，犹为安乐；不知足者，虽处天堂，亦不称意。不知足者，虽富而贫；知足之人，虽贫而富。不知足者，常为五欲所牵，为知足者之所怜悯。"胡九韶不但知足常乐，而且平日还能存有一份感恩之心，这样的胸怀和境界，真可以称为圣人了。只有知足者才能感受到快乐，而不知足者往往会被欲望所累。

有一天早上，小和尚来到寺庙的厨房，发现师父得到了 5 个馒头，大师兄也得到了 5 个馒头，而自己只有 3 个馒头。闷声不响地吃过早饭后，小和尚就来到了寺庙的大树下歇息，这时他越想越觉得不公平，越想越觉得生气。师父得 5 个馒头，他觉得很应该，可是大师兄为什么也得 5 个馒头，这不是和师父平起平坐，而且又把自己看低了吗？这不行，他必须想办法解决这件事情。

于是，第二天一大早，他就找到了师父，也要 5 个馒头。师父问他："你能吃下 5 个馒头吗？"小和尚马上大声地说："能！我要 5 个馒头！"

师父看了看目光坚定的小和尚，点头同意了。很快，吃饭的时间到了，师父拿自己的两个馒头给了小和尚。早饭结束后，小和尚果真把 5 个馒头吃完了，他拍着圆滚滚的肚皮，骄傲地对师父说："师父，你看，5个馒头我都吃下去了。我能吃5个馒头，以后每天早上我都像大师兄一样要5个馒头！"师父微笑着说："没错，你现在是吃下去5个馒头，但是明天早上你要不要吃5个馒头，还是等会儿再说吧！"

吃过早饭没多久，小和尚就觉得身体不舒服，肚子胀又口渴，于是他就去喝了半碗水。但他的肚子越来越胀，还有点儿疼，进而越发难受起来，根本没法像平时那样挑水、扫地、念经。

这时，正巧走过他身边的师父看到了，对他说："平时你吃3个馒头，今天你却吃了5个馒头，你多得到了两个，但你却并没有享受到这两个馒头的好处，相反，它们给你带来了原来不曾有的痛苦。人生在世，得到不一定就是享受。千万不要把眼光盯着别人，更不要与人攀比，不贪、不求，自然知足，方能自然常乐。"小和尚捂着肚子点点头，说："师父，以后每天早上我还是吃3个馒头！"

有人说："知足者人贫心富，不知足者人富心贫。"如果世人都像故事中的小和尚一样，见到别人手中的东西比自己的多，也不根据自己的实际情况，就希望获得同等多的东西，最后只能是令自己痛苦。

风流才子唐伯虎曾在《桃花庵歌》中写道："但愿老死花酒间，不愿鞠躬车马前。车尘马足富者趣，酒盏花枝贫者缘。若将富贵比贫者，一在平地一在天；若将贫贱比车马，他得驱驰我得闲。别人笑我忒疯癫，我笑他人看不穿。不见五陵豪杰墓，无花无酒锄作田！"陶渊明也曾悠然吟道："采菊东篱下，悠然见南山。"古人这种安贫乐道，自给知足的宽广情怀，对我们很有启迪。

世人常说"多福多寿"，其实知足就是福，懂得知足的人得到的幸福和快乐一定比那些不知足的人要多。

心如虚空无挂碍，光明遍照寰宇笑

人世间"心无厌足，唯得多求"者多，古人云："人心苦不足，既得陇，又望蜀。"欲望的追求无穷无尽，未拥有的希望得到，已经得到了又恐失去，患得患失，已经无力去享受既得的幸福。所以要想感知幸

福就要常常惜福，所谓的惜福就是不要去妄想，而要懂得感恩地去珍惜身边的每一个人、每一件东西、每一件事物，不论时光如何变幻，都不要轻言丢弃与放弃。一个人越是懂得珍惜自己已经拥有的，他越是一个毗邻幸福的人。

世间万物的存在既然有因果，也就有被珍惜的理由，大到如白驹过隙的时光，小到微妙的草芥，它们存在的价值于人而言都是等量的，因此都应该值得好好去珍惜。

曾经有三位禅师结伴而行，要找到可度化之人前去向他传授佛法。常言佛法难闻，这自然是个好机会，只是不知何人可以有这样的造化。

一天，三位禅师相互商量着究竟要去哪里传法化缘，恰巧经过一条河流时，赫然发现河里自上游缓缓飘过来一片菜叶。菜叶清新碧绿，丝毫没有被丢弃的理由，于是三位禅师便望着这片菜叶议论开来。

其中的一位禅师说："你们看，这河中的菜叶自上游漂流而来，显然上游是有人家居住的，不如我们就去那里化缘讲经好了。"

另一位禅师摇头叹息说："这菜叶新鲜碧绿尚可食用，可是却有人让它白白地随波流走，实在是可惜啊！"

第三位禅师也摇了摇头说："如此好的菜叶，竟然有人不懂得珍惜，随意丢弃，看来上游的人家是不懂得惜福的，既然不懂得惜福，也就不值得我们去教化了，我们还是选择去别的地方吧。"

其他两位禅师点了点头表示同意第三位禅师所说的，于是三人整装正欲离开。忽然，一个青年匆匆忙忙地向他们这个方向跑来，见到三位禅师后忙问："诸位师父！你们可曾在水中看见了一片菜叶？我真是不小心，刚才在水中洗菜时，竟然一失手将它掉落在水中了，我现在追过来就是要找到它，不然实在是太可惜了。"

三位禅师听完青年所言，又看到青年那焦急的样子，就点点头哈哈大笑起来，并不约而同地说："如此惜福的人，定是深具慧根的，我们三个就去他家讲法吧！"

也许有人会有疑问，区区一片菜叶能值多少钱，竟然让三位得道禅师由此来判定一个人是否有慧根，又或是让一个青年从上游追踪下来，并且焦急万分。如果你这样想那就错了，其实世间万物皆不可以用金钱来计量，一旦在你的心中把万事万物都设定了金钱价值，那么你就是在内心中设置藩篱将幸福隔绝了。你无法用正常的心态去感知拥有平常之物的喜悦，你又怎么会有能力去感知幸福呢？要明白，这虽然是微小的一片菜叶，可它也是自然界最伟大的馈赠，它可以饱腹，这就是它的价值，就是它带给人的幸福。

能从微小之事懂得惜福的人，会看见每一朵花都开得异常艳丽、每一个人都真诚友善、每一件事做起来都意义非凡。所以从现在开始就放下让我们远离幸福的功利之心，用感恩的心认真地欣赏世间每一朵花的恣意开放，由衷地尊重每一个生命的独立与自由、切身地体会每一件事的奇妙与不凡吧。

懂得感恩、惜福的人，是用心在与人、与物、与整个世界交流，因此万事万物在他们眼中都是异彩纷呈的，不存在因为不满、自私、贪婪所带来的痛苦和折磨。他们也定是知晓，既然能在特定的时空里与人、与物、与事相遇，就是缘分，珍惜了这份缘分，就是珍惜了幸福。把人生难填的欲壑摆脱掉，以知足的心态珍惜自己当下拥有的一切，那些就是你的财富。不要去与别人攀比，那样自己的欲望就不会被放纵，也就让心灵时刻保持了一种从容的境界。时时用感恩的心去感受自己的富足，你就会包容一切，感激所有，那样你的幸福感才不会稍纵即逝。

想得到什么，必须先付出什么

佛说："你想得到什么，你必须先付出什么，进而你将得到你奉献的东西。"所以，生命的意义并不是你能得到什么，而在于你能付出什么。

在寒冷的夜里有个抱着柴火的人，对着一只因缺柴而熄灭的大火炉叫道："你什么时候给我温暖，我什么时候才会给你添加柴火。"然而这个人不知道，不先给火炉添加柴火，火炉怎么会给他温暖？

有个乡下人到城里去做生意，为了节省成本，就在道路不太好的街角开了一家店铺。但过了一阵子，他发现自己的生意不好。他认为这是

道路不好的缘故，就决定联合周围的商家把道路修整一番。

然而，周围的商家都不愿意这么做。他们说："路不好走，经过的人或车辆就会慢下来，人们走进店铺的几率就会增加，这样才能增加商机。"

乡下人这才知道为什么这里的路面一直坑坑洼洼，都没有人修整。对于这种逻辑，他很不以为然，他不听周围人的劝阻，自己出钱找人将路面修平了。

不久之后，这条街车辆和行人川流不息，呈现出一派繁华的景象，商机非但没有减少，反而大增。众商人都疑惑不解地问乡下人："路通畅了，人们驻足停留的机会少了，为何商机反倒增多了呢？"

乡下人解释说："路不好，人们多绕道而行。经过的人少了，商机又怎么能多？"

佛法讲因果循环和缘法，认为没有因是不会有果的，没有缘起自然也没有缘聚，有因才会有果，有缘起才会有缘聚，同样的，没有付出，就不会有回报。甚至连兵法都说："将欲取之，必先予之。"只想着回报而不付出，就算得到了，也终将会得而复失。

你付出了什么，就会得到什么。如果你对着别人"心灵的山谷"大声喊："我爱你！"对方的回音是："我爱你！"如果你对着别人"心灵的山谷"大声喊："我讨厌你！"对方的回音也是："我讨厌你！"所以，你想要别人怎样对待你，你就应该怎样对待别人。想要得到别人的爱心，你就要付出自己的爱心。

其实，当你付出爱心时，不要去计较得失，如果有能力帮助别人，不是一件很快乐的事吗？爱心是宝贵的，是纯净天然、不含杂质的。当你拥有了爱心，你将会成为世上最幸福的人。

公交车到了一站，停下来，车门打开，上来一对年轻的夫妇。那个少妇不知道怎么了，散乱着头发，眼神也没有光彩，透露着一丝丝的迷茫。她的丈夫扶着她，她低着头，嘴里嗫嚅着，不知说着些什么话。

大概发现了她的异样，车上很多人都显出不自然的神色。坐在她对面的是一个小女孩和她的妈妈。

小女孩怀里抱着洋娃娃，正在玩耍，她一边用手抚摸着洋娃娃，一边哄着洋娃娃："乖乖，我的宝贝，好孩子，快快睡……"人们看着小女孩幼稚的动作，听着她纯真的声音，脸上都不由得泛起了微笑。车上荡漾着一股安详的气息。

突然，小女孩对面的少妇仿佛从睡梦中惊醒一般，大喊着："我的孩子，我的孩子……"一边喊着，一边拼命地抢着小女孩的洋娃娃。

一时间，车上陷入一片混乱……

"妈妈，妈妈，她抢我的娃娃……"小女孩哭了。而那位少妇望着手中的洋娃娃，却痴痴地笑了起来。她一边笑，一边喃喃地说："孩子，有妈妈在，别怕！"

"这女人也太不像话了，怎么连小孩的玩具都抢呢！""就是！多可爱的小孩，现在哭得多伤心！""我看啊，这女人八成就是一个疯子。"车厢里充满了各种各样的议论声，大家都对少妇的行为很不齿。

"对不起，对不起！"少妇的丈夫连忙向小女孩的母亲道歉，并一把将妻子手中的洋娃娃夺过来，还给小女孩。

那位少妇失去了洋娃娃，似乎又陷入了迷茫当中，喃喃自语道："我的孩子，我的孩子……"

她的丈夫叹了一口气，解释道："孩子拉他落水的同学一把，不幸溺水死了。她，也就成这样了。"

人们的脸都红了。小女孩看了看手上的洋娃娃，又看了看痴痴的少妇，然后从座位上蹭滑下来，走到少妇身边，把洋娃娃递过去："阿姨，您的'孩子'。"少妇一把接过洋娃娃，紧紧地抱住："孩子，我的孩子……"

没有人制止，也没有人议论。不久，车厢里响起了掌声！

这是一个关于爱心与付出的故事，不讲求回报，没有功利，但是它却因为纯净的爱心，因为那份童真，而显得十分动人。

生活本来就应该如此动人，只是因为很多人失去了爱心，不懂得付出，所以让生活变得庸常无味。不要总是去计算自己得到了什么、得到了多少，那样只会让你在不能满足的欲望中沉沦、苦恼，假如你想拥有幸福、美好的人生，不妨扪心自问，你的爱心在哪里？你的付出有几分？

享受人生，珍惜活着的光阴

"了得身心本性空，斯人与佛何殊别？"只要明白身心一切皆空，这样的人与佛有什么不同呢？能彻悟自性便成佛。

佛光禅师门下弟子大智，出外参学20年后归来，向正在禅堂里的佛光禅师述说他这20年来的心得，期望能得到佛光禅师的指点。

佛光禅师非常耐心地听他倾诉，眼神中充满了慈爱。

述说完毕后，大智问佛光禅师："禅师，这20年来，您一直在忙些什么呢？"

佛光禅师道："我每天讲学、说法、写经。"

大智关切地说："禅师，您这样太劳累了，要多注意休息呀，要多照顾您的身体，要不然您会老的。"

佛光禅师说："我没有时间觉得老呀！而且我感觉每一天都很美好，每一天都很充实、很快乐。白天，我对一批批来礼佛的信徒开示，讲说佛法；晚上回到禅堂还要批阅学僧的书信，除此之外还要写经。每天总有忙不完的事，我哪里有时间觉得老呢？"

大智听后感叹不已。

佛光禅师又说道："世人有的还很年轻，但心力衰退，他就觉得老了；有的年寿已高，但心力旺盛，仍感到精神饱满，老当益壮。只要每天都能全心投入有意义的事情中，自然会活力无限，又从何谈起'老'字呢？"

人生在世，短短几十年，只要生活充实了，哪里有时间想到"老"这样的事呢？勤劳可以补拙，过于清闲就会感到无聊，失去了生活的意义。

有一位老翁，白发苍苍，有人问他高寿，他答4岁，大家惊讶，他说："过去70年，都为自己自私自利地生活，毫无意义。这4年来才懂得为社会大众服务，觉得非常有意义，所以才说活了4岁。"

孔子说："其为人也，发愤忘食，乐以忘忧，不知老之将至。"禅者的人生观也是如此。人生在世短短数十载，应当享受生命赠予自己的美好，在追求生命的意义中自得其乐，不应当苛求自我、苛求他人。

有一个诗人写了很多诗，也有了一定的名气，然而他还有很多诗歌没有发表，也没有人欣赏。对此，诗人很苦恼。

有一天，诗人向禅师讲述了自己的苦恼，禅师笑了笑，指着窗外一株茂盛的植物说："你看，那是什么花？"诗人看了一眼说："夜来香啊。"禅师说："是的，夜来香只有在晚上开放，所以大家才叫它夜来香。那么你知道夜来香为什么只在夜晚开吗？"诗人看了看禅师摇了摇头。

禅师说："因为在夜晚开花，并没有人注意，它开花，只是为了取悦自己而已。"诗人大吃一惊："只是为了取悦自己？"禅师笑说："白天开放的那些花都是为了引起别人的注意，为了得到别人的赞赏。但是夜来香在没有人欣赏的情况下，依旧可以开放自己、芳香自己，只是为了独自享受快乐。一个人，难道还不如一种植物？"

禅师接着说："很多人总是把自己快乐的钥匙交给别人，自己所做的一切似乎都是在做给别人看，其目的都是让别人来赞赏自己，仿佛只有这样才可以快乐起来。其实很多时候，我们真的应该为自己做事。"诗人笑了笑说："我明白了，一个人活着不是活给别人看，而是为了自己而活，所以要做一个有意义的、真实的自己。"

人生如此短暂，我们要懂得珍惜有限的光阴，充实自己、充实生活，让生命变得更有意义。

心体澄澈，意气和平

《菜根谭》中说："心体澄澈，常在明镜止水之中，则天下自无可厌之事；意气和平，常在丽日光风之内，则天下自无可恶之人。当是非邪正之交，不可少迁就，少迁就则失从违之正；值利害得失之会，不可

太分明，太分明则起趋避之私。"

小沙弥了悟在化缘的时候与一位妇人吵了起来，结果竟然发展到动手打人。他扯破了妇人的衣服，妇人则抓破了他的脸。幸好师兄了然经过，才把他们劝开，将了悟送回寺院。

老方丈了解情况后，对了悟一句教训的话也没说，而是张罗着在供品里找出些布料并亲自带着了悟去给妇人赔礼道歉。

面对专程来道歉的师徒二人，妇人也变得通情达理，对老方丈说事情起因都怨她本人，她不该嘲笑和辱骂前来化缘的了悟。

在回寺院的路上，天渐渐黑了。在半路的山坡上，方丈被一块石头绊倒了，腿上被摔得出了血。了悟扶起方丈后，狠狠地朝地上的石头踢了几脚，末了，还把石头抱起来准备把它摔在地上。

方丈念了一声"阿弥陀佛"，然后对了悟说："石头本来就在那里，它又没动，是我不小心踢到它的，一点儿也不怪它啊，这次磕绊是我自找的，我本应该向石头道歉的。"

了悟愣了一阵，终于明白了方丈的意思。他自责而歉疚地说："对不起，师父，是我错了，今后一定注重个人修养，学会尊重他人、感化他人，不再犯错或少犯错。"

老方丈笑着说："了悟，了悟，你终究还是有所悟了。"

石头本无意，何必自生怨？人与人之间更需要宽容和谅解，如此一来，烦恼不再，快乐永恒。

有容，德乃大；有忍，事乃成。多原谅一次人，就能多一分福；多争一次强，就会多一分祸。如果只看他人的短处，不见他人的长处，或者看谁都有问题，那么，就会成为"孤家寡人"。包容不是看破红尘，在包容里也没有逃避与逃离，包容是时时面对、是不离不弃。包容可以化敌为友，可以化干戈为玉帛。

古时有个叫陈器的人，与一个叫纪伯的人做邻居。有一天夜里，纪伯偷偷地把陈器家的篱笆拔起来，往后挪了挪。

陈器发现这事后，心想："你不就是想扩大点地盘吗？我满足你。"他等纪伯走后，又把篱笆往后挪了一丈。

天亮后，纪伯发现自家的地又宽出许多，知道是陈器在让他，他心中很惭愧，主动去陈家，把多侵占的地方统统还给了他们。

包容别人的缺点，不是忍让别人，而是宽恕别人。懂得宽恕，才能心情舒畅，相处融洽。

三个朋友一起去旅行。三人行经一处山谷时，甲失足滑落。幸而乙拼命拉他，才将他救起。甲于是在附近的大石头上刻下了"某年某月某日，乙救了我一命"。三人继续走了几天，来到一处河边，乙和甲为一件小事吵起来，乙一气之下打了甲一耳光。甲跑到沙滩上写下"某年某月某日，乙打了我一耳光"。当他们旅游回来后，同伴丙好奇地问甲为什么要把乙救他的事刻在石头上，将乙打他的事写在沙滩上？甲回答："我永远都感激乙救了我，我会记住的。至于他打我的事，我只随着沙滩上字迹的消失而忘得一干二净。"

永远记得人救过自己，而忘记彼此之间的龃龉，那么，生活中就会少了一些怨恨，多了一些快乐。

一天，丞相请来一位理发师给他理发，而他自己则边理发边想其他事情。

理发师在给丞相理完发后，开始给他修脸。可是刚修了一半的时候，理发师忽然停下来不动了，而是拿着剃刀直直地看着丞相的肚子。

丞相被看得有些不自然了，心想：肚子有什么好看的？难道他看到什么东西，于是便问："你不修脸，却盯着我的肚子看，我肚子上有什么吗？"理发师听完丞相的话，回答："我常常听人说'宰相肚里能撑船'，所以我才看着大人的肚皮，可是您的肚子并不大，怎么能撑船呢？"丞相听完大笑道："人们说的'宰相肚里能撑船'是说度量大的意思，也就是说这个人对小事从来不计较，能忍则忍。"

理发师听后，连忙跪在地上，说："小人有罪！"丞相见此情景问："怎么了？"理发师说："小人有罪。在刚刚给大人修脸的时候，一不小心，把大人右侧的眉毛剃掉一块儿，希望大人能原谅小人。"丞相听后，十分生气，他想少了一道眉毛，怎么去上朝呢，在家中又怎么能会客呢？他刚想发怒，又一想，自己才说过宰相的度量大，对小事从不会计较，现在又怎能为了一道眉毛而治理发师的罪呢？于是丞相对理发师说："你去拿一支笔来，把剃去的眉毛画上就好。"理发师立刻给丞相

画了一道眉毛。

冷静一下，放弃进攻的语言和愤怒的冲动，就很容易谅解他人。因为放弃报复的欲望，本身就是一种宽容，而这种宽容比攻击他人要轻松得多，也要比报复他人快乐得多。

宽容一些，世界就多一分和乐。就像有位诗人说的一样："谁想在困厄中得到援助，就应在平日待人以宽。"

生命只在呼吸之间

佛陀说："人的生命，只在一个呼吸间。"对大千世界来说，每个人的生命是何其的短促。生命不是用来寻找答案解决问题的，而是用来愉快地过生活的。人生多一分烦恼，就需要有一分禅心来解救。

玄觉在佛门中修行已有多年，但一直都不能得知自己的禅悟是高是低。尽管他也不怎么在乎这些，但如果有机会见到高僧问一问，他还是很高兴的。

在众多修行者中，他很佩服六祖慧能的参悟和境界，于是就起身前去拜见慧能禅师。

经过跋山涉水，他来到曹溪，见到了慧能禅师。看着那简朴而庄严的佛堂、安详而矍铄的慧能，玄觉立刻产生了一种似曾相识的感觉。但是，他并没有参拜，而是绕着慧能走了三圈，然后执锡杖而立。

慧能问道："一个和尚，应该具有三千威仪，八万细行。你从何处而来，竟然如此傲慢？"

他这是要考考玄觉，想知道这个和尚到底有何修行。玄觉不慌不忙地答道："世间的生命只是一瞬间而已，哪怕是呼吸之间也可能匆匆而逝了。万物在这世界上迅速地变化着，转瞬间就不再是自身了。一个人哪顾得了那么多？"

慧能听后，就说："既然你担心生死，体察了万物在天地间的朝夕变化，何不争取不生不死的大道呢？放眼看一看世间不是还有悠悠千古的云烟和山河吗？"

玄觉顿时有点佩服六祖了，就说："大道本来就是无生无灭的，我早已参悟了大道，何来担心生死？万物本来也没有迅速可言，也没必要执著不放了。"

那一瞬间，在慧能和玄觉的心中，世间的万物和生死的烦恼统统不再有意义了，时间好像停滞了一样，佛堂之中似乎只有两颗智慧永恒的心灵和禅家的真谛。

那一瞬间，玄觉多年的奔波和参证化为氤氲的云烟，成为佛堂上那淡淡的香气，并在大厅、寺院、世间飘荡着。

玄觉顿悟之后，就要执礼向六祖告辞。慧能说："你为何要如此急着离去？"

玄觉答："我本来就没有动过，怎么谈得上匆忙呢？"

慧能问："谁知道你没有动过？"

玄觉答："当然只有我自己知道，迅速是你自己产生的分别观念啊！我动的只是一副尘土躯壳。"

慧能听了很高兴，说："你已经完全懂得无生的意思了。"

玄觉答："既然是无生，哪里还有意思可言呢？"

慧能再问："如果无生没有意思，叫人如何能分别它呢？"

玄觉答："分别本身也没有意思。"

慧能方知玄觉确实悟道了，心中很珍惜和他的这一次见面，最后坚持多留他住一宿。

这后来成了一段佳话：曹溪一觉，了知生死不相干。

宋代大文豪苏轼也曾说过："将自其变者而观之，而天地曾不能一瞬；自其不变者而观之，则物于我皆无尽也。"世间的一切虽然是客观的事实，但感悟不同，收获不同，在参透生死者看来，生命似乎就是呼吸之间而已。

生命短暂，且瞬息万变。作为一个存活于世的人，如何在这呼吸之间不留有遗憾呢？其实很简单，那就是把每一日都用心过得完美，不要留有一丝的空白，只有自己掌握了命运，充盈了属于自己的生活，才会无怨无悔每一天。

　　世人皆知伊庵权禅师是一位在禅法上勤苦修炼，在生活中严于律己的得道高僧。他深深懂得时间于人如白驹过隙十分珍贵，因而他惜时如金。为了把金子一般的日子过得充盈，他每日都会自省几次，就怕虚度了光阴。即便如此，他还是常常一到傍晚时分就会感怀时光的溜走，因而泪流满面。

　　寺院中若有新来的弟子第一次看到这种情形时，都会十分不解，于是常常会关切地询问禅师为何事哭泣。禅师便忧伤、惭愧地说："时光短暂，本就十分珍贵，但是我今天又浑浑噩噩、碌碌无为地虚度了，唉，珍贵的明天即将到来，到时我不知能不能有所长进不再虚度。"

　　老禅师已经十分的自持，却还是会感叹时光易虚度。那么普通的芸芸众生有没有去认真地思考过，这金子一般的时光我们是怎样度过的？

　　另一位身居鲁南青山寺的得道禅师，在自己修行的早年就定下了规矩：每天一定要坚持诵读经文三百句，然后背诵四句古体诗，再以此自行写四句。他还规定自己在写字的时候，一定要使用毛笔书写正楷字，以此来锻炼自己的书法，陶冶情操。他除了在学习上严于要求自己，在运动上也一样对自己有所规定。他坚持每日的清晨与傍晚练习一段时间的拳脚，然后爬二百级石阶。这样的修炼，他一直坚持着，从不懈怠，即使遇到风雨大作的天气，他也坚持完成。像他这样规划自己每一日的修行，从不肯轻易虚度的生活，既保证了他内心修养的提高，又保证了他身体的强健。

　　等到他80岁高龄的时候，已然是个神情恬淡、精神矍铄之人。对于自己这样的生活，他曾挥毫写下了："有文有武伴百年，无怨无悔每一天。"

　　古人常言："明日复明日，明日何其多？吾生待明日，万事皆蹉跎。"不踏踏实实地充盈今日时光，明日又能有多少可以浪费的呢？世人永远不知道时间的宝贵，从未想过我们的生命从出生那日起就在倒计时，只是一天天地虚度着，只有等到将老之日才会感叹与后悔。

　　与其有一天会后悔这样虚度生命，不如趁此时开始无怨无悔地度过每一天。

人生百年几今日，今日不为真可惜

一个年轻人来拜访禅师，向他请教一些人生问题。

"请问大师，你生命中的哪一天最重要？是生日还是死日？是上山礼佛的那一天，还是得道开悟的那一天？"年轻人谦恭地问。

"都不是，生命中最重要的是今天。"禅师不假思索地答道。

"为什么？"年轻人甚为好奇，"今天并没有发生什么惊天动地的大事啊！"

禅师说："今天的确没有什么大事发生。"

年轻人不解地问："那今天重要是不是因为我的来访？"

禅师回答："即使今天没有任何来访者，今天也仍然是最重要的，因为今天是我们拥有的唯一财富。昨天不论多么精彩，多么值得回忆和怀念，它都像沉船一样沉入海底了；而明天不论多么灿烂辉煌，它都还没有到来；唯有今天，不论多么平常、多么暗淡，但是它在我们手里，由我们自己支配。属于我们的永远只有今天。"

年轻人还想问，禅师收住了话头："在我们刚才谈论时，我们已经浪费了'今天'，我们拥有的'今天'已经减少了许多。剩下的就看你如何把握了。"

年轻人若有所思地点点头，然后就疾步下山了。

明代人文嘉有词曰："今日复今日，今日何其少！人生百年几今日，今日不为真可惜！若言姑待明朝至，明朝又有明朝事，努力请从今日始。"

昨天已成历史，明天尚不确定，只有今日，才是属于自己的：昨日若有不足，今日尚可弥补；明日有何目标，今日也可谋划。如"白驹过隙"，生命只有一次，而人生也不过是时间的累积。假如你让今天的时光白白流逝，就等于毁掉了人生最后一页。珍惜每一天，因为每一天对我们来说都只有一次。

清朝有一个才女，名叫吴藻，姿容姣好，家境富庶，在她22岁时嫁给了同城一黄姓富商。

然而颇具才情的吴藻却根本看不上身为商人、满身铜臭的丈夫。因为她已经能够料想到未来生活的无趣与平淡。

像她这般琴棋书画样样精通的才女，只有家世显赫、才气逼人的翩翩贵公子才是她的佳配。然而吴藻也是出身富商家庭，她的夫婿人选自然也要求门当户对，多出自商人家庭，而与她幻想中的翩翩贵公子相差甚远。

吴藻心中之人多出身于书香门第或官宦之家，在她住的小城中这样的人根本就不存在。

心高气傲的吴藻来到夫家后，丈夫对她百般照顾，嘘寒问暖，深知吴藻爱好的丈夫还专门为她准备了书房，这让吴藻误以为丈夫也是风雅之士，就把自己这些年来所做的诗词全部拿了出来，一一读与丈夫听。然而，吴藻失望了，她的丈夫根本就不懂诗词歌赋，她不但误会了丈夫的一番心意，还觉得丈夫是一个附庸风雅的粗俗凡人。从此，她将自己关在书房中用自己最熟悉的方式，径自抒发着轻愁。然而吴藻的丈夫却不以为意，对她更是无微不至，宠爱有加，生活上的琐事，细心的丈夫都为她准备齐全，完全不劳吴藻动手。

但这却没能换来吴藻的真心以待，反而助长了吴藻的闲愁琐绪。深爱着吴藻的丈夫，看她如此憔悴，心里也是一片黯然，于是他便劝说吴藻多交些朋友，多出去走走。

吴藻接受了丈夫的建议，慢慢地认识很多文人雅士，她开始在外面寻找那些懂得欣赏自己的人，与他们谈诗论词，共游小城。吴藻不愧为才情卓绝的一代才女，不久她就在外面赢得了一个"当朝柳永"的美名。

对此，小城里谣言四起，说吴藻行为不端，不尊女训。可是她的丈夫却一如既往地支持她，因为他知道吴藻渴望着什么，只要妻子喜欢，他概不干涉。

丈夫的怜爱与纵容，又一次助长了吴藻骄纵乖张的行为，她甚至开始穿男装逛妓院，夜不归宿。最荒唐的是，肆无忌惮的吴藻竟然还与妓院中一名林姓歌姬眉目传情，不识吴藻真面目的歌姬甚至还要对吴藻以身相许……

如此放浪形骸了十余年，吴藻却没有为夫家生下一儿半女，她还在丈夫锦衣玉食的供奉下，编织着她那才子佳人的美梦。然而在她纵情声色，倾诉闲愁时，从没有在心里出现的丈夫此时却突然袭上心头，一种不祥的预感笼罩了她……

一场突如其来的大病夺走了一直痴爱着她的丈夫，一时间吴藻竟然无法自持地悲从中来。

漫漫长夜如斯，但这时的吴藻已经不再幻想什么吟诗作对、琴瑟和鸣的爱情传说，而是想起了那个始终没有被她放在心上一天的亡夫。真正的孤单正排山倒海般地压向她，从未有过的孤独正侵蚀着她。当那些常年流淌在她的诗文中的情绪真实地出现时，她竟然无法抵挡。她开始想念丈夫以前那些被她视为啰唆、粗俗的举动，这一刻全成了刻骨铭心，丈夫的形象终于出现在了她的诗词中：

"门外水粼粼，春色三分已二分；旧雨不来同听雨，黄昏，剪烛西窗少个人。小病自温存，薄暮飞来一朵云；若问湖山消领未，琴样樽，不上兰舟只待君。"

如果说丈夫的死让她成熟，而此刻才被发现的爱则教会了她生活的真谛：原来一切的拥有都是有时限的，身边的人和爱才最值得珍惜。

可惜这一切都已被她轻易地错过，她的领悟来的有些晚了，虽然年仅 32 岁，但她感到生命的春天已经悄然离去。

从此吴藻告别了喧嚣与繁华，选择独居在人迹罕至的南湖岸边。吴藻在此又写下了一首词，这首诉说心事的词穿越时空辗转来到了世人手中：

"一卷《离骚》一卷经，十年心事十年灯。芭蕉叶上几秋声。欲哭不成还强笑，讳愁无奈学忘情。误人犹是说聪明。"

拥有的时候不懂得珍惜，待到失去的时候才明白，原来这些才是最珍贵的。人生不要等到失去了才后悔，珍惜现在拥有的最重要。

贪念一点即魔障，不足之心是苦海

俗谚云：身在福中不知福。为什么会这样？因为人们经常看到别人有更好的衣、食，更好的居住场所和生活条件，于是就不觉得自己的生活有什么好的，自然也就不知道自己幸福了。

其实，这就是所谓的贪心：在拥有了一些之后，还总是想着别的。人有贪心很正常，但这并不意味着贪心就是好的，贪心是人性的弱点，如果人不能控制自己的贪心，任由贪心发展，最终的结果很可能就是灭亡。

常言说："贪心不足蛇吞象。"这其实是一个关于贪心的故事：

话说古时候，有个山村里住着一对母子。母亲谭氏年迈多病，不能干活，儿子谭鑫已经三十多岁了，还没有娶妻。他们家很穷，只能靠卖些草来维持生活，日子过得十分艰苦。

有一天，谭鑫和往常一样，到村外去收集草料。无意之中，他看到草丛里躺着一条小蛇。开始他吓了一跳，仔细看时，才发现那条蛇浑身是伤，动弹不得。

谭鑫动了恻隐之心，想了想，便把小蛇带回了家，小心翼翼地为它冲洗、涂药。

小蛇苏醒之后，冲着谭鑫点了点头，表达它的感激之情。谭鑫母子俩见状，都非常高兴，就为它编了一个小竹篓。

在谭鑫母子的精心护理之下，小蛇的伤势恢复了，也逐渐地长大了，为母子俩单调、寂寞的生活增添了不少乐趣。日子一天天过去，谭鑫依然每天收集草料，母亲还是守家，那条小蛇则整天在篓里睡觉。

一天，小蛇觉得竹篓里闷得慌，便爬出去晒太阳。没想到，小蛇被阳光一照，变得又粗又长，谭母突然见此情景，吓得惊叫一声，昏死过去。

小蛇见闯了祸，也没有就此逃走，而是回到篓里，变回了原形。等谭鑫回来后，那条小蛇突然口吐人言："我今天失礼了，把母亲给吓死过去了，你可以从我的身上取三块鳞片煎汤，喂你的母亲喝下，不久便能醒过来。"

谭鑫感到十分惊疑，小蛇催促着说："请相信我，照我的方法去做吧。"

谭鑫照办了。果然，很快谭母就苏醒了。

母子俩又感激又纳闷，可谁也没说什么，只觉得这条蛇非同一般，于是，对这条蛇更加照顾了。

当时的皇帝很昏庸，整天只知道玩乐，听人说世上有鹅蛋大的夜明珠，他也想拥有一颗，于是就发布了一张榜文：谁能献上一颗夜明珠，便可封官受赏。

谭鑫听说了这件事，便感叹道："要是我有这样一颗夜明珠，也能谋得一世富贵，不至于终日以卖草为生啊。"

小蛇听到他感叹，就对他说："这几年来你对我很好，我总想报答，可一直没有机会。现在终于可以这么做了，实话对你说，我的双眼就是两颗夜明珠，你将我的一只眼挖出来，献给皇帝，就可以升官发财，老母也就能安度晚年了。"

谭鑫听后，十分高兴。然而，毕竟和蛇相处多年，他说："那样做太残忍了，我实在不忍心下手。"

蛇说："不要紧的，我自有办法恢复。"

谭鑫这才放下心来，挖了蛇的一只眼睛，眼睛随之变成了夜明珠。于是，谭鑫便把夜明珠献给了皇帝。皇帝从没见过如此奇异的宝珠，赞不绝口，当即便封谭鑫为官，并赏赐了他不少的金银财宝。

皇帝拿着夜明珠，四处炫耀。西宫娘娘见了，也想要一颗。但皇帝对这颗夜明珠十分喜爱，只好下令另寻夜明珠，送给西宫娘娘。

皇帝发布榜文说：这次只要有人献上夜明珠，就封他做丞相。

谭鑫听说这件事情后，很后悔：如果晚一点儿送夜明珠，就可以做丞相了。现在却只做了一个小官而已。

谭鑫想：如果我把蛇的第二只眼睛弄来献给皇帝，那丞相的位子不就是我的了吗？

想到这里，谭鑫立即向皇帝禀报："其实小臣还能找到一颗夜明珠。"皇帝听了，十分高兴，便把丞相的位子给了他，让他赶快将第二颗夜明珠献上。

谭鑫很开心地回家，向家里的蛇求取夜明珠。但让谭鑫万万没想到的是，蛇无论如何也不愿意献出另外一只眼睛："为了报答你的恩情，我已经献出了一只眼睛，做人不可太贪心啊。"

然而，这时的谭鑫根本听不进去，执意要取蛇的第二只眼睛。蛇见他这么贪心，知道他已经无法改变，于是，身子一晃，变得像水桶一样粗，张开了血盆大口，一口就将谭鑫吞进了肚子里。

人不能没有欲望，没有欲望就没有追求。但人却不能过于放纵自己的欲望，陷入贪心不足的旋涡当中。须知欲望是无止境的，贪欲更是无底洞，你永远也填不满它。

有首古代的民谣说得好：

终日奔波只为饥，才得饱来便思衣。

衣食两般俱丰足，家中又少美貌妻。

娶得娇妻纳美妾，出入无轿少马骑。

骡马成群轿已备，恨无田地少根基。

买得良田千万顷，叹无官职被人欺。

七品五品犹嫌小，四品三品仍觉低。

一品宰相当朝做，又想君王做一时。

心满意足为天子，更望万世无死期。

种种妄想无止息，一棺长盖抱恨归。

贪心最开始的时候也许仅仅是一点儿念头，但慢慢地就会滋生、膨胀，最后变成无止境的贪欲。老子在《道德经》中说："罪莫大于可欲，祸莫大于不知足。咎莫大于欲得。故知足之足，常足。"意思是说：罪恶没有大过放纵欲望的了，祸患没有大过不知满足的了；过失没有大过贪得无厌的了。所以知道满足的人，就永远能够体会到满足的快乐。

人生在世，要过得安乐、幸福，不仅要追求一些东西，还要懂得知足才行。在欲望的促使下，我们可以去追求各种各样的东西，以满足自己的人生需要，但是不要放纵欲望，从而让自己的心灵滋生贪婪。否则，将不利于你的追求，也不利于你的人生，当然，也不利于你的幸福、安乐。

世上没有永恒，我们只能把握当下

　　一位哲人曾经说过："昨天是一张作废的支票，明天是一张期票，而今天则是你唯一拥有的现金——所以应当聪明地把握。"这就要求我们好好地把握现在。

　　人生就是一个把无数明天变为今天，再把今天变为昨天的过程。把握现在就等于把握了未来。无论你快乐还是痛苦，生活是不会因此而放慢脚步的。所以，如果我们错过了昨天，我们唯一能做的就是好好地把握今天、把握当下，别再留下更多的遗憾。

　　一位得道高僧在游历天下的过程中，无意间在一座古城的废墟里发现了一尊"双面神"神像，于是高僧问道："请问尊神，你为什么一个头，两副面孔呢？"

　　双面神回答说："因为这样才能一面回望过去，以记取教训；一面瞻望未来，以给人憧憬。""可是，你为什么不注视最有意义的现在呢？"高僧问。

　　"现在？"双面神有些茫然。

　　高僧说："过去是现在的逝去，未来是现在的延续，你既然无视现在，即使对过去了如指掌，对未来洞察先机，又有什么意义可言呢？"

　　双面神听了，突然号啕大哭起来。原来他就是因为没有把握住"现在"，所以才致使这座古城被敌人攻陷的，他自己也因此被视为敝屣，被人丢弃在了废墟之中。

　　昨天已经逝去，一味地回望，只能徒费精力、徒增烦恼；明天是未知的存在，明天的事情只属于明天，今天的人永远不可能解决明天的问题。

唯有懂得把握今天的人，才能赢得成功的机会。

佛家常劝世人要"活在当下"。什么是"当下"呢？简单地说，当下就是我们眼前的人、身边的事、此刻的心情。

"活在当下"就是要不悲过去，不喜未来，全心全意地去关注眼前人、身边事。

很久以前有个小和尚，主要负责寺庙的清扫工作。每天清晨，他都要早早地起床，把整个寺庙彻底清扫一遍。打扫院子着实是一件苦差事，每天寺院里都有很多乱七八糟的杂物，尤其是到了秋天，一阵秋风吹过，地上到处都是落叶。小和尚无论多么忙碌，每天都会有扫不完的落叶，这让他感到非常头疼。

"要是每天一次就能把所有的落叶都扫干净多好啊！"小和尚忍不住想。由于自己想不到好主意，于是他去问寺里的其他和尚。有个和尚告诉他说："你在每天打扫之前先用力摇树，把树上即将掉落的枯叶统统摇下来，那你就不用忙个不停了。"

小和尚觉得很有道理，所以决定试一试。第二天，小和尚起了个大早，使劲地摇院子里的每一棵树，他觉得这样就可以把今天跟明天的落叶一次扫干净了。

这一整天，小和尚都非常开心。第二天，小和尚到院子里一看，傻眼了——院子里的落叶居然和以前一样多。小和尚大惑不解，于是去问老方丈。

老方丈摸了摸小和尚的头，说："傻孩子，无论你今天怎么用力，明天的落叶还是会飘下来啊！"

小和尚终于明白了，世上有很多事是无法提前的，只有认真地把握现在，活好当下，才是最真实的人生态度。

"青山遮不住，毕竟东流去"。该发生的你怎么阻挡也阻挡不了，不会发生的你再努力也没有用。只要把当下的事情做好了，人生就无怨无悔了。

佛经里说：一个小时有 60 分钟，一分钟有 60 秒，一秒钟有 60 个刹那，一个刹那有 60 个当下，所以一秒钟有 3600 个当下，如果你可以活在"当下"这个非常小的时间单位里，你的一生就可以生活得很饱满、很有力量。

人生在世，没有人可以回到过去，所以历史无法改变；也没有人可以穿越未来，所以未来无法预知；我们能够把握的只有现在，只有当下。此时此地、此情此景，当你把所有的爱和智慧都融入当下的生活，真实地感受生命的存在时，你的存在就是一种幸福！

莫思身外无穷事，且尽生前有限杯

有个人，父母过世给他留下了许多财产。对这些财产，这人看得很重。他天天计算自己有多少财产，一心希望财产越多越好；连将来果园与田地可以收成多少农作物都算入财产中。年轻人认为家中多一个人就会消耗更多食物，所以不愿娶妻生子，原本家中请的佣人也都辞掉了。他年老去世之后，财产由于无人继承，都被收入国库。

你是不是觉得这个人很可笑呢？可是，若你思量一下自己，还不是有同样的心理：没饭吃时，说有粗茶淡饭就可以；有了粗茶淡饭，就想要有点儿荤腥就更好；等有了荤腥，又想常常吃山珍海味、鱼翅鲍鱼。有了好，想更好；有了钱，想更多钱。这是人心的不足。

有母子二人相依为命，无以为生，日子过得十分艰难。有位神仙看到了，有心帮助这对母子，就在他们家屋后投两粒仙米入井，从此井水化为美酒，于是母子二人靠卖酒为生，就此衣食俱丰。过了一段时间，神仙回访，其子却抱怨，井水化酒，好是好，却没有酒糟可以喂猪。神仙感叹人心不足，便把仙米收回，美酒又变为井水了。

这正是："天高不算高，人心比天高，井水当酒卖，还说没有糟。"

在葡萄园里，有一种鸟，叫做"我所有"。因为它叫起来的声音好像是"我所有！我所有！"

这只鸟就好像是看守葡萄园的，终日里在葡萄园上方盘旋，看到有人采摘果实，就厉声啼叫："我所有！我所有！"

只要有人接近葡萄藤，那只鸟就开始大叫；若伸手摘葡萄，它就会

叫得更凄厉。年复一年，总是如此。

有一年，到园子里摘葡萄的人比往年更多，那只鸟在人们四周厉声啼叫，非常着急的样子。但大家都见怪不怪，没有人理它，仍旧继续摘葡萄。没想到，那只鸟不断地啼叫，最后竟然吐血而亡。

世间的人多有像这只鸟的，贪心不足，结果累死累活一辈子，不仅没有得到自己想要的东西，还把触手可得的快乐丢掉了。殊为可惜！殊为可叹！

人心不足，总是想要得到更多，却没想过，自己真正用得上多少呢？《增广贤文》有言："良田万顷，日食一升；大厦千间，夜眠八尺。"有的女孩喜欢买衣服，爱美之心人皆有之，无可厚非。但你若是仔细检视一下自己的衣橱，就会发现，其实一个季节经常换洗的衣服就那么几套而已。然而，为什么还要买那么多呢？只因为经不住诱惑，内心的欲望一直告诉你：多漂亮的衣服，我要拥有它，别人都有，我也不能落后。

我们真正需要的东西其实并不多，却总是不断地占有更多，为此不惜花费更多的精力与财力。这实在不值得。大诗人杜甫的《漫兴九首》里有一首是这样写的：

二月已破三月来，渐老逢春能几回。

莫思身外无穷事，且尽生前有限杯。

的确，人世间有很多追求，哪怕你累死累活忙碌一辈子，也不可能得到所有的东西。因此，要懂得享受人生，好好对待自己已经拥有的东西，珍惜身边的幸福。

李白有诗："人生得意须尽欢，莫使金樽空对月。"有人觉得消极，其实不然，若你心里是积极的，你读这句诗，就能体会到积极的感情。只不过，他的积极在于好好地对待已经拥有的东西，莫要辜负了正拥有。

很多人往往都会在失去以后，才想到要珍惜，后悔当初没有好好地享受自己拥有的时光和幸福。等到时过境迁，回首往事的时候，才发现自己这辈子白活了，根本就没有好好享受人生的快乐。

其实，幸福和快乐早就放在你的面前。当肚子饿时，一碗热腾腾的面放在你跟前，好好地吃完这碗面，就是幸福；当筋疲力尽时，躺在软软的床上好好地睡一觉，就是快乐；当你悲伤时，旁边递过来一张纸巾，或者几句宽慰的话语，就是幸福和快乐。

实际上，我们已经拥有了最宝贵的东西，只是很多人没有好好对待，反而茫然不知所措，盲目地追求这追求那，总也没有个尽头。

就拿赚钱为例，钱当然赚得越多越好。但是要赚更多的钱，相应地就要付出更多的代价，这是很自然的。你必须付出更多的时间和精力，去换取更多金钱，除此之外，你甚至还要为之失去自己的快乐。但是，你想过这样做是否值得吗？没有金钱是不行的，但金钱也不是万能的。金钱能买到床铺，却买不到睡眠；金钱能买到补药，却买不到健康；金钱能买到食物，却买不到胃口；金钱能买到书籍，却买不到知识；金钱能买到钟表，却买不到时间。其实，金钱能够满足生活需要即可。

人生不在于拥有多少，而在于如何对待已经拥有的东西。努力为自己的人生赚取更多，无可厚非，但不是为了赚取而赚取、为了得到而得到，而是在赚取和得到的过程中，发挥自己的天赋，磨炼自己的能力，实现自己的价值。

做人不要那么贪心，知足一点儿，认真对待自己的人生，享用所拥有的，割舍不实际的欲念吧！

知足者常乐，不知足者常怨

知足常乐是一种处世哲学和生活态度，要求人们在任何环境中都能乐天知命、悠然自得。然而，生活中又有几个人能够做到呢？人有什么样的心态，就有什么样的生活。是安定舒适、快乐幸福，还是躁动不安、烦恼丛生，取决于你的心，取决于你的态度。

有一首无名氏的散曲，写知足者的安然生活，十分令人神往，让人很感动：

一个犁牛半块田，收也凭天，荒也凭天；

粗茶淡饭饱三餐，早也香甜，晚也香甜；

布衣得暖胜丝绵，长也可穿，短也可穿；

草舍茅屋有几间，行也安然，待也安然；

雨过天晴驾小船，鱼在一边，酒在一边；

夜归儿女话灯前，今也有言，古也有言；

日上三竿我独眠，谁是神仙，我是神仙；

南山空谷书一卷，疯也痴癫，狂也痴癫。

像这首散曲所描述的心境，又怎能不悠闲自在呢？安于本分、安于拥有，因而使自己一身轻松、无拘无束、洒脱自在、避免是非，在人生中享受快乐与尊严。

知足常乐是一种人性的本真，是情真意切的延续。"宁静致远，淡泊明志"中蕴含着诸葛亮知足常乐的清高雅洁；"采菊东篱下，悠然见南山"尽显陶渊明知足常乐的悠然；"老天待我至为厚矣"表达了沈复知足常乐的真情实感。

春秋时期，晋国有位著名的贤人，叫做介子推。他曾经和晋文公长期流亡国外，吃了不少苦。然而，晋文公继位后奖励贤臣良士，介子推却没有得到赏赐。

母亲怕他的心里有所不满和怨恨，惹来麻烦，就问他："孩子啊，君主没有给你论功行赏，你是不是不高兴呀？"

介子推却很平静地回答："母亲，千金是重利，官爵是尊位，这些都不适合孩儿的性子。追求功名、向往富贵，不是我的为人之道。我宁愿到那山村乡野里，躬耕自给自足，也不愿战战兢兢地吃君主的俸禄。"

母亲不由地笑道："孩儿的为人，当娘的怎么会不知道？你这样见利让利、闻名让名，不与世抵触，好得很啊！"

母子便离开了朝都，到绵山里安了家，过着日出而作、日落而息、面朝黄土背朝天的田园生活，一边劳作，一边观赏着大自然的风起云涌、荷色菊香的美好景致，终日里显出淡雅、娴静的样子，乐不思金。

佛为什么说看轻身外物？因为名、利、权、钱，只要你心里有一分它，你就要抛掉一分的快乐自在。人生在世争名夺利，忙碌地钻营追索，却忽略了生命赐予我们的一切美好。对功名利禄看轻、看淡一些，你就会发现，其实世间还有很多美好的景致。

孔子教授的学生有三千多人，其中有72个特别出众，而在72人中又有一个最杰出的，他就是颜回。

颜回虽然出类拔萃，却宁愿为民，不愿做官。孔子就问颜回："颜回啊，你家境贫寒，身份卑微，为什么不愿意外出为官呢？"

颜回摇头笑道："我无心做官，城郭之外我有50亩地，就足以供给我食粮；城郭之内我有10亩地，足够用来种麻养蚕。在田野里自由自在，只要勤于躬耕，足够穿衣吃饭之用；家有琴，一阵轻快的轮指，弹出了自己熟悉的曲调，足以自娱；我学老师之道，做个不追求名利的正人君子，足以自乐。放着有吃、有穿、有娱乐的日子不去享用，放着大自然的清风明月、鸟语花香的美景不去观赏消受，偏偏要去朝廷做官，岂不是太没意思了吗？"

孔子很受感动："颜回的愿望，实在太好了！我听说：'知道满足的人不会因为利禄而使自己受到拘累，真正安闲自得的人明知失去了什么也不会畏缩焦虑，注意内心修养的人没有什么官职也不会因此惭愧。'我吟咏这样的话已经很久了，如今在你身上才算真正看到了它，这也是我的一点儿收获。"

正所谓："心安茅屋稳，性定菜根香。"颜回有这样的性情，使得他能安贫乐道。颜回的情操得到了孔子的推崇，孔子赞美他："贤哉，回也！一箪食，一瓢饮，在陋巷，人不堪其忧，回也不改其乐。"意思是颜回过着粗茶淡饭的清苦生活，住在简陋的房子里，但他却能自得其乐，丝毫不受外界的物欲困扰。

后来，颜回先孔子去世，孔子极为悲痛，不禁哀叹说："唉！这是老天要断绝我啊！这是老天要断绝我啊！"可见孔子多么看重这个学生。

颜回高尚的情操和知足常乐的精神，为后人树立了一个处世的榜样：知足者不以争名斗利来拖累自己。唯有如此，才能洒脱、轻松、愉快地生活。

　　一个人穿得朴素整洁，何必艳光照人？吃得三餐饱腹，何需山珍海味？住得防风避雨，天伦得以团圆，何需高楼大厦？行得健步如飞，何需鲜车驽马？内心不宁静的人总喜欢向外攀缘，盲目地追求名利财色，而且"这山望过那山高"，比来比去始终没完没了。如果能将攀缘的心收回来，安住在自己的本心本性上，心自然能安能静。

　　当你安了心、定了性，找到自己的本真，你就会找到快乐和幸福。你不妨回忆一下自己的孩童时代，想象一下那时拥有了梦想得到的东西而喜上眉梢。如果你想不起来，那就看看孩子们快乐的笑容吧，感受一下那份纯真，或许你会有所体悟。

快乐来自施予，烦恼来自要求

　　唐朝有位龙潭禅师，少年未出家时，家里十分贫穷，依靠卖饼维持生计，甚至没有地方住宿。幸好遇到了道悟禅师，道悟禅师就把寺庙旁的小屋子借给他住。

　　为了表示谢意，他便每天送10个饼给道悟禅师，而每次道悟禅师总是回赠一个给龙潭，并祝福他说："这是给你的，祝你子孙繁昌！"

　　龙潭对道悟禅师的行为感到很奇怪，有一天他忍不住问道悟禅师："为什么我送大师10个饼，大师总要送还一个给我呢？"

　　道悟禅师反问："你送来的，我送给你有什么不对？"龙潭听后，心中恍然大悟，从此出家，终成一代宗师。

　　道悟禅师给龙潭禅师的是伟大的祝福，也是生活的至理：取之于人要回报于人，得之于社会要回馈社会；要我好你也好，我赢你也赢。

　　人不可只取不予，取之于人就要回报于人。如若不然，人际关系就会不稳定，社会关系也会失去和谐，而自然关系也会失去平衡。

　　就好像有些国家为了发展经济，大肆发掘自然资源，完全不顾自然环境的承受能力，只是一味地向大自然攫取利益，而没有为维护自然环境付出努力，最终的结果必定是环境恶化，人类自食其果。

自然关系如此，社会关系亦然。只取不予，结果只会打破平衡的关系，使稳定与和谐的局面荡然无存。

人生存于世，就必须了解获取与给予的关系，懂得"取之于人，用之于人；取之于社会，回报于社会"的道理。

有个旅行的人在沙漠中迷失了方向，他饥渴难忍，濒临死亡。在他以为自己身处绝境时，却发现了一间废弃的小屋。

这间屋子已经久无人住，风吹日晒，摇摇欲坠。在屋前，他发现了一个抽水机，于是便用力抽水，可滴水全无。他气恼至极，忽又发现旁边有一个水壶，壶口被木塞塞住，壶上有一张纸条，上面写着："你要先把这壶水灌到抽水机中，然后才能打水。但是，在你走之前一定要把水壶装满。"

他小心翼翼地打开水壶塞，里面果然有一壶水。这个人面临着艰难的抉择，是不是该按照纸条上说的，把这壶水倒进抽水机里？

若倒进去之后抽水机不出水，岂不是白白浪费了这救命之水？相反，要是把这壶水喝下去就会保住自己的生命。

一种奇妙的灵感给了他力量，他下决心照纸条上说的做，果然抽水机中涌出了泉水。他痛痛快快地喝了个够！

俗话说："前人栽树，后人乘凉。"当前人种下树，让你乘凉的时候，你也应该想到后人有没有乘凉的地方，而不能只想着把树砍下来做家具、盖房子。当你要喝一口水的时候，就要想到后来人也需要喝水。竭泽而渔，绝不是好观念。可惜的是，在现实中，很多人偏偏就是以竭泽而渔的方式生活。

美好生活的智慧，就是取之于人，要用之于人；取之于社会，要回报于社会。建立良好的因果循环链，才能维持良好的发展局面。

某个风雪交加的傍晚，有个人开着破旧的汽车行驶在公路上。他失业了，心里非常焦虑。就在这个时候，他隐约地看到前面有一辆车停在路旁。他把车停了下来，下车一看，路边停着的车里坐着一个老妇人。

老妇人看到他，就说："我的车胎坏了，已经在这儿等了一个多小时，不知道怎么办？"语气中透露出担忧。

他答道："太太，我现在马上帮你换车胎。"说着，他不顾大雪纷

飞，脱掉手套，取出工具，为老妇人换上了备胎。

当他把车胎换好时，老妇人问他需要多少钱。他愣住了，随即笑道："举手之劳而已，我并没有想到要收钱，如果你遇到需要帮助的人，那就不妨给他一点儿帮助吧！"

老妇人听了很感激，道谢之后，发动汽车向前驶去。走了一会儿，老妇人看到前面有一家小餐馆，就停车走进了餐馆。

店主是一位年轻的女士，她热情地递上干净的热毛巾，将热腾腾的食物端上桌子，老妇人心里暖暖的。然而，老妇人看得出来，这位年轻的女士怀了身孕，而且她的微笑当中隐约透露出疲倦。

老妇人将钱递给了女士，女士从柜台上拿着找的钱出来时，老妇人已经走了，只见桌上放着一个小包，包里面有一张纸条和一些钱，纸条上写着："在我困难的时候，有人帮助了我。现在我也想帮帮你。"

不久之后，门打开了，进来一个人，对女士说："亲爱的，我回来了。"他就是帮助老妇人换车胎的过路人。

爱，就是一个循环。当你得到了帮助，而回报于他人，这是一种感恩的行为；如果你得到帮助，而能推己及人，从而回报于社会，帮助更多的人，让爱心循环下去，则是超越感恩的行为。

感恩与尽责是爱心链条的"链接点"。只有"链接点"不间断，爱才能永久循环。每个人都是受恩于他人者，同时又是施恩于他人者；每个人都是爱的奉献者，同时又是爱的受益者。如果我们都来感恩与尽责，那么，每个人就都能沐浴在爱的暖流中；爱的循环，也就不会有穷期。

卷二

救寒莫若重裘，
止谤莫如自修

空手把锄头，步行骑水牛。人从桥上过，桥流水不流。

有物先天地，无形本寂寥。能为万象主，不逐四时凋。

人誉之一笑，人骂之一笑

齐白石曾在《印说》中说："予之刻印，少时即刻意古人篆法，然后即追求刻字解义，不为摹、作、削所害，虚掷精神。人誉之，一笑；人骂之，一笑。"由此得来齐白石老先生的一句座右铭：人誉之一笑，人骂之一笑。

齐白石一生不为名利所累。对人誉，很多人都会兴高采烈地接受，但齐白石老先生却能一笑了之，无不透露着自信、谦虚和宽容。对人骂，多数人都无法释怀，而齐白石却能以胸襟广阔的气量和神情自若的态度应对。

无论是誉还是骂，都能听之任之，这是一种超脱的人生境界。如此一来，就可以逃出自我束缚，避免自我封闭，从而大展拳脚，不落俗套，专心致志地做事情而不为名利所累。

袁枚是清代的大才子，他聪慧灵敏、禀赋过人，年纪轻轻就已名闻天下，二三十岁就步入仕途。

走马上任之前，袁枚去向他的恩师——清乾隆年间的名臣尹文端辞行，顺便获得老师的一些教诲，以便日后能够用得上。面对学生袁枚的登门拜访，尹文端自然十分高兴，就询问了袁枚一些具体情况："此行你去赴任，都准备了些什么？"

面对老师的垂询，袁枚自然老老实实地回答："学生没准备什么，就准备了一百顶高帽子。"听完袁枚的话，尹文端有些不悦，就教诲他说："你年纪轻轻，应该将精神用到勤政务实上，而不是用在这些似有若无的事情上。"

但袁枚解释道："老师，您有所不知，现如今，社会上的多数人都喜欢戴高帽子，像您这样不喜欢戴高帽子的人可谓凤毛麟角呀！"

尹文端听罢此言很受用，觉得自己没有白培养这个爱徒。

袁枚不愧为才子，对世事能洞明如镜，于不知不觉中就给老师尹文端戴了一顶高帽子。尹文端自以为高明，却也没有摆脱学生的高帽子，说明他并未达到"誉之一笑"的境界。

如果能够做到事过心随空，淡然处世，其实就已经达到了高深的人生境界，因而"两笑"应该成为我们做人、处世的标准。

曾经有一段时间，释迦牟尼经常会遭遇一个人的谩骂和嫉妒，对此，释迦牟尼并没有像普通人一样对其恶语相加，针锋相对地展开斗争，而是心平气和地一笑了之。直到有一天，这个嫉妒的人终于骂累了，释迦牟尼才微笑着对他说："我的朋友，当你赠送东西给别人时，若是对方不接受，那么，你认为这个东西应该属于谁呢？"

嫉妒的人不假思索地回答道："这还用问，当然属于送东西的人了。"

释迦牟尼又说："那你谩骂我，这又属于谁呢？"

此人一时语塞，从此之后，再也不谩骂释迦牟尼了。

面对突如其来的指责和诽谤，释迦牟尼却能做到不为所动，表现出来的只有冷静与清醒，既不理睬对方，也不给予对方还击，而是以慈悲的心肠和宽大的胸怀让对方的指责无处落脚，在无形之中将谩骂化解，使对方在不知不觉中败下阵来并且感到自惭形秽，这才是一种深广的智慧。

谁都免不了会遇上小肚鸡肠、心怀嫉妒的人，与其百般思量，不如顺其自然，试着慢慢地放下心里的一些东西，让它随性、随时、随缘，要时刻反省自己，不软弱，不失做人的原则，率性而为，随心所欲。

总之，人活在世上，要有点儿"人誉之一笑，人骂之一笑"的本事，用一颗简单、淡泊之心入世，不要总是生活在别人的口水里，那样的话，就丢失了自我。要记住：清者自清，浊者自浊，但求问心无愧即可。

不是别人让你痛苦，而是你的修养不够

人生不如意事十之八九。生活在凡尘俗世中，痛苦是在所难免的。《法华经》上说，生、老、病、死、怨憎会、爱别离、求不得，是人一生无法逃避的七种劫难。七苦无非是来自自身的欲望和他人的伤害，而且跟自身的修养有莫大的关系。

人们对于自身造成的痛苦往往不易察觉，即使察觉了也很容易宽恕自己、原谅自己；而对于别人造成的伤害往往非常敏感，甚至耿耿于怀，不依不饶。因为混迹红尘的人，放不下面子，放不下嗔心。

因此，在佛家看来，若对于别人带来的伤害耿耿于怀，即便再怎么痛苦，也不能怪别人，而应该怪自己。若他能放下心中的嗔念，把自己的心放宽，饶恕他人的过错，那么一切都将海阔天空，不再纠结烦恼。在这个世界上，只有你才能真正伤害你自己，而不是其他任何人。

如果你觉得自己很累，觉得自己很痛苦，这累和痛苦并不是环境或他人造成的，而是由你自己的心境造成的，这说明你自己的内在修养还不够。如果内在的修养水平到了，放下那些让你难受的执著，自然就没有了痛苦和累的感受。

空慧禅师带着弟子满空云游天下，满空出家的时间还不长，所以很不习惯这样辛苦地在外面奔波。他一路上牢骚满腹，不是嫌行囊太重，就是嫌路不好走，总想找个地方歇会儿。

而空慧禅师总是说："再走一段路程吧，等一会儿再歇着。"虽然总说要歇着，但不仅没有歇，反而越走越快，满空只好在后面气喘吁吁地一路追赶。

有一天，师徒二人走了很长一段山路后，经过一个村庄，满空又说："师父！都快累死人了，现在可以休息一下了吧？"正在这时，一个妇女迎面走过来，空慧禅师突然跑过去，紧紧抓住那个妇女的手，妇女吓了一跳，大声尖叫道："救命啊！和尚调戏我啦！"

妇女的家人和邻居闻声后急忙赶出来，恰好看见空慧禅师正在拉扯妇女，于是一个个义愤填膺，齐声喊打。空慧禅师见势不妙，急忙松开手，不顾一切地撒腿就跑。满空被这眼前的一幕惊呆了，愣了好一会儿才突然反应过来，背起行囊飞一般地跑起来！

　　师徒二人一路狂奔，片刻也不敢停，一直跑了好几条山路，见后面没有人追来，这才在山路边停了下来。满空擦了擦额头上的汗，愤愤不平地埋怨道：“师父，没想到您竟然这样，您安的是什么心啊？这也算参禅悟道吗？我还是回家去吧！”

　　空慧禅师既不生气，也不解释，他只是回过头来关切地问道：“现在你觉得背上的行囊还重吗？道路还难走吗？”

　　满空想了想回答：“奇怪，奔跑的时候，行囊一点儿都不觉得重了，路也没那么难走了。”

　　满空看着师父殷切的眼神，突然间有所领悟。

　　心境不同，感受也就不同。在奔跑的过程中，由于着急，一心只想逃离困境或危险，根本没时间考虑背上的重量以及道路的坎坷，所以觉得行路十分轻松。在生活中也是一样的道理，如果我们能选择一种安宁、平和的心境，自然就不会有那么多痛苦了。

　　在现实生活中，你看别人不顺眼，是因为你自己修养不够；你爱发脾气，是因为你自己修养不够；你因为别人而痛苦，也是因为你自己修养不深。

　　如果不能从内心去原谅别人，那就永远不会心安理得。别人伤了你，请不要继续纠缠于过去，内心不能原谅别人，可以换位思考，自己不能从内心原谅他人，他人永远不会心安，同样自己也永远不会心安，永远纠缠于过往的事情又何必呢？这样的人是愚痴而无知的。

　　佛说：“宽恕别人可以升华自己，而记恨一个人却是在伤害你自己。”很多时候就是这样，抱怨和记恨其实什么问题都解决不了。因为，那样其实是在逃避，是把一切归结于外部因素，而不是反省自己。如果真的懂得反省自己，又有什么好痛苦的呢？

　　只有你自己才能真正伤害你自己，而不是别人。与其说是别人让你痛苦，不如说自己的修养不够。一切痛苦的根源其实都来源于自己，来

源于自己的选择。如果我们的修养够了，懂得选择、懂得面对，那么没有人能让我们痛苦。

　　清湛似水，不动如山，什么疾风骤雨、嬉笑怒骂、桂冠荣衔，一律处之泰然，但这需要大智慧、大学问，不是随便什么人都能够企及的，非要有不凡的修养不可。

一日三省，时刻关照自我

　　汾阳无德禅师从小就天资非凡，有文字般若，对一切文字自然通晓，能出口成章。在14岁的时候，他的父母相继离开人世，于是他便出家剃度，之后云游四方，拜访了71位名宿鸿儒，后师从省念禅师，才开大悟。

　　省念禅师圆寂之后，无德禅师应西河道俗的邀请，到汾阳太子院居住，在那里广说宗要，接化学人，足不出户达30年之久。

　　有位虔诚的女子，每天都从自家的花园里采撷鲜花供佛。一次，当她正送花到佛殿时，碰巧遇到无德禅师从法堂里出来。

　　无德禅师对她说："你每天都这么虔诚，以香花供佛，依经典的记载，常以香花供佛者，来世的相貌肯定非常美丽。"

　　女子听后，心生欢喜道："这是应该的。我每次来寺礼佛时，便觉得心灵如同洗涤过一般，清净凉爽，然而，一回到家里，心又开始烦乱起来了。请教禅师，作为一个家庭主妇，该如何在烦嚣的尘世中保持一颗清净、纯洁的心呢？"

　　无德禅师没有直接回答，而是问了一个问题："你以家中的鲜花献佛，相信你对花草的习性必然有所了解，那么请问你，你是如何保持花朵的新鲜的呢？"

　　女子不假思索地说："保持花朵新鲜的方法莫过于每天换水，并且于换水时把花梗剪去一截，这样花茎就不容易在水里腐烂，花朵可以吸收水分，花茎不会腐烂，花朵自然能够更加长久而不容易凋谢！"

无德禅师点了点头，说："保持一颗清净、纯洁的心，其道理也是一样的。我们生活的环境像瓶里的水，我们就是花，唯有不停地净化我们的身心，变化我们的气质，并且不断地忏悔、检讨，改进陋习、缺点，才能不断地吸收到大自然的精华。"

女子心中恍然："谢谢禅师开示，我希望在禅院过一段晨钟暮鼓、菩提梵呗的宁静生活，聆听禅师的教诲。"

无德禅师答道："你的身体是寺宇，脉搏是钟鼓，两耳是菩提，呼吸是梵呗，无处不宁静，又何必要到寺院中生活呢？"

人生无处不修行，只要能够持戒守定，在任何地方都可以得到心灵的宁静；若不能持戒守定，即便身在寺院，心灵也不会宁静。

佛说修行，其实主要在修心。《金刚经》里讲"善护念"，讲"降伏其心"，说来说去，就在于心灵和品德的修养。为什么要"善护念""降伏心"？若不如此，我们的心就会被贪嗔、痴妄、妒恨等充盈，失去正知正念，从而烦恼丛生，不得解脱。只有"善护念""降伏心"，你才能得自在，真方便。

持戒守定就是极好的护念方式，无论是何根性的人，通过持戒，都能够有所进境。因为持戒可以让你每时每刻保持自己对自我心灵的修正。

故事中无德禅师告诉我们：护念自身，就如同侍弄花草一样。侍弄花草要时常浇水、剪裁；护念自己，则要时常反省、改正。

持戒能够让人时刻保持警惕，对自己的行为与思想进行反省。人只要有反省意识，其人生境界必定有所精进。反省是一种自我检查的活动，还是一种学习能力，是认识错误、改正错误的前提。

儒门就有"一日三省其身"的教导，而在佛门弟子看来，一日三省远远不够，我们应该时时处处不忘反省自己的言语行为，以免失去正知正念。

须知，人时时处处都可能犯错误，迷失方向，毕竟大家都是凡人，不可能像释尊那样觉知世间一切事物。这时你能做的，就是时刻反省自己，守护自己心里面的好念头、好思想，一旦发现错误，就即刻改正过来，清除心中那些不好的念头。同时，加强自身的学习，就如同为花儿浇水一样，让思想变得圆满丰润起来。

若不想鲜花太早凋零，就要时常去料理它；若不想自己的人生迷失方向，就要时常做出必要的调整。

即使是在看似风平浪静、一帆风顺的时候，也要时刻反省，注意自己行为上的小错误、思想上的小毛病，因为"千里之堤，溃于蚁穴"，很多危险的因素等它发展大了，再挽救就来不及了。要做到防微杜渐，就得时刻反省自身，保持清醒的头脑。

心中宽和，则世界和乐

盘珪禅师一生接引学人，以高贵的道德和善于说法而为人所知。他说法事理圆融、深入浅出，不仅易懂，还常在结束之前让信徒发问，当场解说，因此不远千里慕名而来的信徒很多。

有一天，有位信徒在禅师说法之后上前请示说："我天生暴躁，经常发火，请问大师，这该如何改正呢？"

盘珪禅师说："那么，请你把这天生暴躁的性情拿出来，我帮你改掉吧。"

信徒愣住了，半天才说："这怎么可以呢？这火也是能随便发的吗？我现在没有。不过，一碰到某些事情的时候，那天生的火暴性子就出来了，然后自己就会控制不住地发脾气。"

盘珪禅师摇了摇头，说："这个情形倒是很奇妙的。如果现在没有，只是在某些偶然的情况下你才会心情暴躁，可见这并不是天生的，而是你和别人争执时自己造就的。可是现在你却把它说成是天生的，把过错推给上天，未免太不公平了。"

信徒听了这话，马上会意过来。从此，他每次遇到事情要发脾气时都思虑再三，结果彻底改掉了爱发脾气的毛病。

有很多毛病其实是自己的恶习。除了清净的真如本性是本有的，其他的都是一种习惯。习惯并不是天生的，只要我们有勇气，恶习都可以改掉，不能"讲时似悟，对境生迷"。

境界来的时候，要有勇气去抑制，而不是逃避。须知，没有什么毛病是改不掉的，你应该对自己有信心，除非你根本不想改。

有的人犯了错，身有恶习，倒也不怪老天，却把责任推给他人。这也是不对的。

有则古代故事，说有个犯人罪恶滔天，要被杀头了。母亲哭得死去活来，犯人看着母亲，突然向监斩官提出了一个要求：跟母亲说最后一句话。

监斩官本来不愿答应，但禁不住犯人母亲的苦苦哀求，恻隐心动，便放犯人的母亲到刑场上，跟犯人说最后一句话。

谁知在母亲贴近儿子的过程中，儿子突然一口将母亲的耳朵咬掉。母亲呆住了，不知道儿子为什么要这样做。

犯人癫狂地笑道："是你的爱害了我。小的时候，我偷了别人家的一枚针，你没有怪我。后来，我把邻居家的鸡偷偷地杀来吃，你也没有怪我。我以为这些都是对的，结果越陷越深，从偷东西，到抢东西，再到杀人，最终要被杀头……"

犯人责备母亲一向溺爱自己，不以社会普遍接受的法律、道德标准去教育自己，结果造成自己是非不分、为所欲为，以至于沦为阶下囚，丢掉性命。

把一切坏的都归之于父母生的，这是不孝的。把一切好的都归之于父母生的，这是失去自己本性的。其实，好与坏是习性，不是本性，既非与生俱来，也非父母所生。习性其实就是自己后天习得的。

犯人把自己犯错的原因都推到了母亲的身上，这是不对的。犯人的母亲有没有错？当然有，但并不是主要的责任人，主要责任还是在犯人自己。实际上，犯人明白偷东西不对，也知道抢东西不对，更知道杀人不对，但他却还是这样做了。

人会不自觉地去做以为对自己有益的事情，不自觉地习得自以为不错的习惯和德性。比如很多人都知道吸烟对身体不好，但还是有人会去吸，特别是年轻人，最初吸烟往往是因为觉得吸烟的人很酷，他希望自己也很酷，因此尝试着吸烟，谁知一回两回，慢慢地就成了习惯。

犯错的人也是这样。他其实是在做有利于自己的事情，结果一不小

心就掉进了坑里，这能怪别人吗？有的人掉进坑里后，会努力地爬出来，而有的人则再也不愿意爬出来了，结果不断地沉沦，这又能怪谁呢？

人要承认自己犯下的过错，努力去改正它。错误不是天生的，更不是别人给你的，而是你自己做的，如果你犯了错误，不要逃避，承认错误才能改正错误。若连自己所犯的错误都不承认，又怎么可能改正它呢？

每个人都会犯错误，就如同每个人都有佛性一般。重要的不是错误本身，而是你是否能够认识错误，并改正它。佛性每个人都有，为什么绝大多数人都不能成佛呢？重要的不是佛性本身，而是你是否能够努力检修自己，消除迷障，明心见性，透彻自性。

常言道："人非圣贤，孰能无过？过而能改，善莫大焉。"人要学会改正错误，就如同人要学会转身绕路一样。当自己犯了错误，也不要对自己失去信心，而应该努力去改正错误。不要将自己的错误推给别人，推给父母，推给老天。

顾其短，扬其长，宽容可育人

每个人都有自以为是的毛病，有时甚至以自我为中心，觉得世界上一切的事物都在围着自己转。一旦这样的思想在你的心里占了上风，一方面，就会出现炫耀自己的情况；另一方面，往往会贬抑他人、非议他人。

若你曾经致力于克服自身的弱点，你就会发现，人似乎始终都难以摆脱沾沾自喜的心理，而对于他人也总有一些不自觉的贬抑的心理。这也就是看轻别人容易，而要摆平自己却很困难的原因。

为何会如此呢？只因世人皆执于我见。执于我见，就是人性弱点的根源，因为心中装满着自己的看法与想法的人，永远听不到别人的心声，自然很多事情也不会得到别人的认同。而别人呢，也同样更多地执著于自己的观念，为自己考虑。

这样一来，人们之间往往会矛盾丛生，若非有理性、智慧的存在，人与人之间必定斗争不断而绝难有和谐共处的机会。事实上，即便有理性、智慧的存在，深入世事的我们也能时常遇到彼此争斗、算计之事。

正因为如此，哲人说："人类是自私的动物。"其实，世间又何尝只有人类自私呢？只不过人类有理性存在，有智慧存在，便有了体察自性、了解自身的能力，如此，也就有了通过持戒来消除自私我见的能力。

在小山村里住着一个老妇人，她养着一群鸡，其中有很多公鸡，每天凌晨公鸡都发出嘈杂的啼叫声，然后太阳就出来了。日复一日，这样的现象都没有变化，公鸡鸣叫，太阳升起，于是，老妇人坚信：太阳是她家里的公鸡叫醒的。

我们都知道事实并非如此，但当时的老妇人觉得自己的见解是合乎逻辑的：太阳确实是在公鸡发出一些噪声之后才开始升起的。

所以，老妇人就对山村里的人们说："太阳是因为我才升起的，一旦我离开了这个村子，你们都会生活在黑暗之中。"

但是村民们听到这些话之后都笑了，没有理会老妇人。老妇人觉得很生气，就真的带着她所有的公鸡离开了村子。

她到了另外一个村子，当然，到了早上的时候，太阳还是照常升起。

老妇人笑了："现在他们知道了吧。太阳出现在这个村子！现在他们将会哭泣，而且会后悔，但我是不会回去的。"

持戒的目的就是要克服自身的弱点，消除我见。人有炫耀自己、表现自己的心理，这是我见造成的；人都有议论别人、贬抑别人的心理，也是我见引发出来的。

不执于我见，你就不会自炫；不执于我见，你就不会抑他；不执于我见，你就不会自私；不执于我见，你就能够明心而见性，看破无明，而直透本来。

太关注自己而忽略别人，这不是佛家弟子该有的心性修养，更非俗世之人交际之所宜。若你过于关注自己，也就是我执我见太过，那么就很难让别人接受你。

吴某约几个朋友来家里吃饭，打算通过聚会帮助一位目前正陷入低潮的朋友心情好起来。这位朋友不久前因经营不善，公司倒闭，妻子也因为不堪生活的压力，正与他谈离婚的事，内外交迫，他实在痛苦极了。

　　大家都知道这位朋友目前的遭遇，都避免去谈与事业有关的事，可是几杯酒下肚，谈兴起来，其中有人就不由自主地炫耀起自己的能耐，谈起自己的赚钱本领，那种得意的神情让人看了就有些不舒服。

　　那位失意的朋友低头不语，脸色越来越难看，一会儿上厕所，一会儿去洗脸，后来他猛喝了一杯酒，赶早离开了。吴某送他出去，在巷口，他愤愤地说："会赚钱也不必那么神气吧！"

　　吴某了解这位朋友的心情，因为他自己就遭遇过这样的事业低潮期。那个时候，正风光的亲戚在自己的面前炫耀薪水、奖金，那种感受就如同把针一支支插在心上一般。

　　吴某本来打算做件好事，让朋友心情好点儿，然而，没想到朋友的心情不但没有变好，反而更差了。真可谓好心办坏事！

　　当你在炫耀自己有多聪明时，有时就是在嘲笑对方的无能，让他产生一种被比下去的感觉，特别是失意的人，你在他面前炫耀自己的得意之事，他会更恼火，甚至讨厌你。

　　其实，做人不需要光芒太亮，够亮就行了，否则就会晃着别人的眼睛，让人眼红嫉妒，而且自己也可能会被反射的光芒灼伤。

　　我们应该多看看别人的优点，不能太自我，而应该去除我执，谦虚一些才对。太过于欣赏自己的人，不会去欣赏别人的优点。总之，做人不能炫耀自己的聪明而议论别人的不是，与人为善，广结善缘才是人生幸福之道。

原宥之心，可救沦落之心

　　佛说："永远不去看众生的过错，你若看众生的过错，你永远污染你自己，这样的你根本不可能修行。"不要去看别人的过失，哪怕别人侮辱了你，也没必要纠结不已。与其将自己的心思放在追究别人和谴责别人之上，还不如忍受那些侮辱、苦难，把更多的时间和精力用在有意义的事业上，认真地搞好自己的本职。

鸠摩罗什大师是著名的译经师，中国佛学经鸠摩罗什的翻译而面目一新。此前，汉语版本的佛学典籍十分稀少，而且翻译得都不是太好，不是艰深晦涩，就是文义粗疏。鸠摩罗什学养深厚，他翻译的经书不但语言优美，而且很好地传达出佛学的本旨，成为汉语译经史上的经典范本。

这位高僧大德将自己的毕生心血都付诸于翻译经典、弘扬佛法的大事业当中，为了完成译经的理想，他忍辱负重，曾经两次破戒，也未能动摇其继续宣扬佛法的真心。

公元 384 年，前秦大将吕光攻破龟兹，将鸠摩罗什抓住了。吕光并没有发现鸠摩罗什特别的地方，又见他年轻，有点儿看不起他，便恶作剧地强迫他娶龟兹王的女儿。鸠摩罗什不肯接受，苦苦拒绝。

吕光不理鸠摩罗什的推脱，而是让鸠摩罗什喝醉酒，然后将他和龟兹王的女儿关在一间密室里，逼鸠摩罗什破戒成亲。

前秦灭亡后，后秦君主姚兴迎鸠摩罗什入长安，拜为国师。鸠摩罗什主持庞大的译场，译出大量佛经，获得极大的成就和声望。

姚兴把鸠摩罗什当成当世奇才，有一天，他对鸠摩罗什说："才学超众，海内无双，只是已经年近六十了，却无子嗣，难道欲令法种断绝吗？我有宫妃数百，想以其中二人送与你，如能生几个儿子，也好继承你的智慧才学。不知法师意下如何？"

鸠摩罗什一听此言，立即想起多年前吕光逼婚的事情，只不过吕光逼婚是戏辱，而姚兴逼婚是尊敬。鸠摩罗什无奈，只好苦笑答应。从此之后，便不住佛寺僧房，另外迁往他处。

这件事在当时引起震动，有些僧人羡慕，妄想效仿。鸠摩罗什便召集众僧，拿了一满钵的针说："如果你们能像我这样，将一钵银针吞入腹中，你们就可以娶妻蓄室。否则，绝不可学我的样子。"说罢，鸠摩罗什将一钵银针吃到了肚子里。

鸠摩罗什还不放心，担心佛门戒律成为空有，于是每次登座讲法事都不忘向人们解释："我娶妻蓄室是被逼无奈，我的戒行有亏，但是我翻译的经典若有违背佛陀本怀，让我深陷地狱。"

鸠摩罗什的故事告诉我们，不要因为一时的屈辱，而放弃人生的理想和普度众生的事业。更不能因为众生让自己饱受屈辱，就埋怨众生，

抛弃众生。

正所谓："出淤泥而不染，濯清涟而不妖。"鸠摩罗什大师虽然两次破戒，但能忍辱而继续佛法事业，他没有埋怨别人，更没有因此而自暴自弃。

鸠摩罗什的行为虽然同普通人一样，但他的精神却超越了俗事。我们应该像采撷莲花的芬芳一样，但取其花，不要取其泥。

曾国藩年轻时到长沙求学，他的书桌就在窗前。有个叫展大宽的同学，因为来得晚，书桌只好被安排在墙角。

有一天，展大宽突然冲着曾国藩大吼："亮光都是从窗子照进来的，你凭什么遮挡别人？"曾国藩一声不响地把桌子挪开了。

然而，展大宽仍然不满意。第二天，他趁曾国藩不在，竟把自己的书桌挪到窗前，把曾国藩的书桌移到墙角。

曾国藩看了没说一句话，之后他就一直在墙角的位置读书。后来曾国藩考中了举人，展大宽又来寻衅，认为曾国藩换了座位，夺了自己的好风水才高中的。曾国藩对此始终和颜悦色地听着，不置一词。展大宽找了几次麻烦，发现很无趣，就没再理会曾国藩了。

研究曾国藩的人都知道，其实这个人的大智慧就在于善忍。官场失意，忍怨；同僚排挤，忍气；战事溃败，忍辱；名利无收，忍欲；功高震主，忍嫉……真可谓百忍成金，"忍"字贯穿了曾国藩的一生，也造就了他的辉煌。

面对别人的侮辱，要学会容忍。"人非圣贤，孰能无过？"这句话无论是对别人，还是对自己，都很有人生启发的意义。在生活当中，谁也不能时刻都保持良好的状态，但是，我们可以通过不断地学习和修持来慢慢地调整自己，学会在大事临头时忍耐、克制，故寒山子诗偈云："欲行菩萨道，忍辱护真心。"

守护自己的真心和理想是十分必要的。世间无论什么事，说很容易，做却很困难，说不发脾气，但境界一来，自我就不能把持。禅语曰："说时似悟，对境生迷。"就是这个道理。只要真心常在，理想不灭，你就不会陷入迷途之中，浑浑噩噩、不知所措。

不傲才以骄人，不以宠而作威

《菜根谭》有云："无事常如有事时，提防才可以弥意外之变；有事常如无事时，镇定方可以消局中之危。处世而欲人感恩，便为敛怨之道；遇事而为人除害，即是导利之机。"

"满招损，谦受益"，这是古往今来人们耳熟能详的话题。诸葛亮说："不傲才以骄人，不以宠而作威。"骄傲自满是一个可怕的陷阱，而且，这个陷阱是我们自己亲手挖掘的。

傲慢，从表面上看来自于优越感，但它的根源其实在于愚蠢和基于愚蠢之上的偏见。不管是富人对穷人的优越感，还是那些所谓的读书人对学历低于自己的人的优越感，抑或是城里人对乡下人的优越感，都司空见惯，习以为常。但是这些所有的优越感都是愚蠢的，都是落后社会的产物。如果一个社会缺乏流动，那么这个社会就很容易产生人对人、人群对人群的优越感。反之，如果是一个崇尚平等、自由，提供充分竞争和流动机会的社会，则会让所有的优越感都成为狭隘者的聊以自慰。由此可见，优越感跟傲慢一样，都是一种愚蠢，并且是一种对人群的仇视和敌意，更是一种反社会的品行。

有一位学识渊博的老禅师和俗家弟子们经常聚在一起聊天。这天，一位家里相当富有的弟子趾高气扬地跟所有师兄弟炫耀：他家在郢都郊外的一个村镇旁拥有一望无边的肥沃土地。正当他口若悬河地大肆吹嘘自己富有时，一直在旁边不动声色的老禅师突然拿出了一张包括诸多国家在内的大地图，然后问他："麻烦你指给我看看，我国在哪里？"

"这一大片全是。"弟子指着地图扬扬得意地回答。

"很好！那么，郢都又在哪里？"老禅师接着问道。

弟子移动着手指在地图上将郢都找了出来，但和整个国家相比，明显小了很多。

"那么，那个村镇又在哪里？"老禅师继续问道。

"那个村镇当然更小了，好像是在这儿。"弟子指着地图上的一个小点说道。

最后，老禅师看着他说："现在，请你再指给我看看，你家那块一望无边的肥沃土地又在哪里？"

这下弟子急得满头大汗，因为他根本不可能找得到，他家那块一望无边的肥沃土地在地图上连个影子也没有，这让他感到很尴尬却又深有感悟地回答："对不起，我找不到！"

不管你拥有多少，在天地面前，在浩瀚无际的宇宙里，都只不过是沧海一粟，实在微不足道。纵观历史，不管我们拥有什么、拥有多少、拥有多久，都只不过是拥有了极其渺小的瞬间。"人誉我谦，又增一美；自夸自败，又增一毁。"无论何时何地，我们都应该保持一颗谦恭有礼的心。

曾经有一个老先知让自己的弟子分别到各地去修行，其中有一个弟子，在经过一番苦修后，练成了"在水面上行走"的绝技，这让他很得意，不断地在其他师兄弟面前讲得眉飞色舞，还兴奋地问老先知："老师，您看我有多厉害！大家都应该向我学习！"

老先知不发一语，只是带着大家来到了河边，叫了只船，领着众人一起坐船。众人均不知道老先知到底要做什么，只能继续跟着老先知。

到了对岸，老先知问船家："要多少钱？"

船家说："两文钱。"

这时，老先知微笑地转过身，对那位心高气傲、不可一世的弟子说："年轻人，你那引以为傲的新本事也不过值两文钱而已。"那位弟子听了之后顿时羞红了脸，从此，他努力地培养自己的品德，几年之后，终于成了一个既谦虚又有能力的人。

谦恭是许多有能力者缺乏的美德。我们每个人都会拥有不同的才能，你拥有的这些只能代表你在这方面比别人高明，并不能代表你在其他方面也比别人高明。因此，你绝对不要看不起别人，或许他出众的地方正好是你一窍不通的地方。不管我们拥有多大的能力，都不要心高气傲，更不要觉得自己高人一等，也不要觉得别人都该效法自己，否则，我们就会变成"骄傲"的俘虏！

我们通常所说的谦虚是指自知之明和谦恭。自知之明乃是智者的标志之一，而我们更应看重的是谦恭。谦恭跟傲慢一样是在人际互动中表现出来的，但是方向却正好相反，如果说傲慢是一种愚蠢，那么谦恭就是一种优良的品格。

谦恭的人首先应该具有自知之明。清楚地知道自己目前的地位和条件，如果有优于别人之处，也只把它当成是暂时的、相对的，如果不继续努力，我们就会向下滑行，甚至前功尽弃；如果别人在此时努力，很快就能在这些方面超过自己。所以，其实任何人都是无以为荣的。因此，我们没有任何理由有任何的优越感。

如果你真的有能力，最好永远保持谦恭。面对同样的目标，谦恭的人会承认自己还需要准备很多的条件才能获得，于是他会努力地去准备，最终达成目标。而骄傲的人却正好相反，他们不愿意承认自己没有能力获得，还把不屑于达成目标作为自欺欺人的借口，这样，他们自然就不会去努力准备条件，最终更不可能达成目标。谦恭者是用言行证明自己的有礼，自恃者则是用言行证明自己的无用。

谦恭不是一种表面姿态，而是内在品德和修养的高度表现。不因学问博雅而狂妄自大，也不因地位显赫而养尊处优。谦恭不是卑下，也不是懦弱，更不能把它看做是无能。谦恭者学问越深越能虚心谨慎，地位越高越能以礼待人，体现出的是一种境界、一种气质。而且谦恭还是一种修养，那种脸上没文化、肚里无墨水的鲁夫莽汉是不会谦恭的。能与谦恭者在一起，犹如领略大自然旖旎的风光一般，让你流连忘返；就像喝陈年老酒一样，让你回味无穷。

心胸放宽，人生路也会宽

有人说：世间有五种人，第一种人创造环境，是神圣；第二种人改变环境，是人杰；第三种人适应环境，是智者；第四种人对抗环境，是莽夫；第五种人埋怨环境，是庸人。你是哪种人呢？

可以肯定地说，第一种人，不在人间行走；第二种人，世间只有少数，都是大能力者，基本上也很难成就；至于剩下三种人，不能做莽夫，也不能做庸人，毫无疑问，智者才是最好的成就。

智者的行事法则就是因势利导，顺势而为。不能改变大环境，就先改变自己，适应环境。就好像水一样，遇方则方，遇圆则圆，遇热化成气，遇冷变为冰。

古代某个国家，所有的人都是赤脚行走。有一天，国王去偏远的乡间游玩，路上有很多碎石头，把他的脚硌得生疼。

国王大怒，回到皇宫后就下令将国内所有的道路都铺上一层牛皮。他觉得这样做，不仅自己不会再受苦，全国的百姓也都可以免受石头硌脚之苦了。

国王的愿望是好的，问题是哪儿来那么多牛皮？就算把全国所有的牛都杀了，也筹措不到足够的皮革，这还不算用牛皮铺路所花费的金钱和动用的人力。但既然是国王的命令，谁敢说个"不"字呢？

就在大家为此发愁时，一个聪明的大臣大胆地向国王谏言说："为什么您要劳师动众，牺牲那么多牛，花费那么多金钱呢？您何不只用两小片牛皮包住您的脚，这样不就免受石头硌脚之苦了吗？"

国王一听，当下醒悟，于是立刻收回命令，采纳了这位大臣的建议。于是，这个国家的人民开始有了穿鞋的习惯。

生活中，很多人其实都会犯类似的错误，抱怨大环境，妄想以一己之力改变环境，却往往被现实碰得头破血流。其实解决的方法很简单，就是先改变自己。在你没有能力去改变环境时，尤其是环境不利于你的时候，就要想办法改变自己先顺从环境、适应环境。

任何抱怨环境不好的行为都是徒劳无功的，任何的感叹和等待环境的改变也是于事无补的。当现实不可更改时，我们不妨以包容的心态学会坦然地接受，通过改变自己来实现生存和发展。

智远和尚收了两个弟子，一个叫能忍，一个叫能慧。

智远和尚教徒弟十分严格，每逢弟子们在静坐时打盹或在诵经走神时，他不是用禅杖去敲击他们的脑袋，而是把他们赶到禅房外去罚站。

这年深冬，外面下着鹅毛大雪。智远发现能忍静坐打禅时睡着了，便将他轰出室外，罚站三个时辰。能忍知道自己错了，感到很内疚，就按师父的教训直挺挺地站到门外的深雪里，一站就是两个时辰。

多亏细心的智远及时出来把他叫进室内，不然，他的双腿就有可能被冻坏了，造成不可挽回的悲剧。

又一年冬季。这次，能慧在修业时偷懒，被智远抓住了，然后就被赶到禅房外的风雪里罚站。

能慧没有能忍的身体好，但是他很聪明，马上在风雪中练起智远教给他的罗汉拳，而且练得非常认真，虎虎生威、出神入化。

两个时辰之后，当智远出来观望时，能慧依然气喘吁吁地打着罗汉拳，一招一式比先前有了明显的长进。飞舞的雪花和脚下的积雪被能慧挥舞、踢打得纷纷扬扬、生动异常，大有落地生风之势。

智远和尚目睹此情此景，不但没有生气，反而高兴地笑了，还走上前去指导了几个不太规范的招式。

后来，能忍成了受人敬重的戒律院首座，而能慧则成了住持方丈。二人都成为一代文武双全的高僧大德。

无论是能忍，还是能慧，无疑都有着优秀的个性和品质。他们在困境中依然能够昂扬不馁、坚韧不拔地去锤炼自己。能忍的坚毅忍耐令人钦佩。在风雪中，他能够毫无抱怨地坚持。当然，我们更加欣赏能慧的智慧，他能够主动地改变自己去适应环境，而不仅仅是忍受。

生活中，有人宁愿每天梦想明天的美好、批驳现实的残酷，也不愿通过实际行动去改变自己；有人宁愿每天去抱怨工作环境有多么不好、成功的机遇有多么少，也不愿意去适应环境。最终他们只能成为莽夫和庸人，无法拥有更高的成就。

若想要获得成就，就不要抱怨环境的不如意，有些事情并不是你能改变的，你能改变的只有你自己。当你无法改变现实环境时，只有积极地调整自身适应环境，迎接挑战，才能获得真正的发展。

不理会谩骂，它就伤害不到你

在人世间，估计还没有人能不被人骂的，即使是再好的人，也有不得人意的时候，挨骂也就在所难免了。挨骂并不是重点，重点是你如何对待谩骂。当别人谩骂你时，你是据理力争、不断辩解，还是以牙还牙、以口还口呢？

寒山和拾得两位禅师常以诙谐幽默的智语妙音启迪众生，而为人们所喜爱。有一次，寒山禅师问："若世间有人无端地诽谤我、欺负我、侮辱我、耻笑我、轻视我、鄙贱我、厌恶我、欺骗我，我要怎样做才好呢？"

拾得禅师回答他："你不妨忍着他、谦让他、任由他、避开他、耐烦他、尊敬他、不要理会他。再过几年，你再看看他。"

寒山禅师又问："除此之外，还有什么处世秘诀可以避免别人恶意地纠缠吗？"

拾得禅师说了一首弥勒菩萨的偈子，其中有这样几句："有人骂老拙，老拙只说好；有人打老拙，老拙自睡倒。涕唾在面上，随它自干了；我也省气力，他也无烦恼。"

寒山和拾得的境界当然不是普通人能达到的，只说唾面自干这件事情，恐怕没有几个人能够忍得住。但是寒山和拾得所教导的有关于忍辱的精神却值得我们学习。对于别人的谩骂，大可不必太在意，更不要斤斤计较。当别人骂自己的时候，你就想象一下这样一个情景：有一条疯狗咬了自己一口，难道你也要趴下去反咬他一口吗？

当然，这样想，境界就低了。但是，这样确实能够让你的心里好过一些，能有效地帮助你平息心中涌起的怒火。

记住，恶语永远不要出自于我们自己的口中，不管对方有多坏、有多恶。你越骂他，你的心就被污染了。你要想，他这样骂你，其实是因为不了解你。你也可以这样想，他骂你实际上就是在帮助你放下心中的嗔念。

别人可以违背因果，别人可以害我们、打我们、毁谤我们，可是我们不能因此而憎恨别人。我们一定要保有一个完整的本性和一颗清净的心。

　　北宋名臣吕蒙正从不喜欢记别人的过失，即便有人骂自己，他也能当做没有听见。在他初任参知政事时，有名官吏在朝堂帘内指着吕蒙正说："这小子也当上了参知政事呀！"

　　吕蒙正就好像没有听见这句话。与吕蒙正同在朝班的同僚非常愤怒，下令追问那个人的官位和姓名。

　　吕蒙正急忙阻止他们，不让查问。下朝以后，那些与吕蒙正同在朝班的同僚仍然愤愤不平，后悔当时没有追查。

　　吕蒙正则对他们说："一旦知道那个人的姓名，则终身不能忘记，不如不知道为好。不去追问那个人的姓名对我来说也没有什么损失。"

　　慈受禅师有《退步》诗曰：

> 万事无如退步人，
> 摩头至踵自观身，
> 只因吹灭心头火，
> 不见从前肚里嗔。

　　做人要学会退让和忍耐，不能那么冲动，仿佛火药一样，一撩拨就开炸的人是很危险的。一旦爆发怒火，伤害了别人，也伤害了自己。

　　面对别人的谩骂，你要先让自己冷静下来。事情因何而起，到底孰是孰非，都应该弄清楚，然后想办法去化解冲突和矛盾。一旦能够心平气和地面对现实，自然就可以找出化解矛盾的方法，一场可能发生的争吵或灾难，就这样无声无息地大事化小、小事化无了。

　　人之所以为人，就是因为有理智。别人不理智时，你要学会理智，否则，大家都失去理智，事情只会越来越糟糕。所以，要学会忍耐、退让和宽容，要让自己大度起来，这样不仅是为了教化别人，更是为了帮助自己。

心无芥蒂，坦然面对他人的评价

在生活中，对于批评，人们有些反感。许多人觉得，被人批评是一件很丢面子的事情。常言道："揭人不揭短，打人不打脸。"人要面子，树要皮，所以人们对于伤面子的事情向来都是深恶痛绝的。

然而，有些伤面子的事情却是很有必要接受的，批评就是其中之一。而在佛门弟子眼中，放下面子本来就是一种必须经历的过程。因为只有放下面子，你才能去除内在的慢心。

刚入佛门的弟子，首先就要受得住别人的使唤，别人使唤你，你不能傲慢，不能有怨言，更不能有怨恨的心。当别人批评自己时，要学会倾听别人的意见。当与人发生矛盾时，要学会主动向别人致歉，承认自己的过失。

俗家人将之看做一种胸怀和高尚的品德，而在佛门弟子看来，这是应该深入每日生活的功课，是再平常不过的事情了。从佛门弟子的修行生活中，我们可以学习到那种胸怀，从而帮助我们放下自己的面子和慢心，学会宽容地对待批评。

当你能放下慢心时，接受别人的批评，你就会发现，其实别人的批评不仅不能伤害你，反而对你大有裨益。

从某种意义上说，我们不但要宽容地对待批评，更要感谢批评。因为有针对性的批评，能够帮助我们少犯错误、少走弯路。古人倡导"闻过则喜""言者无罪，闻者足戒"，这都是在感谢批评。

能够开口批评你的人，其实是你的贵人。你要知道，现在很多人都明哲保身、圆滑世故，自然不会批评他人；有的人表面一团和气，私下却说三道四，更不会当面批评人；还有的人自身不正，未等批评别人，自己先矮三分，当然不会自讨没趣地批评你。

你不要觉得批评的话不好听，更不要以为批评让自己没面子。你要想到，其实批评自己的人是在帮助自己改正缺点。

古语说："良药苦口利于病，忠言逆耳利于行。"尽管批评往往是刺耳的、不易于接受的，但它有利于你的成长和进步。所以说，批评你的人才是你生命中的贵人，只因他能指引你的人生方向。批评你是因为你还有可批评的地方，说明你还有成长的空间。如果你已经到了"朽木不可雕"的地步，根本没有进步的可能，那么别人又何必多费唇舌、浪费口水批评你呢？

有个年轻人在一座寺院里修行，他非常虔诚，天天都在禅房里认真思索、打坐念经。

一天，年轻人突然感觉脑袋昏昏沉沉的，于是他决定到外面去散散步、透透气。不经意间，他走到寺院后面的一个莲花池旁边，池里的莲花正值盛开之际，异常美丽。

年轻人心里顿时冒出一个想法：如果我摘一朵这么漂亮的莲花，放在身边，闻着莲花的芳香，精神肯定会好很多！

于是，他弯下腰去摘了一朵。正当他要离开之际，忽然一个低沉的声音响起："你竟敢偷摘寺院的莲花！"

年轻人吓了一跳，连忙回头去看，只见寺院的方丈朝他走了过来。方丈边走边说："亏你还是个修行人，竟敢偷摘寺院的莲花，你可知错？"

年轻人顿时感到深深的惭愧，急忙对着方丈顶礼膜拜："大师，我知道错了，以后一定痛改前非，绝不会再起贪念，拿任何不属于自己的东西了。"

正当年轻人惭愧忏悔之际，有一个人突然跑到莲花池旁边，高兴地说："这莲花开得多好啊！要是采下来拿到山下去卖钱，就能把昨天赌输的钱赢回来了！"说着，那人就跳进池里，采来采去，不一会儿就把整池的莲花几乎都摘光了。

年轻人满心期待着方丈去制止并且惩罚那个摘莲花的人，但等了半天，方丈竟然连一句制止的话都没说。

于是，年轻人有些不服气地问道："大师！我刚才只不过采了一朵莲花，您就把我严厉地斥责了一顿，可是那个人采走了那么多的莲花，您怎么一句话也不说呢？"

方丈笑着说："你本是修行之人，就像一匹纯白的布，只要有一点儿污点就能看到，所以我才提醒你，去除污浊，回复纯净。可刚才那个人本来就是一个恶棍，就像一块抹布，有多少污点都看不出来，即使我费尽唇舌也帮不了他，只好任他去承受恶业，因此才保持沉默。所以，你不应该抱怨，有人愿意纠正你身上的缺点，这表明你这块布还很洁白，值得清洗，这是值得庆幸的事啊！"

由此可见，在人生道路上，对我们提出批评的人才是最爱我们的人。

其实，能让我们记住的，往往是那些真正批评过我们的人。因为他们才是真心实意地对我们好，真心想帮助我们进步的人。

所以，我们应该感谢那些批评我们的人，他让我们学会了不断修正自己，不断完善和充实自己，他"无情"的批评指明了我们前进的方向，从而使我们成长得更快。

在人生的道路上，有人给予我们批评并不是什么坏事。有人这样对你，那就说明你至少还是个有价值的人。

有一句话说得好："批评你的人是你今天的敌人，明天的朋友；吹捧你的人是你今天的朋友，明天的敌人。"因此，不要拒绝和抱怨别人的批评，相反，我们还应该对那些给予我们批评的人表示由衷的感谢！

若能一切随他去，便是世间自在人

面对毁誉，少有人能无动于衷，而真正的智者能平静以对，心中不起波澜。只因为他们认为做自己该做的，比计较毁誉更加重要。

月船禅师是位善画的高手，有很多人都向他求画，他也不怎么拒绝，只是每次作画前，他必坚持购买者先行付款，否则绝不动笔。月船禅师的这种做法让很多人诟病不已。

某日，有名女子请月船禅师作画，月船禅师不客气地问："你能付多少酬劳？"

女子知道月船禅师的规矩，便说："你要多少就付多少！不过，我有一个要求，你要到我家去当众挥毫。"

月船禅师点头答应，跟随女子到了她家里。

女子家中正在宴客，月船禅师并没有丝毫怯色，当众就开始作画，画成之后，拿着酬劳正要离开。

那名女子就对宴会上的客人说："这名画家只知要钱，他的画虽然画得很好，但心地是肮脏的，金钱污染了它的善美。出于这种污秽心灵的作品是不宜挂在客厅里的，它只能装饰我的一条裙子。"

说着，女子便将自己穿的一条裙子脱下，要月船禅师在它后面作画。

受到这样的侮辱，人们以为月船禅师会愤然离去，谁知月船禅师却说："你出多少钱？"

女子听到月船禅师平静的话，愣了愣说："哦，随便你要多少。"

月船禅师立刻开了一个极高的价格，然后依照那名女子的要求，在她的裙子上画了一幅画，画毕便离开了。

很多人不免疑惑：为什么只要有钱，月船禅师就给人作画呢？即使受到任何侮辱都无所谓的月船禅师心里是何想法呢？

大家都弄不明白。后来，有心人就去查探，才发现月船禅师的秘密。原来月船禅师居住的地方经常发生灾荒，富人们又不肯出钱救助那些衣食无着的穷人。月船禅师看到可怜的人们在饥饿与寒冷中挣扎，心中十分悲痛。

为了解救这些处于水深火热中的众生，他就想到了卖画筹钱的手段，经过一番不懈地努力，他建起了一座仓库，贮存稻谷以供赈济灾民之需。

当月船禅师完成愿望之后，便感叹人世艰难道："画虎画皮难画骨，画人画面难画心。钱，是丑陋的。心，是清净的。"说完这话之后，月船禅师就抛弃了画笔，退隐山林，从此再也不作画了。

有慈悲心的人，不计较人间毁誉，月船禅师为人作画必先收钱，貌似贪财，实则是用自己的艺术素养求取净财救人救世，这是大慈大悲的行为。可是世间人只为一己私欲，又有几人理解这种慈悲心肠呢？

　　只要你行得端、坐得正，做的是自己该做的，辱骂也好、羞辱也罢，权当做为你喝彩加油的精神食粮，拿来当饭吞下。

　　只要你做的事情是对的，无论表面看起来行为多么不合常理，无论众人看你的眼光多么怪异，无论别人对你的评价多么低俗，都不要紧，做好自己的事情吧。

　　白隐禅师是著名的高僧大德，以生活纯洁的圣者而闻名，不料有一天却被指为偷香窃玉的小人。原来附近有个女孩未婚先孕，女孩在父母的逼问下称肚子里的孩子是白隐的。

　　听了这件事，女孩的父母怒不可遏，找到寺庙来与白隐理论。白隐默默地听着那对愤怒的父母的交相指责，最后只说了一句话："就是这样吗？"

　　孩子生下来之后，女孩的家人都不愿意接受，便再次找到白隐责问了一番。白隐二话不说，就收养了这个孩子。

　　这件事情让白隐名誉扫地，可谓恶名远播，人们都不愿意接近这个"淫乱"的僧人。但白隐却没有丝毫介意的样子，只是非常细心地照顾孩子。

　　为了养好孩子，他就抱着孩子上街乞讨。大家虽然看不起他，认为他不是个好和尚，但却是位好父亲，所以也有人伸出援手。

　　一年之后的某一天，孩子的妈妈突然对父母说，孩子的父亲不是白隐，实则另有其人。父母大惊，细问之下，才知道了详情。

　　原来女孩与在鱼市工作的青年相恋，不小心才有了身孕，害怕被人们看不起，就把事情栽到白隐和尚的头上。现在那个青年要跟女孩分手，女孩在怨恨之下就说出了真相。

　　女孩的父母带着她去向白隐禅师道歉，请他原谅，并要将孩子领回。白隐依然没有任何怨言，只是说："就是这样吗？"

　　面对众人的误解，面对莫大的污名，白隐禅师都没有愤怒，甚至连怨言都没有一句。这就是高僧大德的风范。白隐禅师用自己的行为传授给大家高明的人生智慧：只要你做得对，大可以平心静气，没有侮辱能毁坏你。面对毁誉应该抱以平静的态度，没有必要四处嚷嚷，藉词狡辩。只要行得端、坐得正，做好自己该做的事情，就不用害怕毁誉。

沉默是对毁谤最好的答复

佛说："立身不高一步，如尘里振衣，泥中濯足，如何超世？处世不退一处，如飞蛾投烛，羝羊触藩，如何安乐？"正所谓"沉默是金"，这虽然是一句老生常谈的话，却包含了无上的人生哲理。诽谤是无聊的看客获取精神刺激的一种发泄，是让人所不齿的。然而，在现实生活中，总有那么一群好事、无聊的人对别人的事情很感兴趣，对别人捕风捉影地攻击、散播一些别人的坏话和谣言，使对方的人格遭到侮辱、身心面临伤害。

很多人在面对诽谤，被人冤枉时，往往会费尽心机去解释，结果不仅于事无补，反而越描越黑、弄巧成拙。面对生命中的挫折，沉默能使我们变得坚强；面对他人的误解，沉默能使我们学会宽容；面对别人的秘密，沉默能使我们明哲保身，得到尊敬。生活中，沉默能解决的问题数不胜数，尤其是在面对他人的误解时，沉默是最绅士、最有力的武器。因此，面对毁谤，我们不妨选择沉默，忍耐一下，等日后真相大白时，毁谤自然会烟消云散。

面对恶意的诽谤和无理的指责，沉默是最好的、最有效的还击。其实，很多时候我们不必过于在乎那些流言飞语、恶意攻击，有句话说得好："走自己的路，让别人去说吧！"面对诬赖和诽谤，我们不妨就做"沉默的羔羊"，只要我们说的、做的符合人性、遵守法律、对得起自己的良心，我们还有什么抗拒不了的呢？

有一次，佛陀和他座下的众位比丘们，在印度当时的摩揭陀国境内宣传佛法，他们打算从首都王舍城出发，前往北边的那烂陀城。

在他们一行人的后面，有一对外道沙门师徒，师父名叫须卑，徒弟名叫梵达摩纳。一路上，那个师父不停地诽谤佛陀、佛法和比丘们，而他的徒弟却一直和他唱反调，不断地称赞佛陀、佛法和比丘们。

傍晚时分，大家一起来到一个树园内，准备在园内的公共房舍过

夜。尽管共处一室，那对外道沙们师徒依然没有停止他们谤佛、赞佛的争论。这使得比丘们不禁对这两位奇怪的师徒议论起来。大家都认为，相对于这位外道沙门师父，佛陀的善解人意是非常难能可贵的。

佛陀知道比丘们在讲堂聚集，就来询问他们到底在议论什么。于是，比丘们将他们议论的原委告诉了佛陀。

佛陀听完说道："比丘们，如果你们听到别人诽谤自己，千万不要忧愁和伤心，也不要因此而愤怒，更不要怀恨在心，意图报复。因为，这样只会带给你们障碍，不能如实地判断别人所说的是有道理的，还是无稽之谈。相反，如果你们听到别人赞叹自己，也不要感到欣悦和愉快。因为，这同样会带给你们障碍，不能如实地判断别人所说的是真是假。"

无论是对别人的毁谤表示痛心，还是对别人的赞扬表示欢喜，都会造成思想上的障碍，不利于修行。所以对毁谤或赞扬的话，我们要以一颗清醒客观的心去辨别、去审定。对于善意的批评我们是应该接受的，正所谓"有则改之，无则加勉"。但是面对恶意的、居心叵测的、别有用心的、穷极无聊的诽谤、谩骂、人身攻击，我们还是要平静地、缄默地、不予理睬地还击。此外，我们还应该做到打铁自身硬，正视自己的缺点，审慎自己的言行，改正自己的不足，从而让诽谤失去生长的土壤。这样即使有人诽谤我们，我们依然可以神定悠闲、心明无畏、超然洒脱地过自己的生活。

其实，诽谤别人的人大多数是丑人多作怪，而且，他们诽谤别人的背后恰恰是一种深深的恐惧，因为你的成绩让他们感到可望而不可即，你的实力让他们感到无法匹敌，所以他们才会对你诽谤中伤，其实，这应该算是对你成绩和实力的一种肯定。因此，我们应该给诽谤者一份理解和关爱，他们由于种种原因，不能成为真正有实力的人，不能成为成功者，他们也很无奈、很伤感，有很大的压力。如果通过诽谤的方式能给他们带来一些心理安慰，我们又何必在乎这一点点奉献和牺牲呢？

面对诽谤和中伤你的人，与其烦恼和痛恨，不如把它变成真诚的祝福：愿诽谤和中伤我们的人，得到宽恕和救赎吧！

上了哪个坡，就唱哪个歌

百鸟鸣叫的清晨，佛陀带领五百弟子，由舍卫城缓缓地往摩揭陀国行进，一路上肃穆庄严的队伍，吸引了大批百姓前来顶礼膜拜。

临近中午时刻，佛陀就与这五百弟子在摩揭陀国界边缘的一片树林里歇息用斋。

饭后，佛陀对众弟子说："所谓'凡事必有因'，此次我带领你们来到摩揭陀国，主要是使摩揭国人修布施供养之法，并将佛法的义理传扬至邻国——迦师那国。

"迦师那国因地处偏远，百姓缺乏教化，民风尚未开化，国中人民性情狂野、蛮不讲理，而且国内行恶之人甚多，时常发生搏斗争执之事，百姓刚烈凶狠，更是远近皆知。

"但是，我佛慈悲，无论世上如何难以教化的人民都要度化，而且人性本善，皆具有佛性，都能因听闻佛法得到开悟、解脱。众生皆平等，因此将我的教法传入迦师那国是理所当然的事。你们之中有谁愿意去迦师那国传布正法，教化其人民吗？"

众弟子听闻佛祖这样说，心中都充满了自信，他们皆想："我们早已经是四大皆空的佛家弟子，早已断尽三界见思惑，如今只要拿出从前除灭贪、嗔、痴的智慧与勇气，那么这世上还有什么是行不通、做不到的？相信一定能令迦师那国人信受佛法！"

只见，佛陀弟子中的摩诃目犍连尊者首先站了起来，走到佛陀的面前，恭敬地说："我佛慈悲，弟子愿意前往迦师那国度化当地的人民。"佛陀点点头，表示赞许。

于是经过一整天的辛苦奔波，目犍连尊者终于来到了迦师那国，但当他一踏进城门，就惊骇地发现有一位妇人手举菜刀一边挥舞，一边追着一个怀里抱着一只鸡的男人，接着他又看到两个血气方刚的少年口吐秽言，拳脚相加。

目犍连尊者每往前走一步，都仿佛离地狱更近一步，这里的人民果真像佛陀讲的那样残暴、凶狠，甚至有过之而无不及。但毕竟是在佛陀座下修行多年的人，他很快平静下来。

迦师那国的人民从来没有见过僧众，看到目犍连尊者的出现都十分诧异，一个个竟停止争斗，竞相议论起来："你看那个人，真是奇怪，剃着光头，还穿着这么破旧奇怪的衣服。"

"真不知是哪里来的疯子。"

目犍连尊者见大家都好奇地议论自己，于是说道："你们这样刚愎、粗野的行为是愚蠢的，假如现在你们不赶快改掉这种恶性，那么将来你们必定在三恶道中受苦，赶快止恶行善，广结善缘吧！佛陀曾说……"

哪知，还没等目犍连尊者把话说完，迦师那国的人民就愤怒地冲他喊道："你这个不知哪里来的家伙竟敢教训起我们来了，你还没有这个资格，赶快滚，要不然我们就揍死你！"说完，人们就把尊者轰出了城外。

目犍连尊者没想到自己竟被人们轰了出来，这在以前是从来没有过的事情，他实在想不通到底是哪里出了问题，于是便一路思索着回到了佛陀和其他弟子歇息的树林里。

这时被尊称为"智慧第一"的舍利弗尊者遇见了他，便问道："目犍连，为何这么快就回来了？迦师那国的人们可和蔼友善？"

目犍连尊者摇摇头，说："唉，真是惭愧，我竟被他们撵了出来。"

接下来佛陀的五百弟子都一一前往度化该国人民，但都被羞辱一番，无功而返。众人看着佛陀皆不知如何是好，佛陀依然慈悲安详地让众人不要烦忧，然后派遣了大菩萨中智慧第一的文殊师利菩萨前往迦师那国度化当地的人民。文殊师利菩萨与其他五百弟子不同，他没有一进入迦师那国便急着宣扬佛法、布施民众，而是每见到迦师那国的人民都称赞道："贤者，你们的作为真令人感到欢欣喜悦。"

接下来，他又去见了国王，并在国王的面前称赞每一个子民，说："陛下，住在东海的渔夫工作勤奋、孝顺父母；守在西城的门卫尽忠职守、不辞辛劳；贵国北方的打铁匠智慧与胆识兼具，总能为人们平息争执，消弭烦恼……陛下呀！这一定是您的德政彰显，才使得人民如此纯朴善良。"

正是文殊师利菩萨的这番话让迦师那国的国王和百姓都非常高兴，他的软言慰语让人们很受用，纷纷称赞他的见识，原来残暴凶恶的人都说："这位菩萨真是太了不起了，居然能这么贴切地说出我的义举，这么精准地看出我的优点。"

于是该国人民开始渐渐地颂扬佛法，不再整日作恶，而是变得友爱和善，终于达成了佛陀此前的心愿。

人们常说："上了哪个坡，就唱哪个歌。"凡事应该看眼前的情况，懂得眼前应该学什么、懂得什么，而不是一味地遵从过往的经验，不根据实际情况作出判定，否则很可能会遭遇失败。所以人们要学会"与天为徒、与人为徒"，这样就能够大大提升事情成功的几率，人生之路也会走得顺畅些。

为自己找到净土落脚

茅山的山路很窄小，全部由一些小青石板拼接而成。谁也不知道这些石板是什么年代、什么人铺上去的。人们只知道现在已经没有专门的人来负责修葺这段山路了，因为年久失修，有些路段的石板已经变成碎石，不太好走了。

那夜，下了一场倾盆大雨。茅山的山路被雨水浸泡后变得非常泥泞，如果不小心踩上碎石一脚，石头下面的泥水就会溅出来。

山上寺院中的智缘师父经常给人讲故事，在上一次讲故事的时候，智缘师父曾经告诉施主今天他也会在寺里讲故事。智缘师父的故事总是令人茅塞顿开，所以即使山路泥泞，还是有不少施主按时赶去寺院。

因为那段泥泞的山路，每个施主的鞋子上都难免沾着不少泥土，所以到达寺庙之后，在进寺门之前，他们都会在大门旁的石块上把脚蹭干净。但是，即使他们这样做了依然不能彻底清除鞋底的泥土。只过了一小会儿，智缘的徒弟戒嗔就发现寺庙前院的水泥地上已经满是泥块了。

戒嗔无奈地叹气道："看来下次应该提前放个刷子在门前，这样可

以把施主的鞋子弄干净些，既可以避免弄脏院子，也不会影响别的施主了。"

戒嗔正在自言自语，听见背后有人在笑。他转头一看，原来是智缘师父。智缘师父不知道什么时候已经到了戒嗔身后。师父从戒嗔旁边走过，迈进满是泥水的小院。他小心地走着，每一步都踏在院子中干净的地方。走到佛堂前的智缘师父转过身对戒嗔说："戒嗔你看，泥水虽然多，但是这样走就不会弄脏鞋子了。"

我们要学会在点缀着泥土的院落中跳跃。这样，即便泥土再多又能怎么样？即便尘世间有再多纷乱又能怎么样？要相信，尘世间总有那么一些单纯干净的地方足够我们安身立命。

然而更重要的是，落足在泥水中，还是干净的水泥地上的选择权最终在我们自己手中。因为只有我们自己才是一切问题的根源所在。

有一个爱发脾气的人，稍有不如意就会动怒。为此，他得罪了许多人，也让自己烦恼不已。

他仔细地检讨了原因，认为每次发怒都是别人引起的，但他还是决定要加强自己的修养。于是，他一个人跑到深山里隐居，希望通过修身养性让自己的心态变得平和一点儿。

有一天，他拿着一个陶罐去河边打水。在回来的路上，他一不小心踩到一颗卵石，把装满水的罐子弄倒了，水全部流了出来。

无奈之下，他只好返回去汲水。但是回来时刚走了一半的路，他又不小心把水罐里的水洒了一地，连续3次都是如此。

他非常生气，一下子把罐子摔在了地上。

看着满地的碎片，他忽然醒悟过来，自责道："我从前以为发怒都是别人惹起的，现在只有我一个人，却还是发这么大的脾气，看来它是从我自己的心中生出来的。"

在现实生活中，我们也经常犯这样的错误，会把自己的痛苦和不幸归咎于别人或者环境，最后发现其实自己才是问题的根源。

想得到快乐的心情和平和的心境，都只能靠我们自己去调整、争取。而且，生活总是充满了各种滋味，要品尝甘甜，我们就必须学会调整自己的心态。

生活中不是没有净土，只要灵活地选择，就能找到属于自己的净土；人不是不能平和，只要返回内心世界并且重新自我观照，就能拥有真正的平和心态。

动心忍性，曾益其所不能

我们生活在这个变化万端、真假难辨的社会中，须步步留心、时时在意，切莫让自己在无意之中给别人当了靶子。

有个年轻的比丘名叫法明，在寺庙里负责砍柴烧饭。由于性格过于刚愎自用，所以师兄弟们都喜欢捉弄他。这一日，天气异常炎热，法明煮了一锅清汤，叫师兄弟们来喝。哪知其中一碗汤里有一只死蚂蚁，于是师兄弟们就异口同声地说："好好的一碗汤却被一粒鼠粪给弄脏了。"

法明听了，怒气冲冲地把汤全部倒掉，接下来的数日里都闷闷不乐。禅师知道后把法明叫到禅房里，对他说："知道他们为什么捉弄你吗？那是因为你的性格太刚愎自用了。所以，你经常会与大家意见相左。"法明听了，恍然大悟，从那之后，他便时刻注意自己的言行。

不管是过去，还是现在，社会上的竞争无处不在。但是任何竞争都需要勇气，更需要策略。而其中最大的策略就是：无论在多么残酷无情的竞争中，都要保持低调的做人本分。这是一种必要，而非多余，稍有疏忽，就很有可能招致灾祸。

汉更始元年，刘秀指挥的昆阳之战震动了整个王莽朝廷。然而，刘秀兄弟的才干也引起了更始皇帝刘玄的嫉妒。刘玄本是破落户子弟，一次偶然的投机参加了农民起义军，没立过什么战功，可是也阴差阳错地让他当上了更始皇帝。自他登基以来，整日饮酒作乐，不理朝政。刘玄怕刘秀兄弟夺取了自己的皇位，就以"大司徒刘绩久有异心"的莫须有罪名，杀害了战功显赫的刘绩。刘秀接到兄长刘绩被杀害的消息，几乎昏厥，但当着信使的面他仍极力地克制住自己的情绪，说道："陛下圣明，刘秀建功甚微，受奖有愧，刘绩罪有应得，诛之甚当。请奏陛下，

如若不弃，刘秀愿尽犬马之劳。"转而，刘秀又对手下众将士说道："家兄命丧宛县，乃是自己不知天高地厚，自作自受。我等当一心匡复汉室，拥戴更始皇帝，绝不能有二心。有如此英明的皇帝，汉室复兴有望了。"

刘秀虔诚的态度，让众将士感动得纷纷泪下。其实刘秀突然遭此打击，心里怎能好受？只是他心里清楚，刘玄既然杀了兄长，对他也就很难容得下了。此后，刘秀对刘玄更加恭谨，绝口不提自己的战功。果然，刘秀的一举一动早已有人密报给刘玄。刘玄这才放心下来，反而觉得有些对不起刘秀，于是便封刘秀为破虏大将军，行大司马之职。并下令让刘秀持令牌到河北巡视各州郡，这正好给了刘秀一个机会。刘秀借机偷偷发展自己的力量，将河北定为立足之地。刘秀的实力不断壮大，更始三年初春，刘秀见时机成熟，便公开与刘玄决裂。到了六月，刘秀顺利登基，建国号为汉，史称东汉。此时的刘秀只有32岁，正是年轻气盛、成就大业的最佳时期。刘秀的以屈求伸，"忍小愤而就大谋"，终于让他化险为夷，创建了东汉王朝。

低调做人有时候也是一种有效的自我保护策略。在现实生活中，运用这一策略摆脱危险的实例有很多。

一个小孩在玩耍的时候被人贩子拐走了，他起先拼命地反抗，但是后来猛然想起了父母平常教导他的"遇事不可急躁、不可蛮干，凡事都要动脑，只有用智慧才能战胜困难"。于是他冷静下来，掂量了一下自己并非人贩子的对手。于是，他故意装出一副贪吃好玩、不谙世事的样子，对人贩子的吩咐样样照做，还主动与人贩子搭讪。

几天之后，人贩子果然放松了对他的监视。一天，人贩子带着他在转卖的路途中，经过了一个城镇的交通岗。这个小孩趁人贩子不备，快速跑到交通警察身边，因此得救，重新回到了父母的怀抱，还协助公安机关抓获了人贩子。

这个孩子装憨卖傻、遇事不张扬、不对抗的做法，正是对自己的一种保护。也正是这一策略，让他不仅避免了再次被拐卖的厄运，还免受了人贩子的暴力之苦。由此可见，当我们处于被动境地时一定要学会藏锋敛迹、装憨卖乖，千万不要跟对方硬碰硬，以免自己成为对方射击的靶了。要知道，越是突显的东西就越容易被铲除。

卷三 学会跨越寂寞，人生自在洒脱

林间松韵，石上泉声，静里听来，识天地自然鸣佩；草际烟光，水心云影，闲中观去，见乾坤最上文章。

云在青天水在瓶

朗州刺史李翱久慕严禅师的禅道，于是多次派人前往邀请，但是严禅师没有一次相应。未果的李翱只好亲自出马拜见严禅师。

作为朗州刺史的李翱没想到，当他进入寺院时，禅师竟然没有出门迎接，入门之后，也只见严禅师手执经卷，无暇旁顾。

此时，侍者便高声喝道："太守在此！为何不跪拜？"

但是，严禅师依旧低头咏经，对此并无丝毫反应。

李翱感觉脸上甚是无光，便恼怒地对严禅师说道："见面不如闻名。"

于是，禅师放下手中的经卷，毕恭毕敬地招呼了一声："太守！"

李翱便顺势答应了。

禅师继续问道："太守为何推崇耳朵，却蔑视眼睛的存在？"

此时，李翱也知道自己先前在言语上有些唐突、鲁莽，于是，赶紧向禅师拱手作揖以谢罪，并说道："请问禅师，什么是道？"

禅师用手指指上面，然后又指指下面，对太守说："领会到了吗？"

李翱还是不明白禅师的用意，遂进一步请教："还请禅师明示。"

禅师回答："云在天上，水在瓶内。"

李翱听后若有所悟。

认识世界的万物不能只注重虚名而忽视适用，云在天上，变化自然，是一种潇洒自如的境界；而瓶中的水虽然处于狭小的空间里，却能调整形态，以安适、平静的状态存在。

多数文人居士免官闲适在家表面上逍遥自在，其实有人内心痛苦万分，犹存不甘，时常会以隐居标榜于世，在向往世外桃源之际还流露出对重入官场的无限渴望，为此，在私下或内心中往往会满腹牢骚或是痛心疾首。

李清照、赵明诚夫妇与这些人相比就洒脱多了，他们夫妻二人闲适自在地过着无名利之争的淡泊生活，从不故作姿态引人注意，还恐怕别人来破坏他们这份闲适自在的生活。

屏居乡里，碍于经济收入有限，他们的生活过得极为节俭，将闲适的钱财全都用来购买收藏品，每得到一部古书，夫妇俩就共同校勘，然后做上标签，分门别类地收藏好。对字画、金鼎等观赏品，两人也热心收藏。由于夫妻二人都热衷于此事，所以白天的时间显然是不足的，到了晚上，他们就点燃一支蜡烛，享受金石书画给他们带来的无限乐趣。

对于文化的渴望，仅收集金石是难以满足他们的需求的。众所周知，李清照是修养过人的诗人，读书作词乃是她生命中的乐事之一，闲居之际，他们不仅广泛涉猎群书，还精读细思，当遇到一些典故或经典的文字，两人都默默记于心中。

书给李清照的生活带来了无穷的乐趣，夫妻之间的嬉闹逗乐都与读书有关。据记载，每日饭后李清照都会和丈夫坐在归来堂饮茶闲谈，以相互考验对方的记忆力，作为奖赏，比赛的胜利方可以拿起杯子喝茶。

所以，李清照总是举着杯子大笑，有时一不小心就会将茶水溅到自己的身上，反而喝不到水，屡次失败的赵明诚虽然脸红到了脖子根，但是看着聪颖、娇柔的李清照也颇感欣慰，甘拜下风，用赞叹的目光看着可爱的妻子。

由物及人可以想到，无论我们身处何种境地都应该保持这样一种洒脱，以便获取更大的自由和更惬意的生活，这也就是佛家所说的"道"的境界。如此一来，生活和心态都能够处于一种安详自如的状态。

修行要甘于淡泊，乐于寂寞

孤独是人生的伴侣，寂寞是人生的常客。人生来就是孤独和寂寞的个体，当你日渐长大、日趋成熟后，孤独和寂寞会跟你贴得更近。如果你能接受它们、体验它们、品味它们，那将是你的幸福。

生活就是修行，佛说："修行要有耐性，要能甘于淡泊、乐于寂寞。"人属于社会性动物，喜群居，乐相处，厌淡泊，恶寂寞。而且，大千世界，五花八门，为我们的生活提供了各种各样的诱惑。然而，古今中外的很多成功者，往往都是孕育于寂寞之中，成长于淡泊之间的。他们的生活或许并不丰富多彩，但足以让他们在自己的世界中"享受"人生。甘于淡泊、乐于寂寞，是一种自身的修养，也是一个成功者必须具备的素质。

很久以前有一个年轻人，为了能出家当和尚，信誓旦旦地向老和尚表示皈依佛门。剃度之后，年轻人仅仅念了不到一个月的经，就因为受不了寺院的寂寞，还俗回家去了。两个月后，他又说忍受不了俗世的喧哗和浮躁，再次恳求重入佛祖门下。老和尚是个心肠很软的人，就答应了他的请求。不想三个月后，他又嚷嚷说佛门冷清，根本不是久留之所，然后又一次开溜了。

就这样反复地折腾，到这次已经是第六次了。这让老和尚非常烦恼。突然间，老和尚灵机一动，想出了一条妙计。他对年轻人说："这样好了，你干脆脱掉袈裟，不用当和尚；也别到俗世中厮混，做个俗人。就在半山腰的凉亭那里开个茶馆，也省得两边跑。"

老和尚的方法实在是高明之举，像这种僧不僧、俗不俗的半拉子和尚，也只能安排他做半拉子的事情。

由此可见，要想有所成就，必须耐得住清贫和寂寞。大凡有成就的人，都是甘于淡泊、乐于寂寞的。淡泊和寂寞是一种美好境界，是养生之道，是成才之路，是修心之法。只有耐得住淡泊和寂寞，才有时间和精力去刻苦钻研、认真陶冶。少了物质的羁绊，少了心灵的枷锁，做事情自然就会更加投入。

秋风瑟瑟，万物凋零。伴随着一声嘹亮的啼哭，一个非凡的小生命降临到人世间。这个婴儿就是李叔同，也就是后来的弘一法师。早年严格的家教，使他成了一名绅士，少年时完善的教育使他成了一名才子，自己的勤奋刻苦又使他成了一名艺术家。青年时期，他远涉重洋到日本留学，并在那里娶妻生子。当时的他，可算是达到了人生的完美境界：俊朗的外形、渊博的知识、丰厚的资产、可人的娇妻、和睦的家庭。

正是这样一个要什么有什么的人，在一个万籁俱寂的夜晚，只身前往一座寺庙当了和尚。

家人和朋友纷纷前来劝他还俗，但都被他拒绝了。有人问他为什么要出家，他只是淡然地回答："我想来就来了。"这句话曾令无数人无比震惊。在当今的世界上，又有多少人能够达到"心不为形役"的境界呢？诱惑无限的大千世界让多少饮食男女承担了欲望的负载，而他却轻松地从里面走了出来，不得不让人感叹、佩服。自此以后，他一心钻研佛法，足不出户，终于成了一名佛学专家，被世人尊称为弘一法师。

这是一次"心"与"形"的交战，也是一场世俗与心灵的较量，在较量中，弘一法师战胜了世俗的诱惑，成就了属于自己的非凡人生。由此可见，避开浮躁、甘于平淡、乐于寂寞，使心不为世俗外物所累，就能一步步向圣人接近。即使成不了圣人，在别人眼里，你也将成为一位圣者。

掀开人类文明史，我们不难发现，大凡成就非凡者，往往都是寂寞的。因为他们的思想超越时代，行为背离传统，很难得到别人的理解，所以处境难免寂寞。

但他们却能耐得住寂寞，甘于寂寞，在寂寞中探索，在寂寞中奋斗，在寂寞中前行，最终做出了不俗的成绩，流芳青史。陈子昂站在幽州古台上，感叹地说了一句千古绝唱："前不见古人，后不见来者，念天地之悠悠，独怆然而涕下。"

李白在被唐玄宗赐金还乡后，举杯感叹道："古来圣贤皆寂寞，唯有饮者留其名。"鲁迅在成名之后，"躲进小楼成一统，管它春夏与秋

冬"，甘于寂寞，从而创作了大量如短枪似匕首的杂文……像陈子昂、李白、鲁迅等人，虽然也曾浮躁过，但他们最终都选择了寂寞，把寂寞当做他们的生存状态，寂寞也成就了他们的事业。正如杜甫所说："千秋万岁名，寂寞身后事。"

当然，我们都是凡人，没有必要刻意去做苦行僧，过一种"鸡犬之声相闻，老死不相往来"的封闭式生活，但是我们也应该看到，在物质条件日益丰富的今天，各种各样的诱惑滚滚而来，稍不谨慎，放纵自己，就有可能陷入诱惑的泥潭。

甘于淡泊、乐于寂寞，是一种觉悟，更是一种境界，能做到这一步，绝不是轻而易举的，必须要有精神上的高尚追求，信念上的强力支撑。正如孟德斯鸠所说："喜欢读书，就等于把生活中寂寞的辰光换成了巨大的享受时刻。"

为了达到这种境界，我们可以读书、弹琴、下棋、集邮、绘画、弄墨等，用以丰富自己的精神世界。当我们的内心渐渐充实的时候，精神世界也会随之宽广。

在平淡中体味人生之美

佛说："人生的真理，只藏于平淡无味之中。"不可否认，大多数现代人都向往功名，注重物质生活享受，同时又追求自然恬淡的精神生活。然而在当今社会中，到处充斥着你争我夺的激烈竞争，处处弥漫着你争我赶的超快节奏，这让人们感到空前的疲倦和压抑，因此，越来越多的人开始向往清净、安逸的环境。可是，在一个充斥着浮躁和喧嚣的物质时代，到哪里去寻找自然恬淡的心灵栖息之所呢？

佛说："色、声、香、味、触五样东西污染了我们的清净心及本性。清净心就是真性，清净心就是佛性，就是自性。"弘一法师说："恬淡是养心第一法。"老子也说："恬淡至上，胜而不美。"恬淡虽然不能给人以外在的辉煌，却可以使人产生内在的超越，让人平淡、坦荡、从容、不以物喜，不以己悲，看淡得失，看轻成败，看透人生。

佛陀在世的时候，有一个跋提王子，在山林里参禅打坐，突然，跋提王子大喊一声："快乐啊！快乐啊！"佛陀听到以后觉得很好奇，于是就问他："究竟是什么事情让你这么快乐呢？"跋提王子回答说："回想当初我在王宫的时候，不但要日夜为政事操劳，而且要处理复杂的人际关系，时常又要担心自己的性命安全，虽然每天穿的是绫罗绸缎，吃的是山珍海味，多少侍卫一刻不离地保护着我，但我依然感到恐惧不安，吃不好、睡不安。如今出家参禅悟道了，所有的心理负担都没有了，每天都在法喜中度过，无论走到哪里都觉得自由自在。"

平淡是一种独到的意境和智慧，是成熟人生的表现，是生命境界的升华。平淡使人变得空灵而美好，在生命中的每一天，即使平平淡淡，也依然吐露着幸福的芬芳。

人生一世，并非草木一秋。如何活得平淡与从容，是很多人超脱世俗的一种追求和向往。然而在现实生活中，有很多人整天说自己不快乐、不幸福，却从不去探寻是什么原因造成的，甚至到死的那一天也没弄明白。其实，很多时候，人之所以不快乐、缺少幸福感，并不是因为不具备快乐的条件，而是因为活得还不够简单、不够平淡、不够洒脱。

古往今来，有的人为了谋取高官厚禄而不惜屈膝贱笑、卖主求荣，为五斗米而折腰；有的人为了金钱而放弃了理想，赔掉了青春，虚度了年华，牺牲了亲情、友情或爱情，甚至背弃了做人的本性；有的人虽然生活富有，不愁吃、不愁穿，精神却极度空虚，如同行尸走肉一般，空活一世。所以，如何达到精神上的富有，如何活得滋润，就成了古今中外有修养的人追求的一种最高目标和境界。

吴清源先生是世界著名的围棋高手，号称"昭和棋圣"。他一生雄踞"天下第一"的无冕王位。他曾经在日本棋坛上"横扫千军如卷席"，建立了长达十五年"天下无敌"的辉煌业绩。

然而，尽管成绩斐然，吴先生在生活上却非常朴素和平淡，素来烟酒不沾，既不玩牌、打麻将，也不玩高尔夫球，更不去追求灯红酒绿的奢华。尽管名满天下，但他既没有积蓄起万贯家财，也没有自己的房产、轿车，而是平平淡淡地与夫人寄居在日本东京闹市区的一座普通公

寓内。除了读书之外，围棋是吴先生一生唯一的爱好。

吴先生一生淡泊名利，在精神世界方面可谓富足无比，但在物质生活方面，却像一位得道高僧一样，出淤泥而不染，乐于平淡、甘于淡泊。

的确，快乐其实非常简单，只要懂得放下繁华，回归平淡，快乐自然就会源源而来。正所谓"平安是福，平淡是真"。当一切功名利禄都已经看淡，一切就会变得无比的从容，生命也会因此得到一次本质的飞跃和精神的升华。

在形形色色的现代社会中，我们应该时刻谨记这个古老而常新的真理：活得平淡才能活得自由。平淡是一种成熟和智慧的人生境界。真正的平淡来自于我们的内心。当生命的浪潮在自我的河床里奔腾不息、跌宕起伏后，必须重归平淡。一个人只要能拥有一颗平淡的心，就能做到雨来不惧，风来不动，雷闪不惊。唯有平淡，世界才会更宽广；唯有平淡，生活才会更精彩！

放下情执，才能得到自在

《楞严经》上说："情多的人往下堕落，想多的人往上超升。"生在凡尘俗世中，多少人因为一念情执而整日生活在自我折磨和自我摧残中，多少人因为一念情执而酿成了痛苦不堪的悲剧。《地藏菩萨本愿经》上说："以导执情。"情执是一种理性的迷失，必须通过疏导，才能找回原来的自我。这种疏导可以是自己的开悟，也可以借助别人的开导，但主要还在于自己。

其实，人类所有的痛苦都是源自于情执。情就是七情，即喜、怒、忧、思、悲、恐、惊。执就是执著，是指对某一事物坚持不放、追求不舍。因而佛说："情执是苦恼的原因，放下情执，你才能得到自在。"

李商隐有诗云："荷叶生时春恨生，荷叶枯时秋恨成。深知身在情长在，怅望江头江水声。"执著于情的人，总是看不透、放不下，剪不断、理还乱，纵然是曾经深深地被情所伤，在某个时刻、某个角落，那伤口依然会隐隐作痛。执著于情的人，一生为情所困，总是在痴痴地追忆、探寻着前尘旧梦。正所谓"问世间情为何物，直教人生死相许"，人一旦陷入感情的旋涡，就会为情所困、为情所累、为情所伤。

面对爱情，凡人总是舍不掉、放不下、看不开，因而就有了许多无端的苦恼，即佛家所说的"情执"。

很久以前有一个苦命的女人，结婚没多久，丈夫就匆匆离世了。这个女人悲切地来找一位老禅师，以期寻求一丝慰藉。老禅师对妇人说："我很同情你的不幸遭遇，很难过你失去了丈夫，但这是一切众生都必须要走的路，不要太伤心，懂得了死亡的不可避免性，快乐就会从你眼前的不幸中升起。"

然而，这位悲切的妇人仍然没有停止哭泣，并且不停地扯着自己的头发。老禅师接着说："你听我说，你总是想着你丈夫的死是没有用的，不要一直想着它。现在你不妨洒泪如雨，但必须记住，这件事很快就会过去，正如其他所有事情一样。如果你不停地想着它，你只能继续受折磨，继续痛苦下去。我活这么大岁数了，我的经验就是不要将每一件事都挂在心上！"

听了这番话，妇人慢慢舒缓了悲痛之情，道谢后转身回家去了。她按照传统方式守丧，但是没有再过度哀伤和绝望。依照老禅师的建议，她不仅在德行与见地上大大增长，而且在精神修行上也取得了很大的进步。

曾有位禅师说："人至佛是圣情执，人至地狱是凡情执。只如今但于凡圣二境有染爱心，是名有情无佛性；只如今但于凡圣二境及一切有无诸法都无取舍心，亦无无取舍知解，是名无情有佛性。"所谓"有情无佛性"，意思是说因为有情执、有分别、有取舍，所以就没有佛性；所谓"无情有佛性"，意思是说因为无情执、无分别、无取舍，所以就有佛性。因此，我们要看清万事万物无常与非真的本质，不要把每一件事都记挂在心中，更不要太过执著、念念不忘。

很久以前有个年轻人，和心爱的女孩约定了结婚的日期。可是到了那一天，女孩却嫁给了别人。

　　年轻人为此深受打击，郁郁寡欢，最终一病不起。家人到处求医问药，用尽了各种办法都无济于事。正当家人准备为他料理身后事的时候，来了一个云游僧人。

　　这位僧人得知情况后，决定点化一下年轻人。僧人来到年轻人的床前，从怀里掏出一面镜子叫他看。

　　年轻人看到了漫无边际的大沙漠，一名女子遇害了，一丝不挂地躺在沙漠中。

　　路过一个人，看了一眼，摇了摇头便走了；又路过一个人，将自己的衣服脱下，盖在了女尸身上，然后走了；再路过一个人，走过去，挖了个坑，小心翼翼地把尸体掩埋了。

　　正当年轻人疑惑时，画面忽然切换，他看到自己心爱的女孩正被她丈夫掀起盖头的瞬间。年轻人不明所以。

　　僧人解释说："看到那具沙漠中的女尸了吗？她就是你爱的女孩的前世，你是第二个路过的人，曾为她披过一件衣服。她今生和你相恋，只是为了还你一个人情。但是她最终要报答的是最后那个把她掩埋的人，他就是女孩现在的丈夫。"

　　年轻人恍然大悟，从床上坐起来，不久病就好了。

　　情执，其实是以自我为中心，苦于不得解脱。再说得直白一点，就是凡人六根不清净的私欲。

　　按照佛家的观点来讲，欲望本是原罪，人身只不过是一个空空的躯壳而已，所以，根本就没有情欲可言。

　　人生在世，情执是苦恼的原因，何苦这样折磨自己、跟自己过不去呢？情执越淡泊，智慧就越增加。众生皆有佛性，放下情执，就会走上一条人生的光明大道；摆脱情执，就能重获自由，赢得一种智慧的人生态度！

宠辱不惊，去留无意

《唐书·卢承庆传》中记载着这样一件事情：

在唐太宗时期，卢承庆任"考功员外郎"一职。这里所说的"考功"属于礼部，主要负责掌管官吏考绩评功。相传，卢承庆对考功工作既公正又负责。一次，有一位负责运粮的官员因为一时疏忽导致运送粮草的船只沉没，这个人本应受到处罚。到年终考核时，卢承庆给这位官员评了一个"中下"等级，通知他本人之后，那位官员的脸上没有流露出丝毫不悦。之后，卢承庆转念一想并结合各种综合因素考虑，将这位官员的评定改为"中级"，并通知他本人，那位官员既没有讲任何客套话儿，也没有流露出激动的神情。卢承庆见他有如此雅量，遂对他大加赞赏道："好，宠辱不惊，难得难得！"随即又将他的政绩改为"中上"等级。

"宠辱不惊"便由此得来。

"宠辱不惊，去留无意"说起来只有简简单单八个字，但做起来却困难重重，身在世间的凡夫俗子怎能不为红尘所动，受名利所累？又如何能不喜不悲、无忧无畏呢？不然世间也不会有那么多人一生都在争名逐利，更不会有失意落魄、自怨自艾的人，中国古代的贬官文人就是很好的明证。现代社会中，多数人面对宠辱仍然难以自拔，有人往往在"小荷才露尖尖角"时便早已狂妄地无限拔高，并到处添油加醋地吹嘘自己的能力；也有的人在刚刚面对苦难、委屈时就怨天尤人，甚至一蹶不振。

寺院的老住持想从众弟子中选出一位接班人。经过层层选拔，最后剩下两位很有慧根的弟子，一个叫神秀，一个叫慧能，这可难坏了住持。于是，住持便命他们每人作一偈。其中神秀作偈曰："身是菩提树，心如明镜台，时时勤拂拭，勿使惹尘埃。"另一个叫慧能的弟子对此却不以为然，他作偈道："菩提本无树，明镜亦非台，本来无一物，

何处惹尘埃？"

住持听完慧能的偈非常高兴，由此判断他可以达到心无外物的境界，于是就将住持一位传给了他。

人生一切皆境由心生。心态决定人生的态度，人生不过是个过程，有的人走得长，有的人走得短；有的人走得精彩，有的人走得黯然；有的人走得辉煌壮丽，有的人走得哑然无色……

怎样对待这个过程，其实就是一个心态问题，一个良好的心态就可以让这个过程过得美好一点儿，就能发挥自己最大的能量让这个过程没有缺憾。

唐朝的时候，有一个叫懒瓒的禅师，他年轻时崇尚推理佛法，却得不到重视，后隐居在湖南南岳的一个山洞中。在此期间他曾写了一首诗，表达自己的心境："世事悠悠，不如山丘，卧藤萝下，块石枕头；不朝天子，岂羡王侯？生死无虑，更复何忧？"后来这首诗被传到皇帝的耳中，皇帝很想见见这位禅师，看他到底是怎样的一个人物，于是就派大臣去迎请禅师。

大臣拿了圣旨找到了岩洞，正好看见禅师在洞里烧饭，大臣便在洞口大声呼叫道："圣旨到，赶快下跪接旨！"懒瓒禅师却装聋作哑的毫不理睬。

大臣探头一瞧，只见禅师以牛粪升火，炉上烧的是地瓜，火越烧越大，烟雾弥漫了整个山洞。

烟熏得禅师涕泪纵横，侍卫看得忍不住喊道："喂！禅师，你的鼻涕流下来了，为何不擦一擦呢？"

懒瓒禅师头也不回地答道："我才没有闲空为俗人擦拭鼻涕呢？"懒瓒禅师说后，随即夹起炙热的地瓜就往嘴里送，并连声赞道："好吃！好吃！"

大臣看到他这个样子，惊奇得说不出话来，只好赶回朝廷，据实报告皇帝，皇帝听了十分感叹地说："国有如此禅师，真是大家之福！能够在隐居的山洞里过着快乐的生活，在接到圣旨后没有过喜的高兴，依旧过着如我的生活，不得不说禅师是一位圣者。"

不以物喜，不以己悲是一种大智大慧的境界，宠辱不惊是一种较深的素养。

面对荣誉能够坦然处之不得不说是一种风度。许多时候，自己浮躁的心情总是如喧嚣的世界一样，纷乱中难以静心歇息。不是风动也不是幡动，而是心动。

把一切看得淡然些，把得到和失去看得平淡些，在自己力所能及的领域里过着平凡的生活，不因优势而张扬，不因劣势而失意，淡然地看待一切才是修行的根本。

唐朝的郭子仪，一生仕途得意和失意参半。在朝廷里数次被奸臣谗言陷害，丢官回乡时，他没有表现出一副潦倒落魄之相，而是与平常一样开朗逸旷，坦荡又平易近人，看不出一丁点儿的委屈、怨愤等失意之态。

得意淡然、失意坦然可能是孔明所说的"淡泊以明志，宁静而致远"的悠然心境，也许是朱熹所说的"事理通达、心气和平，品节详明、德性坚定"的随和，也许是郑板桥所说的"难得糊涂"的豁达，也有可能是王阳明"随遇而安，随心所欲而不逾矩"的洒脱。这些都是一种境界、一种胸怀，又是一种信仰、一种品格，更是一种心态。能拥有这样的心境，就能达到人生高层次的修养。

切断根尘调意马，消融人我伏心牛

佛说："一花一天国，一树一菩担，一沙一世界。"在现实生活中，聪明的人要从小故事中领悟真正的人生，从而调整自己、完善自己、做最好的自己。

有一天，富人听闻普济寺来了一位高僧——释圆法师。于是，他千里迢迢来到普济寺，对释圆法师说："我虽然很富有，但有时我也很失意，不知怎样看待以后的人生。"

释圆法师说："不知施主为何愁看人生呢？"

于是，富人不断地说着，释圆法师静静地听着，过一会儿对身边的

小和尚说："施主远道而来，你去厨房拿一壶温水过来。"

不一会儿，小和尚端来一壶温水放在桌子上，释圆法师便拿出一点儿茶叶放进杯子里，然后用温水沏，微微一笑说："施主，请用茶，说这么久了一定很口渴吧！"

富人低下头看看杯子，只见茶叶静静地浮在表面上，他不解地问："贵寺怎么用温水冲茶？"

释圆法师微笑不语，只是示意富人："请施主用茶吧！茶凉了就失去原有的茶味了。"

富人只好端起杯子，浅浅地喝了几口。

释圆法师说："请问施主，你觉得茶如何，有茶香吗？"

富人又细细品尝了一下，摇摇头说："这是什么茶？一点儿茶香也没有呀！"

释圆法师笑笑说："这是上等的铁观音啊！怎么会没有茶香呢？"

富人又忙端起杯子再次细细品味，肯定地说："没有一丝茶香。"

释圆法师还是微微一笑，对小和尚说："再去厨房拿一壶热水送过来给施主。"

小和尚不一会儿就送来一壶热水，释圆法师起身，又取出一个杯子，把茶叶放进去后，递给富人。

这时，富人俯首去看杯子里的茶，一股股茶香慢慢地溢出来。他嗅着那清清的茶香，禁不住端起杯子，喝了几口。

释圆法师说："施主请稍候再喝，便提起水壶朝杯子里又注了一缕热水。"

富人再俯首看杯子，见茶叶上下沉浮。同时，茶香在禅房里轻轻地弥漫着。

释圆法师笑着问道："施主，可知道茶为什么这么香吗？"

富人思忖地说："一杯用温水冲沏，一杯用热水冲沏，用水不同所以茶香就不一样了。"

释圆法师笑笑说："施主说得对，水质不同，泡出的茶当然也不同。因为，用温水泡的茶没有茶香，而且茶叶还会轻轻地浮在水面上。但是，用热水冲泡出的茶，茶香弥漫，茶叶也沉于水底。假如，人经不起风雨，只能平静地生活，就像用温水泡茶一样，弥漫不出应有的聪明，只能平淡地过一生。而那些经历风雨洗礼的人，经过一次又一次坎坷和不幸的打击，知道如何看待人生的起伏，就像用热水泡茶一样，经过几次冲泡，方可释放出茶香。"

富人听后恍然大悟，说："是的，浮生若茶。茶叶因热水才释放出清香，生命也只有遭遇一次次挫折才能留下人生的幽香。"

在现实生活中，有人把人生比作一杯咖啡，幸福的人喝的时候觉得很香醇，而悲伤的人喝的时候觉得很苦。人们常说："人生在世，都是在坎坷中求生存，在平凡中等待。"人的一生从开始到结束，只是眨眼之间。所以，应该乐观地看待人生、处理事情，抛开烦恼，自由自在地享受生活。别因为一点儿挫折而伤心难过，那是给自己找不快乐，要多想想如何去解决。因为，人生是短促的、有限的，而探索是长久的、无限的。正如庄子说的："吾生也有涯，而知也无涯。"

佛问诸沙门曰："人生几何？"

沙门答曰："数日之间。"

佛曰："人生如何？"

沙门答曰："饮食之间。"

佛曰："如何看待人生？"

沙门答曰："呼吸之间。"

佛曰："善哉！人生只在一眨眼之间！"

人生的旅途犹如在呼吸之间徘徊，所谓"呼吸对了，人生就乐观；若呼吸错了，人生就悲观"。一个有思想的人会追求人生的最高境界；否则浑浑噩噩、散漫无章地虚度一生，什么人生的意义都谈不上了。

如果每个人不好好珍惜今天，有再多的明天也是枉然。当你跌倒时，不要等着别人来拉你，要学会自己爬起来。同时，也不要为目前失败的处境找借口，应该立刻行动。在很多时候，一个人要怎么看待人生，就要看自己如何去做，要学会在挫折面前勇往直前，在诱惑面前拼命抵抗，最终才能换来美好的人生。

身如孤岭闲云静，气若平川慢水柔

五柳先生陶渊明是东晋后期著名的大诗人和文学家，他生性淡泊，在生活贫困不堪的情况下依然坚持读书写诗，他少年时期有着"猛志逸四海，骞翮思远翥"的豪迈志向，更怀着一个"大济苍生"的赤诚愿望，努力在错综复杂的官场里生存。但是朝政的腐败和黑暗，让他最终选择了辞官回家，而他"不为五斗米折腰"的清廉故事一直被后人称颂。

陶渊明在不惑之年经不住朋友的再三劝说，再次出任了彭泽县令。到任不到三个月，就碰到浔阳郡派遣督邮刘云来检查公务，此人以狡诈凶狠和贪婪远近闻名，而且每次都以巡检为名向辖县索要贿赂，一旦有人不买他的账，就会被栽赃陷害。县吏都说当督邮刘云要来之时，应该备好礼品、穿戴整齐，并恭恭敬敬地迎接他。此时，一向清正廉明的陶渊明叹道："我怎么能为了五斗米薪俸就向乡里的小人低声下气地献殷勤。"说完，再次辞官归乡。从此他一面苦读诗书，一面躬耕于田野，过着"采菊东篱下，悠然见南山"的田园生活。

陶渊明原本可以衣食无忧，荣华富贵享用不尽，但他却坚定地选择归耕山野，不与污浊同流，在山间湖边过着艰苦的生活。他没有抱怨和不甘，相反，他用一种淡然的态度看待这一切，享受着茅屋赋诗、荒地躬耕的乐趣。恰恰是因为这样，他写出了那些流芳百世的独特诗篇，展示出了让世人敬仰的高贵气节，为后人留下了弥足珍贵的文学和精神财富。

孔子说："德不孤，必有邻。"就是在告诉人们，如果你真是为道德而活，那么你绝对不会孤苦伶仃、独身行走，一定会有和你同行之人，会有与你相知相惜的朋友。

陈子昂是唐代文学家，因曾任右拾遗，被后世称为陈拾遗。他那首"前不见古人，后不见来者。念天地之悠悠，独怆然而涕下。"十分贴切地诉说了他心中的寂寥和孤单。

陈子昂虽然才华横溢、学富五车，但是初到京城长安的他却不被人赏识。

一天，他在长安街上闲逛，忽然听到有一位年迈的老者在街边大声地叫卖："上好桐琴觅知音，知音者快来买啊！"陈子昂心中有些好奇，就走到老者的摊前，仔细观看那把琴，心中暗想：果然是把好琴。于是就对那位老者说："老人家，这把琴我想买，您看多少钱？"老者从上到下把陈子昂打量一番后说："公子果真想买这把琴吗？我看公子相貌不凡、举止不俗，想必一定非寻常之辈。实不相瞒，倘若是别人买不少于三千钱，若是公子要买就两千钱。老朽只愿好琴遇知音，能够物尽其用，也就安心了。"

其实，在当时一把琴卖两千钱已经是天价了，但陈子昂却二话不说地将琴买下，早已围观两人的众人见这位书生模样的人花这么一大笔钱买了一把琴，直觉上认为这"琴"和"买琴人"都是不俗之物。

买下琴之后，陈子昂对围观的人们说："在下陈子昂，略通琴艺。明日我在寓所宣德里为大家演奏，敬请各位到场。"

此话一出，众人都觉得好奇，如此一传十、十传百，很快整个长安街上的人都知道了这件事情。

第二天一大早，陈子昂的寓所门外就挤满了前来听琴的人，其中不乏当时的文人墨客、各界名流。

很快，陈子昂抱琴而出，对所有观者说："在下感谢各位捧场，但我陈子昂弹琴是假，摔琴是真！"

话音还未落，陈子昂手中的上好之琴就被摔得七零八落，把众人惊得目瞪口呆。

此时，陈子昂大笑道："我陈子昂自幼寒窗苦读，经史子集铭刻于心，诗歌文章无所不通，但却处处遭人冷遇。今日借摔琴之由让在座的各位读一读我的诗文，这才是我今日所为之目的。"言毕，陈子昂从箱子中取出自己的诗歌文稿分给众人品读。

在场的文人、名流看过陈子昂的诗文后，个个惊叹不已，他的诗篇和文章果然精美绝伦、字字珠玑！没过多久，陈子昂的名字和锦绣诗文

就在京城传开了，朝廷也开始重用他。

人生充满了起承转合，能够在沉下去的时候，安守一份内心的宁静，独享一份寂寞的清幽，那么在崛起的时候，方能真正地体味人生的真意。

心物浑然成一体，人间处处可修禅

末利夫人带着侍女随从，一起去拜见释尊。远远望见释尊的庄严宝相，心中不禁升起赞叹之情。

"伟大的觉者啊！"末利夫人顶礼佛陀后，便退坐一旁，向佛陀提出了她的问题："同样是生为女人，为什么有些人长相丑陋，见到她的人都不欢喜，并且少有资财，又不具威德？有些人虽然长相丑陋，不具威德，却不乏资财？也有的女人相貌平庸，缺乏资财，但却有大威德？更有什么因缘使女人长相端正，资财无虑，而又威德具足呢？"

释尊听后，微笑地回答末利夫人："若能不起瞋恨心，则颜貌端正；因为乐好布施的缘故，得以不缺乏资财；不嫉妒他人，就能拥有大威德。"

末利夫人听完，当即感动地跪在释尊面前发愿："我自今而后，不起瞋恚，常行布施，不生嫉妒。"

于是，末利夫人进一步皈依三宝，受持五戒。善根深厚的末利夫人经过佛陀的开示，尽除一切垢染，心开意解，当下证得法眼净。

持戒到底是为了什么？有人说是为了成佛，有人说是为了做个好人，有人说是为了超越自己。这几种答案都不算错，从根本上说，持戒其实是要戒心，戒除贪心、瞋心、痴心、妄心、恨心、妒心等，还自己一颗清净无染之心。

其实，清净无染之心，每个人本来是有的，只是因为深入尘世太久，被功名利禄、各色事物侵染本心，失去了本色。

宋代柴陵郁禅师开悟时，曾吟诗一首道：

我有明珠一颗，

　　久被尘劳关锁。

　　今朝尘尽光生，

　　照破山河万朵。

　　诗里的明珠，就是象征每个人本具的光明佛性、清净本心。由于在尘世中耽搁久了，各种名利、烦恼缠缚本心、侵染本色，使人沉沦苦海，永堕轮回。

　　若能将尘世的名利、烦恼放下，拂去本心这颗明珠上的贪嗔、痴妄、妒恨等尘埃，就能使内心重归清净，使明珠恢复圆润无瑕的本质，重放光明。

　　既然知道了这个道理，我们也就知道了，要保持清净本心就必须让自己的心念纯净，不为名利、烦恼缠缚，不为贪嗔、痴妄、妒恨关锁，正知正念，不染纤尘。

　　持戒，是保持本心、不染清净的好办法。戒、定、慧，三无漏学，戒排在前面，不是说它有多么高妙，而是表示这是基础。由戒生定，因定发慧。这是一步一个脚印，实证的修行者都必须经历的过程。

　　须知，人生一世，各种欲望纷至沓来，各种诱惑促使心念纷飞，若不能持戒，心念便不能安定，若心念不能安定，又如何能生智慧，破关锁，成就清净本心呢？

　　等你的持戒功夫到了家，你就知道，什么才是佛法，什么是清净无染的本心，什么是真正的美。

　　你或许要问，这和美有什么关系？这就要回到文章开头末利夫人的故事里，在故事中释尊的教导说明了这样的道理：人要有威德，就必须不起嗔恨心，不生嫉妒心。

　　仔细想想也是这样，从来没有骂过人的人会是美的，若一个外貌生得美的女人，在爆粗口骂人时也会变得不美。相反，一个外貌平庸的女子，与人为善、宽和大度、淡定从容，能不给人优美的感觉吗？

　　扫除内心的尘埃，还自己一颗清净的心，也是一种美的追求。在人间人人都想追求美，为了美而装扮自己，但美不是刻意装扮出来的，真正的美要从我们的内心散发出来，若不见清净本心，终日里沉浸在贪

嗔、痴妄、妒恨当中，又如何能真正展现内心的美呢？

心染尘埃，贪嗔、痴妄、妒恨充塞心头，无论如何装扮，也不会获得真正的美。涂抹胭脂水粉、拉皮整形，不但不能保持美，而且会对身心造成伤害。越是追求，越是不可得，劳心劳力，身心疲惫。

其实，真正的美不来自于装扮。要得到真正的美，则必先要有清净、智慧的心；而要想有清净的心，就必须通过持戒正知正念，涤荡心中的尘埃。

当你的心里不见贪嗔、痴妄、妒恨等尘埃，便可见清净心上的真善之光，而真善之光发出的美，能让人一见就欢喜安适，这才是真正的美。

所以，不必刻意装扮，再怎么装扮也挡不了老态来临，装扮出来的美只能存在一时，更何况你不觉得装扮出来的美其实只是一种欺骗吗？除了欺骗别人，同时也是对自己的欺骗。人若要靠欺骗来安慰自己，生活将会成为一种负担，到时你会越活越累、疲惫不堪。

与其装扮美，还不如自净身心，正知正念，还自己一颗清净心，让内心真实的美照耀山河，这样不管年轻、年老，人人见了你都会产生欢喜心、亲切感。

水至清则无鱼，人至察则无友

《论语》中有语云："君子不施其亲，不使大臣怨乎不以，故旧无大故，则不弃也；无求备于一人。"有德行的人绝不会怠慢他的亲族，绝不会让大臣们抱怨不休。老臣故人只要没有犯过非常严重的过失，就不要抛弃他，千万不要对某个人求全责备。这段话告诉我们一个道理："水至清则无鱼，人至察则无徒。"

水太清了，鱼就无法生存；人太精了，就没有朋友。因此做人不要太苛刻、太严厉，与人相处必须要有容忍的气度和宽宏的雅量，绝对不能孤芳自赏、自命清高，不跟任何人来往，从而让自己陷入孤立无援的境地。

孔子带着弟子颜回游历天下。行至半途中，孔子突然感觉腹中饥饿难忍，于是他对颜回说："前面有一家饭馆，你去要点儿饭来。"

于是，颜回快步来到饭馆，向店主人说明了来意。

店主人说："要饭吃可以，不过我有个要求。"

颜回急忙问道："什么要求？"

店主人回答说："我写一个字，你如果认识，我就请你们师徒二人吃饭，如果不认识，就一顿乱棍将你打出去。"

颜回微微一笑，说："主人家，在下虽然不才，但我也跟随老师多年。且不说一个字，就是一篇文章又有何难？"

店主人也微微一笑，说："你先不要夸口，认完再说。"说罢，店主人执笔写了一个"真"字。

看罢，颜回哈哈大笑，说："主人家，你实在太欺辱我颜回无能了，我还以为是什么难认的字呢，这个字我五岁就认得了。"

店主人微笑着问："那么，这是个什么字呢？"

颜回回答说："是认真的'真'字。"

店主人冷笑一声，说："哼，你这个无知的小辈，竟然敢冒充孔老夫子的学生。来人，给我乱棍打出去！"

颜回急忙转身逃走，狼狈地跑回来见孔子，并向孔子说明了整个事情的经过。

孔子微微一笑，说："看来他是非要为师前去不可啊！"说罢，孔子来到饭馆前，并且说明了来意。

那个店主人同样写下了一个"真"字，要求孔子认，孔子回答说："这个字念'直八'。"

店主人笑着说："果然是夫子来到，请坐。"就这样，孔子吃饱喝足后，没付一文钱就走了。

颜回对此大惑不解，于是问孔子："老师，您不是教我们那个字念'真'吗？什么时候变成'直八'了？"

孔子微微一笑，说："有些事是认不得'真'的啊！"

孔夫子在现实生活中都有"认不得'真'字"的时候，看来人生

一世，还是糊涂一点儿好。郑板桥的"难得糊涂"更是把这层意思推到了极点，难得糊涂，是做人的绝妙高招。看来人生在世，不必事事太过认真，顺其自然，平衡最好。

在现实生活中，人如果能明察是非、分清善恶，那当然是好的，但人没有十全十美的，也不可能完全无过。如果过分地明察秋毫，对别人要求太过苛刻，就会变成对人求全责备，就不能容人了，这样一来，又有谁能受得了你，愿意与你为伍呢？所以做人不能太过严苛地要求别人，否则，你就会陷入孤立无援、孤家寡人的境地。

有一个四处流浪的老人，已经到了耄耋之年，身边依然一个朋友也没有。他饥肠辘辘，一脸的愁容，到处漂泊，似乎在寻找着什么，可能是在寻找已逝的花季，或是在寻找失落的青春，也可能是在寻找所谓的"真朋友"。

有一个人非常好奇，于是问老人："您到底在寻找什么？"

老人立即面露窘态，不好意思地说："我在寻找一个十全十美的人，然后和他做朋友。"

那人听了更是费解，又莫名其妙地问道："您老已经到了古稀之年，一生走遍大江南北，足迹差不多已经遍布天下，怎么还没有找到呢？"

"有的，我的确曾经碰到过一个我认为是十全十美的人。他是无与伦比的，不仅外表俊朗，而且性格温良，待人宽容。"

"那您为什么不和他做朋友呢？"

老人仰天长叹，不一会儿又好像有所领悟地说道："他和我一样，也在寻找他生命中最完美的朋友。"

清醒地认识到残缺才是美，才是合理的，就像美神维纳斯一样。千年难得一糊涂，要知道，糊涂一点儿可能会使事情更容易办好。

世上没有十全十美的事，也没有十全十美的人。如果你非得在生活中苛求完美，就会使自己产生一种无法实现的落差，那么等待你的将是无法摆脱的烦恼与遗憾。只有善于从生活中发现美、创造美，才能使自己的人生变得更加多姿多彩！

心是明镜台，勿使惹尘埃

禅宗大师神秀曾说过："身是菩提树，心是明镜台，时时勤拂拭，勿使惹尘埃。"我们的心有时会被称作心田，它就如同一块肥沃的土地，在上面可以长出鲜花，同样也可以生出杂草，但最后到底得到什么果，全看你撒的是什么种子。心田里长满鲜花的人，总是积极乐观、善良正直，富有进取精神，所有的人都愿意与他在一起；心田里长满杂草的人，则终日郁郁寡欢，对待生活消极懈怠，看谁都不顺眼，做什么都没有兴趣。

一个青年到寺里进香，眼露凶光，面带杀气。在旁边一直静默的老僧看着他进完香，便过去和他搭讪："施主，你心中有杂草。"

青年有些愕然。

"你面带杀气，眼露凶光，肯定是遇到什么不顺心的事让你内心生出了仇恨的种子。"

果然，青年缓缓开口道："大师，你说的没错。我交往多年的女友移情别恋爱上了别人。我恨她，我曾经那么爱她，但最后她却抛弃了我，跟别人走了。我想到寺里上完香后，就回去实施报复。"

最后在老僧的苦心劝说与点化下，青年终于翻然醒悟，放弃了复仇计划。

仇恨是心中的杂草。日常生活中，我们经常会因为一些不起眼的小事让仇恨轻易在心中扎根，像邻里纠纷、同事龃龉，误会和争执很难避免。要做个达人智者，善于化解心中的怨气，除去心中的杂草，你的生活就能一路晴天。

一个妇人来到弘光法师的面前，向大师诉说了自己的苦恼。

妇人说："很多年来，我一直怀疑我的丈夫有外遇，于是我便处处留心丈夫，希望能找出一些他有外遇的证据，然而经过了漫长的岁月，我却一直没能找到。可是，我每天都生活在忐忑不安的状态中，真是难

受极了。"

弘光法师问："你为什么要怀疑你丈夫呢？"

妇人说："当初我和丈夫结为连理时，他很穷，什么都没有，我看重他的人品和能力才嫁给了他。但是后来丈夫功成名就，事业如日中天，为人又豪爽大方，因此身边一定会有成群的出色女性追求他。但我在岁月的消磨下，已经没有以往的魅力了，我担心有一天会失去丈夫，会成为一个孤苦伶仃的人。"

弘光法师沉思了一下，没有说话，只是从桌子上拿起了一个苹果展示给妇人看，紧接着弘光法师又拿起一把小刀，开始给苹果削皮。

此时大师才开口说："这是一个非常好的苹果，但是我却怀疑这个苹果里面生有虫子，因此我要一点点地削开后检查。"说着，弘光法师便开始一圈圈地将苹果的果肉削掉。

大师一边削，一边对妇人说："你看，我花了如此大的心思寻找虫子，但却找不到，可是越找不到，心里就会越急躁，因此削苹果的速度也就越快。"

妇人一边听一边点头，直到最后，大师的手里只剩下了一个小小的果核。

大师笑着说："你看，如此美好的一个苹果，就是因为怀疑它有虫子，却被一圈圈地削掉了好吃的果肉，最后我们发现这确实是一个好苹果。此时，我们已经明白，我们所怀疑的虫子不存在，但为时已晚，因为苹果已不复存在了，留在我们手里的只有一个再不能吃的果核。"

妇人听后大悟，再看丈夫时，怎么看都不像是有外遇的人。

心中有杂草，无论是贪婪、嫉妒、懒惰，还是像上面故事中的妇人那样猜疑，都会给纯净的心灵蒙上一层灰尘，从而看不清事物的本质而让自己生活得很累。

我们的心田也应时时耕耘，及时除去心中的杂草，才能让心田生出美丽的鲜花，才能让心灵充满阳光，让生活充满生机。

一方一净土，一笑一尘缘

佛曰："一花一世界，一草一天堂，一叶一如来，一砂一极乐，一方一净土，一笑一尘缘，一念一清静。"

这一切都是一种心境。心若无物就可以一花一世界，一草一天堂。

一天，自诩神通的法师来到一位禅师面前，想显示一下自己的本事。

禅师和蔼地问道："久闻法师能够了人心迹，不知是否属实？"

法师答道："没什么大不了的，只是一些小伎俩而已！"

这时，禅师心里开始想一件事，于是问道："那就请法师帮老僧看看心在何处？"

法师运用神通的本领，仔细查看了一番，答道："高山仰止，小河流水。"

禅师微笑着点点头，示意他答对了。于是将心念一转，接着问道："请法师看老僧现在身在何处？"

法师又是一番查看，最后笑着说："禅师怎么和一些顽皮的猴子玩耍呢？"

"你的法力确实了得！"禅师面露赞许之色。称赞过后，禅师将心念悉数收起，反观内照，进入禅定的境界，然后又笑吟吟地问法师："请法师看老僧如今在什么地方？"

法师仔细查看，但使尽了浑身解数，却依旧不能发现禅师的心迹，所能见的只是青空无云、水潭无月、人间无踪、明镜无影，一时间禅师让神通广大的法师茫然不知所措。

此时，禅师缓缓出定，笑着对法师说："法师有通心之神通，能知晓他人的一切去处，但这次却不能探察我的心迹，正是由于我心无外物，超然处之的结果啊！"

法师顿悟。

放弃一切世俗欲望和杂念，心无外物，超然处之，用心来感受世界，终能达到内心的真正平静，达到一种真正的豁达境界。

人处世间，如处于荆棘丛林中一般，处处暗藏着危险或诱惑。不动妄心、不存妄想、心如止水，才能抵制诱惑，远离痛苦的折磨。

一天黄昏，庄周一个人来到城外，嗅着青草和泥土的芳香，他完全将自己放松了下来。

他已经很久没有这样放松过了，由于没有人能真正了解他，他不得不一直被迫在痛苦中生活。他努力地强迫自己摒除杂念，不去想其他的事，而是静静地躺在草地上，尽情地享受着其芳香，不知不觉间便睡着了。

他做了一个梦。梦中，他变作一只色彩斑斓的蝴蝶，不停地在花丛中快乐地飞舞。周围没有喧闹的人群，只有蓝天白云、金色土地、在和煦的春风吹拂下的柳絮、争奇斗妍的花儿、荡漾着阵阵涟漪的湖水……

他沉浸在美妙的梦境中，完全忘记了自己。

猛然间，他醒了过来，但完全不能区分到底是现实还是梦境。过了许久，当他意识到这只是一个梦时，他自言自语道："庄周还是庄周，蝴蝶还是蝴蝶。"

很长时间过去了，庄周终于翻然醒悟：那舞动着绚丽的羽翅、翩翩起舞的蝶儿不正是自己吗？只不过他还是他，外表上没有任何的变化，但心态却和原来大不一样了，不时地享受着那片刻的梦境，给他带来了莫大的幸福。

小小蝴蝶的梦境都能入庄周的心，让他快乐，还有什么事能让他忧愁呢？

心中杂念太多、欲望太多，就无法避免痛苦与不快，但只要清除内心的妄念，使心无他物，定能享受生活的美好与幸福。

一位满脸愁容的生意人来到禅师的面前，说："虽然我很富有，但生活对我来说就像一场充满尔虞我诈的厮杀，每个人都对我横眉冷对，我感觉很痛苦。"

"那你就停止厮杀啊。"禅师淡淡地回答。

生意人以为禅师在敷衍他，最后带着满心失望离开了。

在接下来的日子里，他的情绪坏透了，他与身边的每个人争吵斗殴，因此结下了不少冤家。

一年过去了，他与人争吵得心力交瘁，再也没有力气与人一争高低了。

这天，他又来到禅师面前，说："如今我不想跟人斗了，可生活还是一样沉重。"

"那就把沉重的生活变轻松一些啊。"禅师淡淡地答道。

听到禅师的回答，生意人依旧气愤地走了。

又过了一年，他的生意遭到了重挫，最终丧失了全部家当，甚至连妻子和孩子也离开了他。孤立无援之时，他再次来到禅师面前。

"如今我已经一无所有，生活里只剩下悲伤了。"

"那就把悲伤从心中拔除。"生意人似乎早已经意识到禅师会有这样的回答，但这次他既没有失望，也没有生气，而是在老禅师居住的那座山的一个角落里住了下来。

在接下来的日子里，他开始不停地哭，直到有一天他的眼泪哭干了。他再一次来请教禅师："大师，请您告诉我，我该如何摆脱烦恼？"

禅师微笑着回答："将心中的欲望、不满都除去，让心慢慢地沉下去，你会发现太阳依旧每天高高升起。"

生意人按照禅师所说的方法去做，最终他的内心平静下来，再也没有以前的烦恼了。

抛却心中的杂念与欲望，世间的痛苦、烦恼与不满也随之被抛弃了，那样，你的内心怎能不平静？对待生活又怎能不泰然呢？

一念妄动，即具世间诸苦

《菜根谭》有云："贪心胜者，逐兽而不见泰山在前，弹雀而不知深井在后；疑心胜者，见弓影而惊杯中之蛇，听人言而信市上之虎。人心一偏，遂视有为无，造无作有。如此，心可妄动乎哉！"

佛经上说："世间万物皆为虚空。"一切因缘而起，一切因念而在，当我们执著于某一事或某一物时，就会患得患失，烦恼也会接踵而来，如果能看开一切，心无挂碍，就会无所惧。

云居禅师拜百丈明照禅师为师，并因百丈明照禅师指点而得度。云居禅师静心参禅，每天晚上都独自去荒岛上的洞穴里坐禅。

有一天，几个爱捣乱的年轻人躲藏在云居禅师去洞穴的必经之路上，路的两侧有粗大的树木，等到禅师过来的时候，从树上垂下来一只手，扣在禅师的头上。

那个年轻人原以为禅师必定会被吓得魂飞魄散，哪知禅师任凭年轻人扣住，只是静静地站立不动。如此出乎意料之举，反而把年轻人吓了一跳，急忙将手缩回，此时，禅师又神情自若地离去了，好像什么也没有发生过。

第二天，这几个年轻人又想出了一个歪主意，他们一起到云居禅师那里，问道："大师，最近听说附近经常闹鬼，有这回事吗？"

云居禅师淡定地说："没有！"

"真的吗？但我们听说有人在晚上走路的时候突然被飞来的魔鬼用手按住了头。"

"那根本不是鬼，而是村里的年轻人！"

"大师怎么知道不是鬼，为什么这么说呢？"

禅师答道："因为魔鬼怎么可能有那么宽厚温暖的手！"

禅师又说："临阵不惧生死，是将军之勇；进山不惧虎狼，是猎人之勇；入水不惧蛟龙，是渔人之勇；和尚的勇是什么？就是一个字'悟'，一个人如果连生死都超脱了，怎么还会有恐惧感？"

听了大师的一番话，这群年轻人顿时大悟。

缠脱只在自心，心了则屠肆糟糠居然净土。不然纵一琴、一鹤、一花、一竹，嗜好虽清，魔障终在。语云："能休尘境为真境，未了僧家是俗家。"智者最宝贵之处就是有一个极好的心态，他有对世事变幻的足够的心理准备和良好的应对能力。

从禅学而言，就是有大悟。禅就是一颗如水的平常心，没有一丝浑浊，平淡如水，纯净如水，不为世间的色彩迷惑，不被人生的百味侵入。

细壤虽小，积累万年便会有峰峦的气势；小善虽轻，持之以恒便是无上的功德。人的一生是短暂的，又是漫长的，珍惜它就是使自己的生命价值保值、增值，荒废它就会使人加速损耗自己的价值。

"临阵不惧生死，是将军之勇；进山不惧虎狼，是猎人之勇；入水不惧蛟龙，是渔人之勇。"那么，超越生死，勇于以生命感悟禅要，敢于以人生实践真理，则是僧人的大智大勇。

北宋大将军曹翰曾率部下渡过长江，闯入圆遥寺，寺院禅僧们看见军队都惊恐奔逃，而缘德禅师却跟往常一般平静地坐着。曹翰怒凶凶地走到禅师跟前，禅师不站立也不拜揖。

曹翰见此状，勃然大怒，呵斥道："长老没听说过杀人不眨眼的将军吗？"禅师看了他很久，淡定地回答说："你难道不知道有不怕死的和尚吗？"

曹翰听闻此言极为惊奇，心中不由得对禅师产生了敬意，问："禅僧们为什么都走散了呢？"禅师回答："敲起鼓来自会集合。"曹翰便让自己的手下去击鼓，但敲了半天的鼓也并无一个禅僧到来。曹翰问："为什么没有禅僧来？"禅师答："因为敲鼓之人有杀人之心。"说着自己便起身去击鼓，禅僧们很快就过来集合了。曹翰肃然起敬，向禅师礼拜，并向禅师请教取胜的策略，禅师从容答道："这不是禅僧所了解的事。"

缘德禅师镇定淡然，不惧生死，从心理上击败了凶悍、威武的大将军曹翰，使圆遥寺化险为夷。这种良好的心态是禅师智慧的表现，是从长期的修炼过程中养成的道行。人生一世，天灾人祸时时难免，只有想不到的，没有遇不到的，人只要练就不惧生死的心态，就能镇定自若，冷静处理，走出险境。即使有一天走不出去，也会大义凛然、视死如归，再现大丈夫舍生取义的慷慨气概，使后人代代敬仰，奉为楷模。

禅宗《正法眼藏》对人生的提示记载着："生即生，灭即灭，正视这轮回往复，均属自然。所以做人要不怨天，不尤人。"

唐代著名的法常禅师是这样告别人世的：一天，法常禅师对他的弟子们说："将要来临的不可抑制，已经失去的无法追回。"弟子们模糊

地感觉到了什么，但又一时不知说什么好。静默之间，忽然传来老鼠的吱吱叫声。禅师说："就是这个，并非其他。你们各位，擅自保重，吾今逝矣。"说完就圆寂了。

而以烧佛像取暖闻名禅林的天然禅师是这样逝世的：长庆四年六月，禅师对弟子们说："去给我准备热水洗浴，我要准备出发啦。"禅师洗完澡，戴上笠帽，穿上鞋子，操起拄杖，刚从床上下来，脚还没有着地，就去世了。

《正法眼藏》告诫世人：在无常到来之际，国王、大臣、亲属、仆人、妻子、珍宝，这一切都是空的，只能一个人孤独地奔赴黄泉。的确，在死亡面前，无论是卑贱还是高贵，无论是贫困还是富有，任谁也无计可施。受到这种人生无常的哲学思想熏陶之后，人们就会理解心平气和是悟道的表现，因此也就能够平心静气地生活下去。

良宽禅师曾经这样写道："病就让它病好了，死就让它死好了！"可见，再也没有比良宽禅师更心平气和的人了！人生充满了不可预测的未知，正所谓世事无常，没人知道什么时候生命就要中止了，所以，道元禅师说："正因为人生无常，才更要加倍努力追求正道。"

世事无常，不以物喜，不以己悲

禅师有两个弟子，悟语和悟道。有一天，师徒三人到山上散步，禅师看到山上有一棵树长得很茂盛，但旁边的一棵树却枯死了，于是禅师问道："你们说荣的好呢？还是枯的好？"

悟道说："荣的好！"悟语却回答说："枯的好！"正在这个时候，来了一个小和尚，禅师就问他："你说是荣的好，还是枯的好？"小和尚答道："荣的任它荣，枯的任它枯。"

禅师笑道："天真自性佛！"

荣枯互变是无常，不管是枯还是荣，都是自然之理。人不会因为枯而悲伤，也不会因为荣而喜悦，人生无常，就如树木一样，没有永恒。

唯有"不以物喜，不以己悲"才是人生的真谛，也是一种豁达的人生境界。现实里会有很多人因为物而喜，因为己而悲，这都是自寻烦恼而已，只要有自己的见解，又管他人如何呢？

师父打发他的一个年轻弟子到集市上去买东西。弟子回来后，撅着个嘴，满脸的不高兴。

师父便问他："发生什么事了吗？你看起来很不高兴。"

"我在集市里走的时候，那些人嘲笑我。"弟子撅着嘴巴说。

"他们为什么要嘲笑你呢？"师父问。

"人家笑我个子太矮，他们不知道，虽然我长得不高，但我的心胸很开阔。"弟子气呼呼地说。

师父听完弟子的话什么也没有说，而是拿着一个脸盆与弟子来到附近的海滩。

师父先把脸盆盛满水，然后往脸盆里丢了一颗小石头，这时，脸盆里的水溅了出来。接着，他又把一块大一些的石头扔到前方的海里，大海没有任何反应。

看着迷惑的弟子，师父说："你不是说你的心胸开阔吗？可是，为什么别人只是说你两句，你就生这么大的气，就像被丢了颗小石头的水盆，水花到处飞溅？"弟子低头不语。

别人的话只是一种"仁者见仁，智者见智"的说法，每个人的观点和立场都是不同的，如果因为别人的言语而生气，不但是心胸不够开阔，而且是修养和内涵没有达到境界。

人生无论面对什么大喜大悲都能坦然处之，就是一种境界。世间的大多数人为了功名利禄而悲伤，因为嫉妒别人的拥有，所以满怀情绪，也因为无法释怀失去的而惴惴不安。

古时有一个大财主，吃斋念佛多年，50岁方得一子，视为掌上明珠。

儿子渐渐长大了，可是他只会笑，不会哭。财主想尽各种办法，骂他、打他都无济于事。正无可奈何之际，适逢一云游高僧前来化缘，财主就请求高僧为儿子诊治。

仆人把孩子抱来。孩子不认生，冲高僧嘻嘻直笑。财主上前狠狠地

打了孩子屁股一下，孩子皱皱眉头，随即平静，一声不哭。

财主冲高僧一摊手，说："高僧，您看这孩子是不是智力有问题？"

高僧不说话，只是顺手从果盘里拿出一根香蕉和一串葡萄，在小孩面前一晃。

小孩想了想，伸手接过了葡萄，并微微一笑。

财主在一边解释："他从小就不吃香蕉。"

高僧点点头："知道取和舍，说明智力是没有问题的。"

财主伸手拿走了盘子中的香蕉，孩子愣了一下，没有哭也没有笑。

看到孩子这样，高僧沉思片刻，端起桌上的果盘，说："跟我来！"

一行人走出财主家的大门，恰逢3个小孩在门前玩耍。高僧看了看小孩，又看了看果盘，果盘里恰巧还有3根香蕉和一串葡萄。于是高僧分给每人一根香蕉。3个小孩接过来，兴高采烈地剥开就吃。

这时，财主的儿子忽然伸手指着香蕉，大声叫起来。财主赶紧拿过葡萄哄儿子："那是你最不爱吃的香蕉，这是你最喜欢吃的葡萄。"

财主的儿子夺过葡萄，扔到地上，仍是伸手要香蕉。3个孩子很快吃完，抬头冲财主儿子笑笑。

这时，财主的儿子忽然号啕大哭，把财主和仆人都吓了一跳。

财主欣喜之余也迷惑不解："他平时一口香蕉也不吃，今天怎么会为香蕉哭了呢？"

高僧微微一笑，说："世间大多数人的悲伤，不是因为自己失去了，而是因为别人得到了。"

世间百态，人物百型。能够真正做到淡然处之的人并不多，人们应该怀有一颗坦然的心，不因外物的丰富、富有而狂喜；不因个人的失意潦倒而悲伤。无论面对失败还是成功，都要保持一种恒定、淡然的心态，不因一时的成功和失败而妄自菲薄；无论何时都保持一种豁达、淡然的心态，不因外界的好事而兴高采烈，也不因自己的不幸遭遇而垂头丧气。坚持自己的原则，不受外界的影响，这才是人生修养的必备课。

卷四

顺其自然，尽人事而听天命

我有一布袋，虚空无挂碍。展开遍十方，入时观自在。一钵千家饭，孤身万里游。睹人青眼少，问路白云头。

没有歧途不可回头，无错不可改正

《涅槃经》中有云："情与无情，同圆种智。"世间上没有不可救的生命，没有不可教的人才。所以，请给别人改过自新的机会吧。

在一个清晨，朝阳还没有升起时，庙前山门之外，凝满露珠的春草里正跪着一个人。他是个沙弥，原本是个浪子，后来寺庙里的方丈慈悲，收留了他。由于他天性极聪明，方丈便将毕生所学教给了他，他成了方丈最宠爱的弟子。那么他为何一大早就跪在这个地方呢？

庙门"咿呀"一声打开了，从里面走出来一个须眉洁白的老和尚。跪着的沙弥一见到老和尚，原本无神的眼睛蓦然一亮："我错了，师父，请您原谅我这一回吧。"

方丈叹了口气，说："你还记得二十多年前的你吗？"沙弥不知道方丈心里的打算，只好默默地点头。

方丈继续说道："二十多年前，你也是风流不羁，结果惹下不少的孽缘情债。那个时候，我想你年纪轻轻，天性又极为聪明，就教你读书明理，以为你能从此走上正途。没想到，你还是……"

沙弥想起方丈的日日教导，想起方丈照顾自己的情景，不由得悲从中来："师父，您别说了，弟子错了，您肯饶恕我吗？"

原来沙弥被方丈收留之后，开始倒也十分喜欢寺庙里宁静的生活，不但虔诚诵经，而且对方丈也很有孝心。一晃三年过去了，沙弥突然回想起红尘中的往事，不由地唏嘘叹讶了半天，心念一转，便想："我也好久没有到城市里逛逛，回去看一下也好，或许会有些什么机缘呢？"

哪儿知道这一去，他旧心复萌，顿时被光怪陆离的城市遮住了双眼，从此花街柳巷，放浪形骸。

夜夜都是春，却夜夜不是春。20 年后的一个深夜，他陡然惊醒，窗外月色如洗，澄明清澈地洒在他的掌心。他忽然深感忏悔，披衣而起，快马加鞭赶往寺里。

沙弥跪在地上，大声悲呼："师父，请您饶恕我吧！"

方丈只是摇头："不，你罪过深重，必堕地狱，要想佛祖饶恕，除非——"方丈信手一指供桌，"连桌子也会开花。"

沙弥失望地走了。

第二天，方丈踏进佛堂，顿时惊呆了。只见那供桌之上竟然开满了大簇大簇的花朵，红的、白的，每一朵都芳香逼人。

佛堂里一丝风也没有，然而，那些盛开的花朵却无风自动，轻轻地摇曳着，仿佛在招手，在焦灼地召唤……

方丈瞬间大彻大悟。他连忙下山去寻找那个沙弥，然而，已经来不及了。心灰意冷的沙弥恢复了浪子的身份，又堕入了他原本的荒唐生活。

佛桌上开出的那些花朵，只开放了短短一天就凋谢了。

方丈回到寺庙，闭门不出，当天晚上，他便圆寂了，临终遗言："这世上，没有什么歧途不可以回头，没有什么错误不可以改正。"

一个真心向善的念头是最罕有的奇迹，好像佛桌上开出的花朵。而让奇迹陨灭的不是其他，而是一颗冰冷的，不肯原谅、不肯相信的心。

正所谓："救人一命，胜造七级浮屠。"给人机会改过自新，与救人一命有同样的意义。所以，别让奇迹陨灭，相信佛桌上会开出善花吧。

每个人都会有毛病，毛病不是天生的，是可以改掉的，只要有机会。当别人犯了错，你要给对方改正的机会。

有位书生到寺庙里礼佛之后，信步到花园里散步，碰巧看到有位僧人正埋首整理花草。只见他手握一把剪刀此起彼落，将枝叶剪去，或将花草连根拔起，移植到另一个盆中，或对一些枯枝浇水、施肥，给予特别照顾。

书生不解僧人的行为，便问："大师，照顾花草，你为什么将好的

枝叶剪去？枯的枝干反而浇水、施肥，而且从这一盆搬到另一盆中，没有植物的土地，何必锄来锄去？有必要这么麻烦吗？"

僧人笑道："不只你一个人问我这个问题。好吧，我就把其中的秘密告诉你。其实，照顾花草就像教育子弟一样，人该如何教育，花草就如何教育。"

书生不以为然道："大师，此言未免过矣。花草是花草，人是人。人是有感情的，花草树木又怎能和人相比呢？"

僧人说："施主，您不要着急，且听我慢慢与您道出其中的奥妙。照顾花草，有四个要点。其一，对于那些看似繁茂，却生长错乱的花，一定要去其枝蔓、摘其杂叶，免得浪费养分，将来才能发育良好。这就如收敛年轻人的气焰，去其恶习，使其纳入正轨一样；其二，将花连根拔起植入另一个盆中，目的是使植物离开贫瘠，接触沃壤。这就如使年轻人离开不良环境，到另外的地方接触良师益友，求取更高的学问一般；其三，特别浇以枯枝，实在是因为那些植物的枯枝看起来已死，内中却蕴有无限生机。这也就是说不要以为不良子弟都是不可救药的，不要对他们灰心放弃，要知道人性本善，只要悉心爱护，照顾得法，终能使其重生；这其四，松动旷土，实因泥土中有种子等待发芽。这就如同那些贫苦而有心向上的学生，助其一臂之力，使他们有机会茁壮成长。"

僧人接着笑道："贫僧所说，施主以为然否？"

书生听后，击掌叹道："大师智慧精深，此论实在高妙，学生拜服。多谢您替我上了一课育才之道！"

人要学会检讨自己，改正自己的毛病，还应该尽自己的能力鼓励别人并帮助别人改正错误，给别人改错的机会。

心中有事世间小，心中无事一床宽

《般若波罗蜜多心经》中有云："心无挂碍，无挂碍故无有恐怖，远离颠倒梦想。"一切怨憎、思想、疑虑等，皆因心有挂碍，若无挂碍，则没有什么好怕的，也没有什么好抱怨的，自然就远离了让人颠倒的梦想。

竹林寺大门外的山道上，不知是谁揳了个露出地面寸余的小木桩。

几个化缘归来的僧人都被小木桩绊了一下，差点摔跤，然后他们就跑到方丈的禅房，向住持回报小木桩的情况。

方丈听了，不以为然地说："一个小木桩而已，以后小心点儿就没事了。都回去歇着吧，不必理会。"

然而，僧人们并没有就此消停。不久，全寺的僧侣都跑去看小木桩了，然后又都聚集到方丈室，一并汇报情况。有的说："只不过是普通的小木桩而已。"有的说："这里面肯定有问题。"有的说："可能是小孩子弄的。"有的说："是有坏人故意使坏、故意捣乱吧？"

方丈听完众人的话，便带领众人来到小木桩处，二话没说，弯腰拔起那个小木桩，扔到山沟里去了，然后问众僧："大惊小怪，现在不就没有木桩了吗？"

无论是道路还是心路上的障碍，大多是人为的，甚至是自为的，清理起来非常简单。可是，不知有多少人为了小小的坎坷纠缠不清，最终使得小坎坷变成大烦恼。一点儿小小的坎坷，只因心有所系，也会影响道心，成为修行的障碍。更何况纠结于俗事的人们，又怎能轻松解脱呢？

一个人出门旅行，路过一片茂密的森林。常年奔走游历的旅人万万没想到的是，他刚进入森林不久，就遇到了一只饥饿的猛虎。

旅人一见，吓了一大跳。只见那只猛虎大吼一声扑了上来，旅人连忙以最快的速度返身就逃。猛虎在后面紧追不舍，旅人一直跑，不辨方向，结果跑到了一处断崖边。

"这下完了。"慌张的旅人心想，但是，他又转念一想，"与其被老虎捉到，被活活咬死，还不如跳入悬崖，说不定还有一线生机。"

想到这里，他纵身跳下了悬崖。幸运的是，他并没有落入崖底，而是被一棵树卡住了。那是一棵梅树，树上结满了梅子。

旅人非常高兴，正准备爬下树时，突然听到树下传来一声巨大的吼声。他又吓了一跳，往树下一看，只见一只凶猛的狮子正抬头看着他。

旅人暗叫倒霉，这时，他又转念一想："至少现在我还没事，我不

妨等一等。"

谁料到，旅人刚放下心来，又听见了一阵声音。他循声定睛一看，只见两只老鼠正用力地咬着自己依赖的那根树枝。

此时，旅人已经无奈了，他对天长叹："如果一定要我这么倒霉，就不要让我担惊受怕了。"

说罢，他的情绪很快就平复了。他看到树枝上的梅子长得正好，就采了一些吃起来。他还找到一个三角形的枝丫休息，心想："既然迟早都要死，不如在死前好好睡上一觉吧！"

就这样，这个倒霉的旅人竟然在树上沉沉地睡去了。当一觉醒来之后，他发现老鼠不见了，老虎和狮子的吼声也消失了。

原来就在他睡着的时候，饥饿的老虎按捺不住，终于大吼一声，跳下了悬崖。老鼠听到老虎的吼声，都惊慌地逃走了。而跳下悬崖的老虎与崖下的狮子遭遇了，并展开了激烈的打斗，结果双双负伤逃走了。

身处忘我之境，即便遭遇了不幸、困难和危险，也能安之若素，享受生命的美好，赢得胜利。当然，并不是每个人都能达到忘我的境界，但至少我们能学着平和、镇定地面对厄运，抛弃自己的忧虑。

总而言之，世上没有一个人是一帆风顺地走完一生的，每个人或多或少都要经历挫折，这没什么大惊小怪的，根本不必纠缠于此。很多挫折就好像是小木桩，可以简单地清理掉，而一些大灾难就好像狮子、老虎一样，若无法战胜它们，忧惧而死，还不如放下心来睡一觉。

与其抱怨，不如投入

很多人总爱抱怨自己的运气不好，不能顺利地成功，或者抱怨没有得到公平的待遇，其实，他们不知道，失败的原因正在于他们自己。他们把大量的时间和精力花在抱怨上，没有做好事情的决心，不肯在工作上集中全部心思和智力，做起事来无精打采、委靡不振，这样怎么能成功呢？

在一座深山名刹里，有一位新近剃度出家的小和尚，他被安排每天早晚各撞一次钟。小和尚认为，这样简单的工作谁都能做，也没什么大的意义，但是虽然不喜欢，也只好"做一天和尚，撞一天钟"了。就这样，小和尚在百无聊赖中撞了半年的钟。

　　有一天，方丈宣布调小和尚到后院挑水、劈柴，小和尚对方丈的安排很不服气：难道我每天撞的钟不是很准时、很响亮吗？为什么要让我去做琐碎的事情？

　　方丈似乎看出了小和尚的心思，微微一笑，告诉他说："你撞的钟是很响亮，但是钟声空泛无力。这是因为你没有意识到'撞钟'这项看似简单的工作所蕴含的深意。钟声不仅仅是寺院里的作息时间，更重要的是要唤醒沉迷的众生。为此，钟声不仅要洪亮，还应该浑厚、圆润、深沉、幽远。心中无钟，即是无佛。不虔诚、不敬业，怎么能做好神圣的撞钟工作呢？"

　　小和尚从一开始就抱着不喜欢的态度去撞钟，他从心里就不认可这项工作，心态决定行动，所以他的钟声也就无法达到方丈要求的境界。

　　而那些真正怀有敬业心态的人，总是像对待自己的人生事业一样热爱着自己从事的工作。他们会认为自己的工作是一项神圣的天职，并对此怀着浓厚、深切的兴趣，这种状态有效地鼓舞和激励着他们对工作采取积极的行动。

　　所以，与其抱怨连天，不如从自己入手分析情况，挖掘自己的潜力，让自己集中精力专心致志地投入到工作中去。以这样的心态对待工作，不久你就会发现那些不好的情况都在改善。

　　用心与不用心的效果，绝对是不一样的。

　　有个年轻人从乡村到城镇里找工作，很幸运地被录取了。然而，老板并没有交代什么重要的工作给他，只是让他做端茶倒水的活儿。

　　刚开始，年轻人还挺乐意的，因为这项工作比较简单。但是过了三个月，他还是在端茶倒水。这时，他就有点儿沉不住气了。

　　心里的怨气一上来，工作也就不那么有精神了。泡出来的茶，味道也一天不如一天。

　　有一天，老板端起他泡的茶，喝了一口，就全吐了出来。"这茶是

怎么泡的，这么难喝？连茶都泡不好，实在太没用了。"

年轻人听了这话，差点没气晕了。当天他就有了一个决定：不干了。他准备下午就向老板辞行。正在这时，有客人进门。年轻人心想：好歹这是最后一次端茶倒水，泡完这壶茶，我就要走了。因为想着要离开，所以年轻人泡这壶茶时特别用心。

没想到，客人和老板喝了这茶，大声赞扬。特别是老板，很诧异地看了他一眼，心想：这小子刚刚泡的茶还如此难喝，怎么这会儿泡的茶却这般香呢？年轻人忽然有所觉悟。

常听一些人抱怨自己怀才不遇，总是与伯乐擦肩而过。其实，如果他们能够多用一点儿心在工作上，即使是很卑微的工作，也能做出非凡的成绩。俗世的人们常以工作为谋生的手段。其实，工作不仅仅是一种谋生的手段，还是锻炼身心的法门。工作做得好的人，心态修炼也是上乘；而工作做得不好的人，心态修行必定不成。人的工作态度折射着他的人生态度，而有什么样的人生态度，就有什么样的人生成就。

牢骚满腹，整天叫喊怀才不遇，抱怨个没完没了，不如改变自己，主动一点儿、努力一点儿，去适应环境。是金子总会发光的，不要抱怨怀才不遇，若有这种想法，多半是你自己有问题。平日里越是抱怨的人，越没有什么真才实学。然而，生活中偏偏就有很多人不愿用心工作，却要盲目地攀比，然后哀叹命运不公，怨叹待遇不公平，给自己增添烦恼。

实际上，在摇首叹息之际，将自己的命运交给了别人，这样是在自毁前途。其实我们每个人都有自己的所长，追求的目标也不一样，只要找准自己的位置，用心做好自己能做的事，就不难成就自己。

去除心中妄念，心境自会澄明

有一次，寺庙的小和尚看见菜地里非常萧条，便对慧海禅师说："师父，往菜地上撒点儿高粱种子吧！"

慧海禅师平静地说："徒弟，为何要急于一时呢？何时有空，再下山买些高粱种子回来。一切要随时，不要急躁。"

小和尚疑惑地看着慧海禅师，说："师父，为什么要随时呢？"

慧海禅师微微一笑，说："你看土地还未松土呢！如何种地呀！做事不可强求，要顺其自然，静待时机到来。"

小和尚等了很久，慧海禅师才把高粱种子递给他，说："快去种上吧！撒在地上，我还等着吃你的高粱米呢！"

小和尚一路唱着歌来到菜地，赶紧抓一把高粱种子撒在地上，等待着发芽。半夜时分，下起了大雨，小和尚因雨下得很大，心里很担心，无法入睡。

次日早上，他慌忙地来到菜地察看，果然高粱种子不见了。于是，他跑到禅房，心里很不是滋味地说："师父，菜地上的种子都没了，这该怎么办呀？"

慧海禅师不慌不忙地说："没事，种子只是去别的地方生活了。一切随缘吧！"

没过多久，小和尚看见有几棵小苗已经破土而出。原来还有部分种子没被水冲走，在这里安家落地了。

小和尚高兴地说："师父，菜地里的种子发芽了。"

慧海禅师点点头说："该是你的，就是你的，一切还是随缘。"

佛曰："世间一切事物，皆有缘而来，该去的就随风而去吧！"所谓："塞翁失马，焉知非福。"其寓意是，世间有很多事情，不是我们能强求的，一切顺其自然吧！若世人都能像慧海禅师那样凡事随缘，就会少了很多的烦恼，反而会获得"柳暗花明又一村"的意外惊喜。所以，做事只要做自己该做的，剩下的一切随缘，凡事顺其自然。若自己已经尽力了，依旧改变不了什么，那么不要再抱怨了，一切随缘吧！

古时，有位富人在自家门口竖起一个牌子，上面写着："本人有一块土地，将送给全然满足的人。"

一位员外看见了这个告示牌，心想："这块地归我该多好，这样我就更富裕了，先捷足先登吧！"于是，他乔装成一位农民后对富人说："我是个老实的务农人，需要这块地种粮食，填饱家人的肚子。"

富人看着员外乔装的样子，便说："你真的满足只有这块地吗？"

员外说："很满足了，这块地对我来说太重要了，真的太重要了。"

富人说："好吧！那你现在跟我来，我想知道你会种地吗？"

员外一听，傻傻地不知说什么，便硬着头皮说："好的。"于是两人来到后山。

富人看着员外的样子，根本就不是务农之人，便摇摇头对他说："何必呢！人只要有口饭吃就应该知足，为何强求不属于自己的东西呢？"

员外一听，满脸通红地说："您如何知道我不是务农之人？"

富人说："务农之人，对土地的渴望表现于脸上的幸福之笑，而你是贪婪之笑。"

员外很惭愧地说："看来不是我的，终究不是我的，我为何还要强求呢？"

世人常说："命里有时终须有，命里无时莫强求。"有些人不停地追求财富，殊不知人生在世，这些东西都是过眼云烟，是带不走的。人要学会放下，一切都顺其自然，随缘自在，不要因为有过多的幻想、贪图的欲望，而丢失了自我。

与其排斥，不如试着去接受

佛语有云："与其排斥已成的事实，不如试着去接受它。"

在荷兰的阿姆斯特丹，有一座 15 世纪荒废的寺院，在寺院的废墟里立着一块石碑，上面刻着："既已成为现实，只能如此，别无他择！"的确如此，在人生漫长的岁月中，命运中总是充满了不可捉摸的变数，如果它带给我们的是快乐，当然是最好的，但事实却往往并非如此，它带给我们的常常是可怕的灾难。

如果我们不能学会接受它，就会让灾难主宰我们的心灵，那我们的生活将会失去阳光，变成一片黑暗。正如一位哲人所云："要乐于承认事情就是这样的情况。能够接受已经发生的事实，是克服任何不幸的第一步。"

生活中有很多我们不愿看到的事实：年龄的增长，绝症的万般病苦，灾难的不期而至……这些都是我们无法逃避的，也是人力所不能改变的。我们只能接受已经存在的事实，我们需要做的是进行自我调整，坦然地接受这个事实。一味地排斥和抗拒现实，不但可能毁了自己的生活，还有可能使自己的精神世界坍塌。因此，人在无法改变不公和不幸的厄运时，要学会接受它和适应它。接受现实，是改造现实的前提。

相对来说，有些人不喜欢接受现实，他们总是抱怨自己怀才不遇，抱怨自己运气不佳，他们觉得自己永远要比现实中的自己更好、更优秀。在他们眼中，现实总是不好的，他们总可以为自己找到失败的理由。

相反，有些人是容易且乐于接受现实的，因为现实在他们的眼中，本来就是充满艰辛和困难的，他们不会对现实抱有过分的要求，他们不会抱怨命运的不公平，所以他们不会把自己的精力耗费在毫无价值的抱怨上，而是积极地积蓄力量，寻找改变现实的方法。

在一个偏僻的小镇上，有一座古老而神秘的寺院，传说寺院里有一口特别灵验的水井，井里的水可以医治各种疾病。有一天，一个拄着拐杖少了一条腿的残疾人，一跛一跛地来到这座小镇，镇上的居民带着同情的口吻问道："可怜的人，你是不是打算祈求寺院的方丈施舍井水医治你那条残腿啊？"

残疾人转过身对镇上的居民说："我不是祈求他医治我的残腿，而是请求他帮助我，教我没有一条腿后也知道如何过日子。"

为已经失去的东西懊悔是没有任何价值和意义的，最重要的是接受现实，为以后的生活做好计划、铺好路。

英国有句谚语说："别为打翻的牛奶哭泣。"在这句貌似简单、平常的话里，却蕴含着深刻的人生哲理。牛奶已经打翻，再哭泣也没有用，还不如振作起来，从失利的阴影中走出来，投入到新的战斗中。

很久以前有一对夫妻，在结婚 10 年后才生了一个男孩，男孩自然成了夫妻二人的掌上明珠。

在男孩两岁生日那天，丈夫应朋友邀请要出门一趟。临行之前，他看到桌上放着一个打开的药瓶，但是他由于要赶时间，只是嘱咐妻子赶快把药瓶收好，然后就匆匆出去了。当时，妻子正在厨房里忙得团团转，所以很快就忘了丈夫的叮嘱。

小男孩看到桌子上的药瓶，觉得很好奇，又被药水的颜色所吸引，于是拿起来全都吃了。

妻子从厨房里出来后，被眼前的情景吓呆了，她急忙抱起孩子去找医生，可是由于男孩服药过量，医生也无力回天了。妻子悔恨交加，不知该如何面对丈夫。

丈夫回来后，得知噩耗悲痛欲绝，他看了看儿子的尸体，然后用抚慰的眼神望着妻子说："亲爱的，我爱你！"

这位丈夫可谓一名智者。他并没有被情绪控制而责怪妻子，而是强忍住心中的悲痛，安抚妻子。因为他知道，儿子的死已经成为事实，再吵、再骂、再责怪也无法改变这个事实，还会惹来更多的伤心。妻子已经非常难过了，自己又怎么能在她的伤口上撒一把盐呢？不幸已经发生，唯一能做的就是接受事实。

忧虑并不可怕，最坏的情况更不可怕，关键是我们要勇敢地面对这一切，不妨应用一下万灵的公式，逐步地思考以下三个问题：第一，问问自己："可能发生的最坏情况是什么"；第二，勇敢地接受这种最坏的情况；第三，尽力想办法改善最坏的情况。

俗话说："尽人事，听天命。"接受事实不是消极保守，而是更积极地出发；接受事实，不是灰心绝望，而是充满无限的希望；接受事实，不是失败，而是一条步向成功之路；接受事实，不是回避退缩，而是更诚实地面对自己；接受事实，不是一蹶不振，而是重整旗鼓，乐观进取！总而言之，面对无法改变的既成事实，与其排斥和抵抗，不如试着去接受它，进而想办法改变它。只有这样，我们才能主宰自己的命运。

来是偶然的，走是必然的

佛说："来是偶然的，走是必然的。"所以你必须随缘不变，不变随缘。

生与死是人生中一个永恒的热点话题，因为每个人都很关心生死之事，但未必每个人都能领悟生死、看透生死。

每个人的诞生都是一种偶然：一个卵子和数亿个精子中的一个巧遇相结合，便产生了一个世界上独一无二的生命体，这个生命体是无比伟大和来之不易的，所以，任何人都没有理由不热爱、不珍惜自己的生命。

生者是偶然，逝去是必然。与出生时的偶然相比，生命的终结则是一种必然，这个必然的结果未免显得有些苍凉和凄苦。所以，每个人都应该努力地活着、用心地活着。

弟子问禅师："师父，请您谈一谈有关生死的事吧。"

禅师问："你死过吗？"

弟子说："我正因为没有死过，所以才向师父请教。"

禅师说："人只有亲自死一回，才能真正了解生死之事。"

弟子问："难道非要亲自死一回，才能真正领悟到吗？"

禅师说："生死之事，说它深奥，是因为即使写上万卷之书，也很难解释清楚；说它浅显，是因为只需一句话即可以说清楚，那就是'青山遮不住，毕竟东流去'！"

生死之事，其实是人力所不能左右的，所以完全没有必要去忧虑和担心，该发生的必然会发生，想阻挡也阻挡不了；不该发生的必然不会发生，再怎么努力也无济于事。生死是一种自然规律，不需有压力，也不必太过介怀。

辛弃疾的一句"青山遮不住，毕竟东流去"，道破了生死的玄机，也反映了一个客观真理。它是对生命的一种清醒的认识和一种豁达的胸

襟。如果说"来"是偶然的，那么"去"就是必然的。所以，我们要随缘不变，不变随缘。随不是跟随，而是顺其自然，不过度、不强求；随也不是随便，而是把握机缘，不悲观、不慌乱。

死亡对人类来说，的确是一件十分恐怖的事。以普通人的智慧而言，是无法超脱死亡的烦恼和困局的。然而，有生必有死，生与死是自然界一种正常的新陈代谢现象，就像白天和黑夜交替一样普通、频繁、无休无止。不管人是否能坦然面对死亡，每个人的生命从出生开始，其实就是在一步步走向死亡。生命中的每一分、每一秒，都不可能拥有绝对的保障。

人类虽然拥有生命，生命却不能永恒。所以，面对死亡，最明智的态度就是：顺其自然，在自由自在中生活，一切一如既往。佛法中讲究生命的流转交替是无始无终的，人类既然来到世间生活，就有生命，有生命就有生死。就像自然有春夏秋冬、白昼黑夜一样，人类有生老病死，旧的逝去，新的又来，死死生生，生生死死，互相生成，只要透悟了这个道理，对生死也就不会觉得可怕了，因为生死就像我们搬家一样，只不过是换了一个躯壳而已。

很久以前，在罗阅祇城里有一个梵志。一天，他看到有父子二人正在田地里耕种。忽然，儿子心脏病发作，倒地身亡了。然而，父亲不但没有管儿子，反而连头也没抬一下，继续干着手里的活儿。梵志觉得十分惊奇，便走上前去询问原因。

那位父亲反问道："你从哪里来？到这里来是为了什么目的啊？"梵志回答说："我从罗阅祇城来，听说你们国家的人都很孝养父母、信奉三宝，所以打算来这里求学修道。"接着，梵志再次问道："你儿子旧病发作，你怎么一点儿都不难过，反而接着干你的活儿呢？"

那位父亲说："人的生老病死和世间万物一样，是一种自然现象，都有它的自然规律，忧愁啼哭又有什么用呢？如果伤心得饭也吃不下，觉也睡不着，什么都不想干了，那跟死人又有什么两样呢？活着还有什么意义可言呢？你如果要进城，路过我家时，麻烦替我带个口信给我的家人，说儿子已经死了，不必准备他的饭菜了。"

梵志进城以后，来到耕种者的家门前，见到了他的妻子，便说道：

"你儿子已经死了，他父亲让我给你捎个话，准备一个人的饭就行了。"

那个妇人听后，平静地说："人生就像住旅店一样，随缘而来，随缘而去，我儿子也是一样啊！生是赤条条地来，死是赤条条地去，任何人都不可能违反这一规律。"

只有了解了生命的本质和永恒的真理，才能无所畏惧，才不会为任何生离死别而哀伤悲泣，才能在自由自在的精神境界中笑谈生死、超越生死。看淡生死是走向自在人生的第一步，看透生死就能达到高尚的精神境界。看透了生死本质的人，即使面对死亡，也不会悲观，不会惊骇，顺其自然，处之泰然。

佛说："命在呼吸间。"人的一生，犹如太仓之粒米，犹如灼目之电光，犹如悬崖之朽木，犹如逝海之一波。人类无力控制自己的生命，更无法阻挡死亡的来临。既然生命如此短促，如此来去无常，我们就应该把握好有限的生命，快乐地度过每一天、每一分、每一秒！好好地爱惜它、利用它、充实它，让它散发出真、善、美的光辉，映照出生命的真正价值。

生者为过客，死者为归人，生亦自然，死亦自然，生死不过是自然规律在人身上的体现罢了。人的一生其实就是一个简单的"随"字，生，就随它来；死，就随它去！看淡生死，生死随缘，才能更好地享受生命！

怀澄清之志，做淡定之人

人生在世，无法预知未来。幸与不幸，总须坚持到最后才能知道。有时候，明明很幸运的人，因为一点儿小事就乐极生悲倒大霉；而有时明明很倒霉的人，只因平静地面对不幸，反而得到幸运之神的眷顾。

其实，很多时候，人生的好坏都取决于心态。你的心态好，坏事变好事；你的心态不好，好事也变成坏事。

所以，无论情况好坏，都要抱着积极的态度，莫让沮丧取代热心。

生活应该是充满希望的，把目光投向阳光，你将感受到温暖。

在穷困的深山里住着一位勤劳的老人，他终生都是以砍柴为生的，为了为自己建造一座结实的房屋，这位老人不辞辛劳地努力工作。

过了很多年，他终于有了自己的房屋，木质的房屋很结实，他从此就能过安定的生活了。

有一天，不知道怎么回事，房屋突然起火了。转眼间，多年的心血与刚拥有的快乐就化为了灰烬。虽然左邻右舍都帮助灭火，但是除了黑漆漆的惨败景象以外，什么都没有剩下，可怜的老人呆呆地望着自己的房屋说不出话来。

大火完全熄灭后，老人突然想起了什么。他急忙冲进了废墟，不停地翻找起来。大家认为他在寻找什么值钱的东西，都好奇地看着老人的行动。

过了很长时间，老人从废墟中兴奋地冲了出来，他大声地呼喊着："找到了！找到了！"邻居们上前一看，老人手里拿着一把砍柴用的斧头。

大家都觉得很失望，很显然，这不是什么值钱的宝物。有的人以为老人受了过度的刺激而导致精神不正常了，然而，老人却对大家说："有了这把斧头，我又可以再造一个坚固的家，这真是值得高兴的事情。"

老人的豁达与乐观让人们十分赞赏，大家都来帮助老人重建家园。

事情的好坏取决于一个人的态度。如果心里有阳光，眼睛看到的都是温暖；若是心里只有冰雪，那么寒冷就会笼罩着你。

生命可以价值极高，也可以一无是处，随你怎么去选择，你的态度、你的选择，往往决定着成败。态度乐观、选择积极主动的人面对的将是幸运的开始；相反，态度悲观、选择消极的人则会延长失败与悲哀的期限。

好与坏并不是造物弄人，而是由每个人的态度决定的。态度就像磁铁，不论我们的思想是正面的抑或是负面的，我们都受到它的牵引。虽然我们无法改变环境，但我们可以改变心境；虽然我们无法调整环境来完全适应自己的生活，但可以调整态度来适应一切的环境。

群雄逐鹿，乱世将起。各国大量征兵，老将军的孙儿也被征召入伍，虽然他也算弓马娴熟，却是首次上阵厮杀，心中不免忐忑。

老将军见到孙子忧心的样子，便说："孙儿啊，这有什么好担心的？到了军队里，你将会有两个可能，一是留守中军大营，一是被分配到作战大队。如果你留守中军，根本不用担惊受怕。"

年轻人问祖父："那如果我被分配到了作战大队呢？"

祖父说："那也没什么，你同样会有两个可能，一个是被分配为侧翼掩护，另一个是被分到先锋大队。如果你被分配为侧翼掩护，那又有什么好担心的？"

年轻人又问："那么，如果我被分配到了先锋大队呢？"

祖父说："那你还是有两个可能，一个是成为投掷手，另一个是被分配到步兵团。如果你做了投掷手，那也是件值得庆幸的好事。"

年轻人问："那如果我不幸被分配到步兵团呢？"

祖父说："那样的话，你还是有两个可能，一个是安全归来，另一个是不幸负伤。如果你能够安全归来，不也挺好吗？"

年轻人问："那我如果没有安全归来，而是不幸负伤呢？"

祖父说："你还是有两个可能，一个是保全了性命，另一个是救治无效死亡。如果尚能保全性命，就没什么好担心的。"

年轻人再问："那如果完全救治无效怎么办？"

祖父说："还是有两个可能，一个是作为敢于冲锋陷阵的国家英雄而死，另一个是唯唯诺诺躲在后面却不幸遇难。很显然，你不是后者，既然会成为英雄，那有什么不好？"

你的生活并非全数由生命中发生的事所决定，而是由你自己面对生命的态度与你的心灵看待事情的态度来决定的。

乐观一点儿，好事坏不了，坏事也会成为好事；若是悲观了，不但坏事更坏，而且好事也会变成坏事。

若有好心态，即使面对厄运，也不会失去快乐的生活。没有人敢说自己绝不失望，失望是人生中的常有之物，但失望不是人生的全部，成功才是维持快乐的根本。而成功的机会能改变那些悲观的心态，让人正视现实。

拥有坚强的心灵，以一种强烈的愿望去追求长久、快乐、有意义、充满乐趣、有价值的生活，这才是人生的真义。

抛开杂念，了无挂碍

洞山禅师感觉自己即将离开人世了。这个消息传出去以后，人们从四面八方赶来，连朝廷也被惊动了，急忙派人赶过来。

洞山禅师走了出来，脸上洋溢着净莲般的微笑。他看着满院的僧众，大声说："我在世间枉沾了一点儿闲名，如今躯壳即将散坏，闲名也该去除。你们之中有谁能够替我除去闲名？"

殿前一片寂静，众人都束手无策，默然不语。

忽然，一个小沙弥走到禅师面前，恭敬地施礼后，高声地说："请问和尚法号是什么？"

话刚一出口，所有的人都投来先惊奇、后愤怒的目光。有的人低声斥责小沙弥目无尊长，对禅师不敬，有的人埋怨小沙弥无知。

谁知洞山禅师听了小沙弥的问话，大声笑着说："好啊！现在我没有闲名了，还是你聪明呀！"于是坐下来闭目合十，微笑着圆寂了。

小沙弥伏地而拜，泪流满面。

周围的人立刻将小沙弥围了起来，责问道："真是岂有此理！连洞山禅师的法号都不知道，你在这里胡闹什么？"

小沙弥看着他们，无奈地说："他是我的师父，他的法号我岂能不知？"

"那你为什么要那样问呢？"有人追问。

小沙弥含泪答道："我那样做就可以达成师父的心愿，除去他的闲名！"

有多少人为了名利终其一生都在努力争取，然而到头来争得的不过是满腹痴怨、一腔忧愤，而到死之时，方知生不带来，死不能带去。先贤早有训示："酒足以狂智士，色足以杀壮士，利足以疯素士，名足以绊高士。"

宋朝徽宗皇帝得知道楷禅师佛法高深，品行超俗，于是就赐他法衣，并封法号"定照禅师"。

对世人来说，皇帝的赐号褒奖，是多少人做梦都想得到的啊！然而，道楷禅师却并不领情，坚辞不受。他说："出家人的本分就是学佛修禅、普度世人，这些世俗的名利于我又有何用？"没想到天下还有如此不识抬举之人！皇帝感到自己的权威受到了蔑视，和尚的举动有损皇族的尊严，不由得龙颜大怒。他立刻下了一道旨意，命令大理寺将道楷收押入狱，从严惩处！

道楷禅师并没有被皇帝的淫威吓倒，对横加在自己身上的罪名不以为意，坦然地披枷戴锁，踏上了黄沙漫漫的流放之路。

所谓名利，不过是过眼云烟。有诗曰：

千峰顶上一间屋，
老僧半间云半间。
昨夜云随风雨去，
到头不似老僧闲。

这就是禅者的意境，禅者的风采！

世人若心有喜乐却不以物喜，不以己悲，便能从容、洒脱。人世间最难得的就是这种平常心：不为虚荣所诱，不为权势所惑，不为一切的浮华沉沦。

明心见性，抛开杂念，就能时时无碍而处处自在。

执著如果痛苦，不如学着放手

人生中有相当一部分的痛苦其实都源自于过分地执著。过分地执著是画地为牢，把自己久久地限制在烦恼和痛苦中，不得解脱。

有一个女孩失恋了，与之相恋了5年的男朋友突然提出分手。她想起他们之间的种种海誓山盟，想起他说过要爱自己一辈子，陪自己一辈子……这一切，不过才经历了5年的时间，怎么一夜间就灰飞烟灭了呢？

她无论如何也接受不了这个事实。她每天以泪洗面，苦苦请求他不要离开自己。两个星期之后，她再也找不到他，不管是打电话还是发信息，他都不再理她，后来干脆换了号码。她发疯似的四处找他，才发现他已经辞职，搬了家，而他的朋友也都不知道他的去向。

她很不甘心，不甘心就这样失去他。她再也无心工作，干脆辞了职，放任自己在漫无边际的痛苦里游荡。终于有一天，她的一个朋友说曾在一家餐厅里见到他和一个女孩在一起，很亲密的样子。她的泪汹涌而出，痛哭一阵之后说："我要找到他，我要报复他。"她开始抽烟、喝酒、乱交男友，可是她并没有因此而获得快乐，相反却陷入了越来越深的痛苦之中。

她在痛苦中沉沦，他却有了自己的新生活。当他拥着另外一个女孩步入婚姻殿堂时，她还在边抽烟边痛苦地向一位朋友痛斥他的背叛。

这个女孩因为不懂放手，过分执著于已经失去的爱情，所以才会将自己推入痛苦的深渊。她没有明白，若强迫一个不再爱你的人留在身边，比失去他更悲哀。

有一句话说"可怜之人必有可恨之处"，这个女孩的确可怜，因为她爱的人不再爱她；但是她也有令人"可恨"的地方，那就是太过执著于自己的不幸，夸张地为自己挖下自怜的陷阱，而且不爱惜自己，任自己生活在痛苦的阴影中。

有一位哲学家说过，在每个人的生命中，没有注定的不幸，只有死不放手的执著。生活中，不仅是爱情，很多痛苦并不是源自于不幸本身，而是因为我们自己过于执著。如果我们能够放弃这种不必要的执著，就能够轻松地迎接崭新的生活。

有一个年轻人一直与母亲相依为命，母亲是他在这个世界上唯一的亲人了。但是，在他最困难、最无助的时候，他最爱的母亲去世了，这对正处在困境中的他来说无疑是一个沉重的打击。好心的邻居们以为年轻人肯定接受不了这个残酷的现实，所以都做好了要好好安慰他的准备。

但令人感到意外的是，就在他母亲出殡的那天，这位年轻人竟然笑着送走了母亲的遗体，然后又高兴地回到自己破旧的小屋里。

邻居们都以为他是因为承受不了打击而疯了，可后来却发现，他根

116

本就没有疯，而且精神状况很好。邻居们疑惑不解，便问这位年轻人："你失去了最后一个亲人，为什么还这么高兴，难道你不知道这是对你母亲的一种不孝之举吗？"

年轻人微微一笑，说："我的母亲已经去世了，不论我再怎样痛苦，她老人家也不会活过来了。既然这样，我还不如不痛苦。而且，我的母亲很爱我，要是她知道我因为她而这样痛苦，她一定不会同意。我只有快乐地生活着，才能表达我对母亲的孝顺。因此，我不会让自己沉浸在痛苦中，我要放下痛苦，以平和、积极的心态面对生活，让我的母亲放心。"

佛说，执著是苦。年轻人的智慧就在于放弃了对痛苦的执著，让痛苦成为过去，积极地面对现在的生活。生活中有很多事情都是我们人力所无法控制的，比如死亡，又比如突如其来的灾难或厄运，突然间要面对这些，悲伤和痛苦是不可避免的，但是如果一直沉浸其中，势必会影响今天的生活，而且只会让自己越来越痛苦。

当不幸降临时，你抓住它不放，它就会渐渐地把你摧残得支离破碎、身心俱疲。但是，你也可以放手，任它摔落在地，这样就不会伤害你一丝一毫。而抓住还是放手，全在于你的选择。若你不肯放手，即便是微不足道的伤口，被你不停地拨弄，不但不会愈合，反而会加速它的溃烂。如果及时选择放手，那么再深的伤口也能痊愈。

因此，要想让自己过得快乐一点儿，我们就得学会放弃对痛苦的执著，顺其自然，以坚强的心态勇敢地接受无法改变的现实，在接受事实的情况下再作另外的打算。

遇事不钻牛角尖，人生自会快乐

石头希迁问刚到寺院的僧人："你从什么地方过来的？"

僧人回答："我自江西过来。"

希迁问："你见到过马祖吗？"

僧人答："看到过。"

于是希迁指着墙边的一根木柴问道："你说马祖禅师像不像根木柴？"

这位僧人不知道该说什么好，他思考了半天也不明白希迁的意思。

后来僧人回到了江西，在看到马祖后，他就把这件事情告诉了马祖。

马祖听完后问："你看到的这根木柴大小如何？"

僧人答："很大。"

马祖笑着对他说："看来你很有力气呀。"

僧人不明白马祖的意思，马祖对他说："你从那么远的地方背着一根很重的木柴，一直背到江西，所以我才说你力气很大。"僧人听后若有所悟。

人生在世，每天都有很多事情发生，其中有幸运的，也有不幸的，但仔细想想就会发现，那些所谓的不幸，不过是因为自己不肯放下，所以终日被一些情绪缠绕，以至于让自己陷入苦恼中。相反，如果我们能做好"放下"这门功课，抱着一切烦恼随它去的心态，就等于斩断了缚心的绳索，生命必将是另一番情景。

有一位老妇人要重新装修房子，她找了一个油漆匠到家里粉刷墙壁。油漆匠一走进老妇人的家，就看到沙发上坐着一位双目失明的老先生。老妇人介绍说，老先生是她的丈夫。

看着眼前这两位白发苍苍的老人，油漆匠心生怜悯。可是马上他就发现，这位双目失明的男主人很开朗，一直和妻子有说有笑，还会不时地和他开小玩笑。

油漆匠在这里感觉不到丝毫的悲伤或痛苦，他工作得轻松、惬意。一天，油漆匠忍不住问男主人为什么能够如此快乐。

男主人听出了油漆匠的困惑，他笑了笑，说："我为什么不快乐呢？几年前，我在一次意外事故中失明了，虽然我再也看不见阳光和鲜花，但是我还能感受到阳光的普照，闻到鲜花的芬芳，还有一个健康的身体。而且，最重要的是，我的妻子对我的爱一如既往，始终不离不弃。比起那些瘫痪在床不能自由行动的人，还有那些没有温馨家庭的人，我已经很幸运了。所以，我没有理由不快乐。"

油漆匠听了男主人的这番话，感动地点点头。

一周过去了，粉刷墙壁的工作已经完毕，油漆匠取出账单。老妇人看了看账单，发现比原来谈妥的价钱低了很多。她不解地问油漆匠："你怎么少算这么多呢？"

油漆匠回答说："我跟你先生在一起觉得很快乐，他对人生的态度，让我学到了很多。过去，我一直为自己的遭遇耿耿于怀，无法接受现实，而现在，我觉得自己的境况还不算最坏，生活还是很美好的。我减去的那一部分，就算是我对他表示的感谢，因为他使我不再把工作看得太苦！"

这些真诚的话语，让老妇人流下了眼泪，因为她知道，这位慷慨的油漆匠只有一只手。

当油漆匠离开老妇人家的时候，男主人站在门口对他说："只有看得开，才能活得快乐。"他以微笑送别油漆匠。

每个人的一生都难免遇上一些不顺心的事情。如果事情已成定局，无可更改，不如想开一点儿，坦然去接受，这才是真正的勇者和智者。生活中，你可能会遇到各种不幸，但是要知道，这一切的不幸于你其实都不重要，它们都不会构成致命的创伤。生命中最致命的创伤，其实来自于我们的心灵深处：如果死抱着残缺和不幸不放，结果会越来越痛苦。对已经发生的不幸耿耿于怀，最终会导致我们的心灵绝望。反之，只要我们放弃绝望的思想，坦然地接受现实，并换一个角度想问题，就不会再钻牛角尖，就会豁达起来，发现阳光依旧照耀着你，生命依然很美丽。

世上之事，福中有祸，祸中有福

有一个国家，虽然地方很小，人也很少，可是这个国家的人民却过着悠闲、快乐的日子，因为他们有一位不执著于做官的宰相和一位很大度的皇帝。

　　这个皇帝没有什么不良嗜好，平时很喜欢打猎。除此之外，他还喜欢和宰相一起去微服私访。

　　这个宰相除了处理国事以外，就是陪着皇帝一起探查民情。宰相有个爱好，他喜欢研究人生的真理，他最喜欢说的一句口头禅就是："这些都是最好的安排。"

　　有一天，皇帝兴高采烈地到草原上打猎，随从们带着几十条猎犬，阵势很壮观。皇帝的身体锻炼得非常好，筋骨结实，皮肤很有光泽，看上去很有一国之君的风度。

　　手下看到皇帝骑在马上，威风凛凛地追逐一头狮子，都不禁赞叹皇帝勇武过人。

　　狮子奋力逃跑，皇帝在后面紧追不舍，一直追到狮子的速度减慢时，皇帝才从容不迫地弯弓搭箭，瞄准狮子，利箭顿时像闪电一样，眨眼间就不偏不倚地射入狮子的脖子，狮子惨叫一声，倒在地上。

　　皇帝很开心，他看着狮子躺在地上很长时间都没有一点儿动静，一时失去戒心，竟然在手下没赶上他的时候，就下马检视狮子。没想到，狮子就是在等待这一刻，它使出最后的力气，突然跳起来向皇帝扑过去。皇帝当时吓得愣住了，看见狮子张开血盆大口扑过来，他下意识地用手一挡。

　　庆幸的是手下及时赶到，立刻发箭射入狮子的咽喉，皇帝觉得小指一凉，狮子就闷不吭声地倒在地上，这次狮子的确是死了。

　　手下忐忑不安地走上来询问皇帝是否无恙，皇帝看看手，小指头被狮子咬掉了一小截，血流不止，随行的御医立刻上前为他包扎。虽然皇帝伤得不算严重，可是他打猎的兴致已经被破坏了，本来皇帝还想找人责骂一番，可是想到这次只能怪自己太过心急，不能责怪别人，于是皇帝闷不吭声，众人也就跟着黯然回宫了。

　　回宫后，皇帝越想越不高兴，就想到找宰相来饮酒解闷。宰相得知这事后，边向皇帝敬酒，边笑着对皇帝说："皇上，您少一小块肉也总比丢了性命强得多，想开一些，这些都是上天最好的安排。"

　　皇帝一听，憋了半天的情绪终于找到宣泄的机会。他看着宰相生气地说："你实在是无礼，你真的觉得这些都是上天最好的安排吗？"

宰相虽然明知皇帝在发怒，却毫不在意地回答："皇上，的确，假如我们可以超越自我一时的得失成败，就会发现这的确都是上天最好的安排。"

皇帝说："假如我把你送进监狱，这是不是最好的安排呢？"

宰相笑着回答："假如是这样的话，我依然相信这是最好的安排。"

皇帝说："假如我吩咐手下把你拉出去砍头，这也是上天最好的安排？"

宰相依旧笑着面对，好像皇帝在说一件和他毫不相干的事。"假如是这样，我依然深信这是上天对我最好的安排。"

皇帝勃然大怒，用力拍了一下桌子，两名手下立刻走上前，皇帝说："你们立刻把宰相拉出去斩了。"

手下愣住了，一时间不知该怎么办。

皇帝大声说："还等什么！"

手下这才如梦初醒地上前架起宰相，在他们往门外走的时候，皇帝忽然后悔自己这样说，于是又对手下说："先把他关起来再做处置。"

宰相回头对皇帝笑着说："这的确是最好的安排。"

皇帝挥挥手，两名手下就架着宰相走出去了。

过了一个月，皇帝养好伤，他打算像从前一样找宰相一起去访查民情，但一想到是自己亲手把宰相送入监狱的，碍于身份，他也放不下身段，只好叹着气自己一个人出游了。

走了很远的路，他来到一个偏远的山林里，此时，从山上突然冲下来一队野蛮人，他们两三下就把皇帝五花大绑地带回他们的居住地。原来这些人是原始部落的人，而今天恰巧是满月，这支原始部落每逢满月时就会下山寻找祭祀神的贡品。

皇帝心想：这次真的没救了。皇帝对这支部落的人大声喊："我是皇帝，只要放了我，我可以给你们许多金银财宝。"但是这些人却开始嘲笑他，根本没有人相信他是皇帝。

当皇帝看到一口大锅时，他的脸色更惨白了。这时部落首领当众脱了皇帝的衣服，他们看到了一件完美无瑕的祭品，既漂亮，又没有一点儿疤痕。

原来他们要祭祀的满月神是象征完美的神，所以，祭祀品不能有丝毫残缺，以往的祭品虽无瑕疵，但皮肤是无法与皇帝相比的。正在此时，部落首领却发现皇帝的小指头缺了半截，他咬牙切齿地咒骂了很长时间，才下令说："放了这个废人，再找另外一个完美的人。"脱困的皇帝十分高兴，他飞奔回宫，马上叫人释放了宰相，并在花园中设宴款待他。

皇帝一边向宰相敬酒一边说："你说的果然一点儿不错，这一切居然都是最好的安排，假如我不是被狮子咬了一口，恐怕今天就要丢了性命。"

宰相回敬皇帝说："贺喜皇上对人生的体验又深了一层。"过了一会儿，皇帝忽然问宰相说："我幸运地捡回一条命，当然算是最好的安排，但是你却被毫无道理地关在监狱里一个月，这又怎么解释呢？"

宰相喝下一口酒，不在意地对皇帝说："皇上，您把我关在监狱里，的确也是最好的安排。您想一下，假如不是我在监狱里，那么我一定会陪您去微服私巡，等到这个部落的人发现皇帝您不适合拿来祭祀神的时候，谁会被当成祭品呢？是不是我呢？所以，我要为皇帝将我关进监狱而向您敬酒，您同样救了我一命。"

人的一生中有得也会有失，有高潮也有低谷，甚至有时候不幸都会变成万幸。

在对待成败、得失、幸与不幸的问题上，应该有一种豁达的态度，珍视人生的每一份情感，不管发生什么事，都应该认为是最好的安排，都是人生必须经历的。这样，在很多挫折和不幸面前，你才能坦然面对，走好以后的路。

卷五

欲临死而无贪恋，须向生时事事看得轻

天也空，地也空，人生渺渺在其中。日也空，月也空，东升西坠为谁功？金也空，银也空，死后何曾在手中！妻也空，子也空，黄泉路上不相逢！权也空，名也空，转眼荒郊土一封！

豁达乐观，带着轻松上路

庄子曾说过："死生为昼夜"，不过是自然规律的一个程序而已。生固可欣，死亦坦然，"云散水流去，寂然天地空"，没有什么可悲观的。这就是说："活得要潇洒，死得要安祥。"

有一次，著名教育家夏丏尊去拜访弘一法师，两人陋舍竹椅，相谈甚欢，不知不觉间午餐时间就到了，于是弘一法师招待夏先生吃饭。夏丏尊不便推辞，也就应了下来，可是走到饭桌前一看，弘一法师端上来的除了白花花的米饭，就是些咸菜。虽然夏丏尊先生平日生活一向俭朴，但也觉得这咸菜入口难咽，再看坐在对面的弘一法师吃得津津有味。

于是，夏丏尊先生便放下手中的碗筷，心有不忍地对大师说："大师，您难道不嫌这咸菜太咸了吗？"弘一法师看着他哈哈大笑起来，回答说："咸有咸的味道！"过了一会儿，吃完饭，两人坐在外边的椅子上开始喝水。

弘一法师招呼朋友坐下之后，就去端了两杯水，夏丏尊先生一看竟然是两杯清澈的白开水，禁不住皱着眉头说："难道您的家里没有茶叶吗？怎么每天都喝这清淡无味的白开水？"

弘一法师又是呵呵一笑，说："开水虽淡，但淡也有淡的味道。"

《菜根谭》中有云："君子如水，随方就圆，无处不自在。"一个人自在乐观的心境就如水一般可以适应任何环境，不去抱怨外在的世界，而是不断调适自己的内心，这才是智者的生活方式。咸淡有味的境界就如宋代无门和尚所作的禅诗："春有百花秋有月，夏有凉风冬有雪。若无闲事在心头，便是人间好时节。"揭示出了同一个道理，即"随所住处恒安乐"。

常言道："人生不如意事常八九""柴米油盐酱醋茶，件件都要心中挂"，人活在世上必定会遭遇不如意和困境，也会有很多的烦恼、忧愁，不是每一件事情我们都能完满地解决，于是便有了嫉妒、愤怒、悲观、自卑、自惭等一些不好的心境。这时我们就要想办法让自己的心灵平静下来，学一学宋朝诗人杨万里的"风力掀天浪打头，只须一笑不须愁"的洒脱。

当不幸降临到我们身上时，要学着乐观地面对，像一个真正的君子那样，做到一切"坦荡荡"，这样不幸就会很快过去，生活又充满了阳光。

四祖道信禅师未开悟之时，曾向三祖僧璨禅师请教佛法禅意。一日，他诚恳地向三祖僧璨禅师请求说："大师，我觉得人生太过苦恼，希望您能给我指引一条解脱的道路。"

三祖僧璨禅师沉静地看了他一眼，随即反问道："是谁捆绑住你了吗？"

道信禅师想了想，诚实地回答："世上无人绑着我。"

三祖僧璨禅师笑道："世上既然无人捆绑着你，你就是自由的，已经解脱了，你又何必还在苦苦寻求解脱呢？"

后来希适禅师在接引学僧时，也将三祖僧璨禅师这种活泼、机智的禅机发挥到极致。有一次，有一个学僧问希适禅师："大师，如何才能求得一方净土呢？"

希适禅师答道："世上有谁污染了你？"

学僧不解其意，继续追问："如何才能达到涅槃永生的境界呢？"

希适禅师答道："谁给了你生与死？谁告诉你生与死的区别？"

这位学僧在希适禅师的步步逼问下，由最初的迷惑不解，继而到恍然大悟，终于明白心中本无事、作茧乃自缚的道理。

其实，做人就如参禅一样，不要庸人自扰，更不要悲观厌世，而是应该学习儒家说的"君子坦荡荡"和佛家所言的"本来无一物，何处

惹尘埃"的潇洒和乐观，不抱怨世界，更不抱怨生活，释然地接受世上一切的磨难和挫折，轻松、愉悦地游走在纷繁的世间。

感谢给你逆境的众生

世间常道："逆境出人才。"释尊有言："人在顺境中是不能修行成佛的。"可见逆境于人十分重要。然而，世间人性趋利避害、好逸恶劳，所以，乐见于顺境中享受人生，而对逆境充满憎厌之心。

其实，人生最出色的演绎基本上都是在逆境中产生的。逆境是人生的考验，也是人生的磨炼。没有经历过逆境的人是可悲的，没有逆境体验的人是可怜的。

因为逆境是成长必经的过程，只有勇于接受逆境的人，其人生才会有所突破。相反，没有经历过逆境，甚或不敢接受逆境的考验，则必然不能承受人生之风霜雨雪，除非他的人生永远一帆风顺、毫无波澜，否则，就会折戟沉沙，绝无幸理。

然而，世间又怎么会有不遭遇逆境的人呢？当你遇到逆境时，你的态度是什么？又是怎样做的呢？

古印度经常发生干旱或水灾，老百姓们常常失去收成，过着饥肠辘辘的日子。当时有一位婆罗门，不忍心看到人们总是饥饿度日，便每天到神庙里祈求大梵天，希望能够免去人间的灾难，让所有的人都过上饱暖的日子，再也不必忍饥挨饿。

大概是婆罗门的虔诚感动了大梵天。这天清晨，大梵天降临人间，来到了他的面前。

婆罗门叩拜道："尊敬的大梵天啊，所有的人都敬拜您，而您却常常让土地干旱或洪水成灾，导致农民失去收成，让人们过饥饿的日子，您怎么可以这样做呢？如果可以的话，还是让我来教您点儿东西吧。"

听完婆罗门略有几分不敬的埋怨之言，大梵天竟然没有生气，而是微笑地看着婆罗门，说："那就请你教我吧。"

婆罗门说："那么，我们就定下一年的约期吧，在这一年中，请您按照我说的去做。一年之后，您就会看到一个没有贫穷和饥饿的美好世界。"

大梵天答应了婆罗门的请求。

婆罗门提出了他的要求："在这一年里，不要狂风暴雨，不要电闪雷鸣，不要任何对庄稼有危害的自然灾害发生。"

当婆罗门认为该出太阳了，就会阳光普照；若是觉得该下点儿雨，雨滴就马上从天而降；若是雨下得多了，可以让雨马上停止。这样的环境实在是太好了，庄稼也长得很好。

转眼之间，一年过去了，到了该收成的时候，婆罗门向大梵天祷告："大梵天，您瞧瞧，如果一直都这样，人们就算不干活也不会饿死了。"

大梵天没有回话，只是微笑地看着大地上忙着收割庄稼的人们。

当人们割下庄稼的时候，发现庄稼的重量比往年的轻，都觉得很奇怪。剖开麦穗，发现里面竟然空荡荡的。

婆罗门慌了，向天叩拜道："大梵天呀，这究竟是怎么一回事呀？"

大梵天依然微笑，看着婆罗门说："那是因为庄稼都过得太舒服了，没有受到任何打击的缘故。这一年里，它们没经过风吹雨打，也没受到过烈日煎熬。你帮它们避免了一切可能伤害它们的事情。没错，它们长得又高又好，但是你也看见了，麦穗里什么都结不出来……"大梵天的话，让好心的婆罗门目瞪口呆。

过太舒服的生活会消磨你的意志，让你停滞不前。若你只想苟且偷生，反而会死亡；若你只想苟且得利，必然会带来危害；想把懈怠、懒惰、散漫、懦弱当成安逸，必定会有危险；想把恣情欢乐看成是乐，就肯定会灭亡。

人生需要体验，需要经历，需要磨炼。没有体验的人，心灵是不实的；没有经历的人，智慧是虚假的；没有磨炼的人，人生是失败的。

有个男孩在草地上发现了一个蛹，他把蛹捡起来带回家，要看看蛹到底是怎样孵化成蝴蝶的。过了几天，蛹上面出现了一道小裂缝，里面的蝴蝶挣扎了好几个小时，身体似乎被卡住了，一直无法出来。

这个男孩很有慈悲心肠。他看到蝴蝶挣扎，似乎十分痛苦。不忍之下，他拿起剪刀把蛹剪开并帮助蝴蝶脱蛹而出。

然而，这只蝴蝶并没有因为男孩的帮助而得救，它的身躯臃肿，翅膀干瘪，根本飞不起来，不久，蝴蝶就死去了。

男孩好心办坏事，是因为他不明白逆境成才的道理。虽然他的慈悲心是好的，但是不明事理的慈悲心是可怕的。

蝶蛹的故事告诉我们，不只是人需要逆境，世间万物之发展都需要逆境。瓜熟蒂落，水到渠成。不经历风雨，怎能见彩虹？

释尊为求了脱生死、解救众生的真理，抛弃安逸的王族生活，经历了万千苦行、无数的磨炼，最终才证道菩提。人只有经历了痛苦的挣扎，臂膀才会有力，心灵才会强大。

磨炼、挫折、挣扎，是成长必经的过程。人生必须背负重担，一步一步慢慢地走，总有一天，你会发现自己才是走得最远的人。逆境对弱者而言是一种打击，对强者而言却是一种激励。

当磨难来临时，不要埋怨老天，也不要去埋怨别人，更不要埋怨自己。当你遭遇失败时，不要以为世界放弃了你，更不要认为自己是一个笨蛋。你要学会感谢周围的一切，感谢人生中的欢乐，让你获得了美的享受；感谢人生中的苦难，让你变得更加坚强。

不妄语，口出狂言不可取

佛门十戒当中，有一戒就是不妄语戒。何为不妄语？简单来讲，就是不要说大话。那么常听人说："佛门不打诳语。"诳语又是何意呢？其实就是不要说谎话。总的来说，就是告诫人们不要随便乱讲话，不说大话和谎话。

《大智度论》中有这样一则故事：

释尊的儿子罗睺罗，年龄很小时不懂事，学会了打诳语。有人来问他："世尊在吗？"他就骗人说："不在。"而世尊不在的时候，有人问：

"世尊在否？"他却说："在。"结果，很多人都被罗睺罗骗了。

有人把这个情况告诉了释尊，释尊就对罗睺罗说："你去拿澡盆取水来给我洗一下脚。"洗完了脚后，释尊对罗睺罗说："把这个澡盆颠倒过来！"

罗睺罗就把这个澡盆颠倒过来。释尊又说："你给这个澡盆注水！"罗睺罗傻眼了，澡盆已经翻了过来，没办法盛住水。

释尊便对他说："你看看，那些无惭愧之人打诳语，就是把自己的心颠倒了，佛法也无法进入此人的心田，这个道理就如同水无法注入颠倒的澡盆一样。"

佛法是善法，当一个人乱讲话时，他的心里就不会有善法。因此，不能乱讲话，特别是不能说大话和谎话。

人生在世，人人都藏了一肚子话，都有表达的欲望，但并非每个人都真正懂得正确表达的方法。很多人因为不懂得正确表达的方法，而说错话，惹来非议，甚至与人结怨。

所谓"祸从口出"，不是没有道理的。因此，尽管现代生活需要人多说话，鼓励表达，但要注意分寸。

有的人喜欢多说关于自己的话，多半是自己的亲身经历或独特的观点，一旦兴起就易吹嘘，在别人看来一个说话浮夸的人做事也不会稳重。

就算没有什么吹嘘的成分，如此轻易表露自己的所有情绪，也会让自己的气质低落三分。有的人喜欢说东家长、西家短，没完没了的闲言闲语往往会缺乏新意，令人生厌。

公交车上有不少类似的场景，两个人一前一后高声地聊邻居的儿子找不到女朋友或者某某亲戚家拆迁拆成百万富翁等，一路上，笑谈甚欢，此起彼伏，完全不顾其他乘客投来的鄙夷目光。

随便乱讲话是得不到别人好感的，长舌的人向来让人鄙夷。因此，无论是为人处世，还是修身养性，都应该管好自己的嘴巴，避免胡乱讲话的习惯，不妄语、不诳语。

那么，是不是一点儿妄语都不能说，一点诳语都不能打呢？原则上是，但也有例外的情况。这就要从持戒的精神上来说了。

不妄语、不绮语，并不代表我们不能说话，持戒不是表面功夫，一定要知道它的精神，要领会它的用意，要明白在日常生活中如何去活用，这个很关键。

须知，戒律不是死的，如果是对众生有利益的，这个时候叫开戒，不叫破戒；如果是对自己有利益的，那叫破戒，不叫开戒。也就是说，为了众生的利益，你是可以说一点儿妄语，打一点儿绮语的。

《佛说未曾有因缘经》中有一则故事，很好地解释了开戒的意义：

波斯匿王去野外狩猎，突然觉得肚子饿了，便吩咐左右喊厨师拿饭来吃。随从急忙过来告知说："王啊！我们出来时就没有带厨师啊！无食物可食，饿着肚子还怎么狩猎呢？"

于是，波斯匿王只好打道回府。回到王宫，波斯匿王急忙命厨师拿食物来吃。厨师修迦罗言："王，对不起，当下没有食物可食，我立即去做。"

王一听大怒："我都快饿死了，你却说没食物给我吃。那还要你做什么？拉出去斩了。"

这时，末利夫人听说国王要杀厨师，心生怜惜。为了救修迦罗的性命，一向持戒的末利夫人只好开戒。

末利夫人带上做好的美味佳肴，带上伎乐、舞女，前往国王的住所，与王一起饮酒食肉，观赏歌舞。而国王有酒、有肉、有歌舞、有夫人陪着，自然火气全无。

末利夫人知道国王的气已消不会再杀厨师了，于是她假传国王的旨意告诉大臣们厨师不用杀了。

第二天国王为自己一时冲动而杀了厨师郁闷不乐。末利夫人问："国王为什么事情这样忧愁不乐呢？"

波斯匿王说："唉，因我一时糊涂，昨日冲动之下把修迦罗给杀了。"

末利夫人笑着说："如果是为了这件事情，王大可不必再愁了。因为这个人还在啊！"

波斯匿王知道后非常高兴。

末利夫人在一天里破了两条戒律，饮酒和妄语。但她却救了两个人，修迦罗的性命得以保全，波斯匿王避免枉造杀业。

这个故事告诉我们，凡是一切戒律，只要是利益众生的，开戒是有功德的。凡是为了自己的利益而破戒，则是有罪的。

所以，从原则上来说，妄语、诳语是不好的，为人处世、修身养性，就要修口德，不能造口业，不能乱说话。但佛法不是僵化的，戒律也不是死的，持戒修行的人要注意，最根本的点还在于你是否有善心。若你有善心，利益众生而说诳语，这是不打紧的，但若你只是想着为自己的利益而妄语，那就是罪过。

金无足赤，人无完人

"金无足赤，人无完人。"生活中不可能有绝对完美的人和事。追求完美没有错，因为只有精益求精才能不断向前。但是，如果苛求完美，人不仅会活得很累，而且还可能适得其反。

有些人坚持完美主义，他们对那个永远不可能实现的目标孜孜不倦地追求，他们的身体累，心灵更累。然而，不管他们多么执著和努力，到最后，完美主义的幻想还是会破灭。

追求完美的人最终会被自己的行为所累，也会在这个过程中失去很多东西。

有一个小木轮发现自己身上少了一块木片，为了补上这一缺憾，它决定去寻找一块和自己丢失的一样的木片。

于是，它开始了长途跋涉，但由于缺了一块，不够圆，所以它走得非常慢。

此时正值春暖花开的季节，路边的风景很美，百花齐放，众鸟齐鸣。小木轮边走边欣赏风景，它从来没有这样充分感受到春天的美丽。不知道就这样走了多久，它终于发现了一块和自己的缺口一样的木片，它高兴地将其装在身上。

这下终于完美了，它高兴地想。

　　然后，小木轮重新出发了。它飞快地滚动着，并为自己的完美欢呼。

　　可是，没过多久，它就泄劲了。因为它再也没有时间和机会欣赏路边的野花，聆听小鸟的歌唱了，单调的赶路只让它感觉到枯燥和乏味。

　　于是，经过再三思量，它还是将那块木片卸了下来，重新带着缺憾慢慢上路。这样，那种快乐的心情也重新回来了。

　　小木轮的故事告诉我们，很多时候，放弃对完美的追求，正视缺憾，反而能够更从容地对待生活，深刻地体会到生活的意义。每个人都不是完美的，但是只要存在就一定有其存在的价值，放弃计较，顺其自然，反而会收获另外一种美。

　　一所寺庙里有两个木桶，一个木桶有一条裂缝，另一个木桶则完好无损。完好的木桶总能把水从山脚下运到寺庙里，而那个破损的木桶在到达寺庙时，里面只剩下半桶水了。

　　那个完好的木桶不禁为自己的成就和完美感到骄傲，而那个有裂缝的木桶因自己天生的裂痕而时常感到惭愧和自卑，心里一直很难过。两年后的一天，有裂缝的木桶在小溪边对挑水的小和尚说："我为自己感到惭愧，我要向你道歉。"

　　小和尚问："你为什么要感到惭愧？"

　　有裂缝的木桶答道："在过去的两年中，在你到寺庙的路上，水从我的裂缝中渗出，我只能运半桶水。你尽了自己的全力，却没有得到你应得的回报。"

　　小和尚听后说："在我们回寺庙的路上，我希望你注意到小路旁那些美丽的花儿。"

　　当再度上山时，那个有裂缝的木桶看见太阳正照在小路旁边那些灿烂的鲜花上。这美好的景象使有裂缝的木桶感到一丝快乐。

　　小和尚说："难道你没有注意到刚才那些美丽的花儿只长在你这边，并没有长在完美的木桶那边吗？我早知道你有裂缝，所以我在你这边撒下了许多花种。每天我们从小溪边回来的时候，你就浇灌着它们。因为有你，才有这一片美丽的鲜花，所以，你根本不必难过。"

　　太完美的东西，不一定最有价值，也不一定最动人。所以，我们不必太苛求完美，不必为缺憾而怨天尤人、斤斤计较，也不必去妒忌别人，或者与人攀比。我们要顺其自然，学会乐观，只有这样，我们的心态才能更从容、平和，日子才会过得更轻松、快乐。

降伏自心，收获宁静

有位道文法师是天台宗的学者，从二十多岁起一直研究天台教义，已经有三十多年了。他听说真观禅师的声名，便去拜访，非常诚恳地说："我自幼研习天台法华思想，然而有一个问题至今不解，希望禅师指点。"

真观禅师非常爽快地说："天台法华的思想博大精深、圆融无碍，应该问题很多，而你只有一个问题不解，不知是什么样的问题呢？"

道文法师问道："《法华经》有云：'情与无情，同圆种智'，这岂非就是说树木花草皆能成佛吗？那么，禅师，您认为花草成佛真有可能吗？"

真观禅师不答反问："三十年来，你就一直在想花草树木能否成佛吗？那么，请问，这对你的修行有何益处呢？你应该关心的是你自己如何成佛，而不是花草树木能否成佛。"

道文法师一愣，沉默了一会儿，似有所悟。随之又问："那么请问禅师，我自己该如何成佛？"

真观禅师顺口便说："你不是说只有一个问题问我吗？关于第二个问题，就要你自己去解决了。"

真观禅师回答的玄机奥妙其实就是要管好自己，而不要攀援其他。花草树木能不能成佛，不关你的事，你要管的是你自己。

持戒的奥义就在于管好自己。然而，在现实生活中，人们颇好指责他人，而对于自己的事情却很少在意。

但是，我们不能从指责他人的做法上得到任何教益，反而会因为指责他人而受到对方的怨恨，造成无谓的烦恼和冲突。

古诗有言："闲谈莫论人是非，静坐常思己之过。"与其指责别人，说别人的是非，还不如多反思自己的行为，看看有没有什么过错要改正。

管好自己，避免指责别人，在某种程度上能够避免很多是非，更何况这本就是修行人必须秉持的一种生活理念。其实，这与佛家讲的持戒有异曲同工之妙。

佛家认为，人应该降伏自己的身心。首先，必须端正自己的行为，严守戒律而不逾。修行，顾名思义，首先就是要修正自己的外在行为。

其次，必须端正自己的看法，改变自己的态度。从思想上端正自己的态度，改变错误的、消极的人生态度，改变自己对世界的执著看法，从而让身心得到宁静。

在降伏自己的修正过程中，以上两个方面都十分重要，特别是第二个方面，其实就是要我们降伏自己的内心。

要知道一个人的心可以使人成为佛，也可以使人成为邪魔。心悟，此人成佛；心迷，此人可以成为邪魔。所以，我们必须降伏自心，不要使它离开正轨而入歧途。

当一个人修正了行为、宁静了身心，就真正地降伏了自己，掌握了自己的人生与命运，而不会随波逐流，成为无根浮萍，无所依处。

因此，不要以为佛法有多么深奥，其实它就是指导人们如何生活得更美好的实实在在的一些道理。

《阿含经》中有云："统治百万大军，不如降伏自己。"一句话，佛法的根本之处就在于降伏自己，如此而已。

释尊当年出家悟道，所做的功夫就是降伏自己而已。他整天都是看自己的过失，去除自己的习气，忏悔自己的业障，调整自己的行为，最终统治自己内心的世界，从而明心见性，了脱生死烦恼，直超彼岸。

释尊成就之后，每天教导弟子，观照自己的内心，放下贪嗔，去除痴妄等方便法门，莫不是从降伏自我身心这一根本法门为出发点的。

所以，每天拜多少佛、诵多少经，都是虚的，你的修行是否合格，不是看你拜了多少佛、诵了多少经，而是要看实实在在的东西，就是你的行为是否端正，你的心是否虔诚，你做人做得好不好。

如若你的行为不端正，自心不降伏，行为乖戾，思想癫狂，就算有绝顶才华，也不会给你带来好运，只会给你制造烦恼。

因此，我们要降伏自己的心，要远离贪嗔、痴妄，使自己行于正轨，使自己内心清净。持戒其实就是降伏自己身心的一种方法。通过持戒，我们可以灭除心中的贪嗔、痴妄等不良的心念。当然，持戒并不容易，虽然是佛祖传下的方便法门，若没有坚定的毅力，持戒也只会成为玩笑。

学佛就要学会降伏自己。人生在世，最大的敌人不是别人，而是你自己。人只有战胜自己，才能掌握自己、超越自己，走向人生的巅峰。

不为昨天悲伤，不为明天担忧

有一个居士，每天清晨起床，打扫寺庙的院子。其实，寺庙的院子已经让他打扫得一尘不染了，根本就没有可打扫的东西。可是，居士每天还是坚持做这个工作，日复一日、年复一年地清扫着寺庙的每个角落。

尤其是当秋季来临时，树叶纷纷落在地上，好像在等待着居士来清扫。扫落叶是一件苦差，尤其是在秋冬之际，寒风凛冽，树叶随风起舞，不知会落在哪儿。可是，居士从来没有抱怨过，只是每天多花一些时间去清扫地上的树叶。后来，有个小和尚对他说："你为什么不去摇晃一下树呢？"

居士疑惑地说："为何要摇晃树呢？"

小和尚微微一笑说："你把树上的树叶摇晃下来，就不用再烦恼了。"

居士顿时恍然大悟，说："此办法真妙，明日我就这么做。"

于是，第二天居士早早地起床，摇晃着每棵大树。他心想："以后再也不用清扫树叶了。"

第二天，居士高兴地去打扫院子，当他看着地上的树叶时，心情顿

时低落了。

这时，方丈看见居士不高兴的样子，便问："为何愁眉苦脸的，有心事吗？"

居士就把自己做的事告知了方丈。

方丈笑着说："你摇晃树是昨天的事，并不是今日。但是，假如你今天再次用力摇晃树，明日树叶还是会落在地上。"

居士默默地低下头，说："方丈，我知道错了。昨天的事，不应拿到今天来做。因为昨天已经逝去，明天不可预期，只有做好今天的事，才不会为明日烦恼。"

昨天已经成为历史，明日只是一个未知数。只有今日，才是属于自己的。居士终于明白了，世上没有事情是可以提前预支的。要想好好地工作，必须对工作负责，把握今日无疑是最正确的工作态度。所以，我们要珍惜每一天，因为每天对我们来说只有一次，必须把握今日，明日才会更美好。

一位书生远道而来拜访禅师，"请问禅师，您觉得哪一天对您来说最重要？是出生的那一天，还是出家的那一天？"书生谦虚地问。

"你说的那两天都不是，对我来说最重要的是今天。"禅师礼貌地回答。

"为什么是今天，而不是您出家那天呢？"书生带着疑问再次问道。

禅师微微一笑，说："今天确实没有重要的事情发生，可是有一位远道而来的朋友来跟我谈法，你说重要不重要？"

书生巧妙地接过话题，说："禅师说的远道而来的朋友是我吗？"

禅师回答："对，因为你的到来，让我们在这里相识、相知，一起谈论佛法，也是我们一起拥有的唯一财富。无论昨日是多么精彩、多么重要，可是昨日里没有你我的影像。同时，明日也是一样，无法预知，为何还要为其烦恼呢？只有今日，才属于我们。"

书生还想再问禅师。

这时，禅师对书生说："今日，我们谈论了很多，也浪费了今日的时间，我们拥有今日的快乐，明日如何，无人可知，为何还要谈论呢？剩下的只有你自己参悟了，去领会明日的未知。"

于是，书生便向禅师告辞下山了。

人生要往前看，不要回头看过去。我们如果不知道探索前方，一味地回顾往事，只有悲伤，人也会无精打采、昏沉度日。因为，我们不知今日该如何做，从而会为明日烦恼。所以，人不要活在回忆中，要去做有意义的事情。何必为无所谓的事情浪费自己的生命和快乐呢？要学会让自己从悲伤中解脱出来，全身心地投入自己喜爱的事情中，排解心中的不快。

现实生活中，有些人整日混日子，时间就会在不知不觉中流失。假如，你今天做生意赔了，想明天再赚回来。可是，你真的能预知明日吗？明日的预知只是一种赌博。

但如果失去了今天，却无法在明天找回来。所以，我们要做到"今日事，今日做，别为过去后悔，要为明日而奋斗"。这样的处事风格，只会让自己做事干净利落，从而提高自己的办事效率，同时自己也会快乐，不会为明日而烦恼。

有句话说："昨日是神话，明日是艺术，唯独今日是金子。"其寓意是，不要回首昨天，要把握今日，因为明日是无期限的，不必烦恼。其实，对我们而言最重要的是把握今日，不再为过去虚度光阴而懊恼，那么，明天就不会为今日的浪费而后悔。总之，别让今天从身边悄然溜走！

把自己看低一些，再低一些

有一位修为极高的武术大师隐居在深山丛林之中，人们听闻他的名声之后，风尘仆仆地不远万里来寻找他，想跟他学习武术方面的窍门。

人们终于在一座山上找到了这位大师，发现他正从山谷里挑水。他挑得不多，两只木桶里水都没有装满，但是按照人们的想象，像他这样的大师，应该能挑很大的桶而且挑得满满的。于是，他们不解地问："大师，这是什么道理？"

大师笑着说："挑水之道并不在于挑多，而在于挑得够用，一味地贪多，适得其反。"听完这句话，众人心中更加疑惑。

大师见众人还不能理解，就让他们中间的一个人从山谷里打来两满桶水。

只见那人挑得非常吃力，左摇右晃，没走几步，就跌倒在地上。木桶里的水全都洒了，那人的膝盖也摔破了。

大师说："水洒了，岂不是还得重打一桶吗？膝盖破了，走路艰难，岂不是比刚才挑得更少吗？"

众人就问："大师，请问具体挑多少，你要怎么估计呢？"

大师笑道："你们看这只桶上画着的线了吗？这是底线，水绝对不能高于这条线，高了就超过了自己的能力和需要。刚开始需要画一条线，但挑的次数多了就用不着看这条线了，凭感觉就知道是多是少。这条线，就是在提醒我们，凡事要循序渐进、量力而行，好高骛远就会得不偿失。"

众人又问："那底线应定多低呢？"

大师说："通常是越低越好，因为低的目标容易实现，而人也不会因为受过多的挫折而失去勇气，相反会培养起更大的兴趣和热情。长此以往，循序渐进，自然会挑得更多、挑得更稳。"

人们只有根据自己的实际能力和自身力量，选准正确的方向，脚踏实地地努力前行，才能到达成功的顶峰。

自以为是和好高骛远只能成为自己成功路上的绊脚石，让自己离真正的成功越来越远。

现实生活中，人们在面对领导或那些成就比自己高很多的人时，心中总会产生一些嫉妒和不满，认为拥有能力、才学的自己假如坐到那个位置，能取得的成就必定比别人强千倍百倍，于是抱怨丛生，甚至不考虑后果地去做事情，最终只能失败而归。

有一个对自己的老师深感失望的年轻人，不远万里来到法门寺，对住持释圆禅师说："大师，我一心一意要学习丹青，但直至今日也没有寻到一位令我满意的老师，很多人都是徒有虚名，虽被世人尊称为丹青大师，但有些人的画技还不如我呢。"

释圆禅师听了淡淡一笑，说："老衲虽然不懂丹青，但平时也颇爱收集一些名家字画。既然施主说自己画技不比那些丹青名家逊色，就烦劳施主为老衲留下一幅墨宝吧。"

年轻人没有推辞，而是问道："大师想要我画什么呢？"

释圆禅师说："我平日最大的嗜好就是品茶，尤其喜爱那些造型古朴、典雅的茶具，不如就请你为我画一幅茶杯与茶壶吧。"

年轻人二话不说，铺开宣纸，挥毫而下，只寥寥数笔，一个倾斜的水壶和一只造型典雅的茶杯就画成了。这幅画栩栩如生，画中的水壶嘴正徐徐流出一道茶水来，注入杯中。

年轻人得意地问："大师，这幅画你可满意？"

没想到释圆禅师只是微微一笑，摇了摇头说："年轻人，你画得是不错，只是将茶壶和茶杯的位置弄颠倒了，应该是茶杯在上，茶壶在下啊！"

年轻人听后，禁不住笑道："大师缘何如此糊涂，哪有茶杯往茶壶里注水的？"

释圆禅师说："施主，这个道理原来你懂啊。你既然渴望自己的杯子里注入那些丹青高手的香茗，却为何总把自己的杯子放得比茶壶还高，那名家香茗又怎么注入你的杯子呢？涧谷自低，才得一脉清泉，人只有把自己放低，才能吸纳别人的智慧和经验。为人处世和做学问都应该如此啊！"

年轻人翻然醒悟。

人生的境遇有时就像是水里的茶一样，起起伏伏。然而最终能让人明白人生真谛的，往往也是这些起起伏伏的过程。有本领的人，要学着把自己看得低一些；失意的人，要学会忍耐寂寞，努力地沉淀自己，这样最终才能获得成功。

给别人留空间，就是给自己留余地

古语云："利不可赚尽，富不可享尽，势不可用尽。"其寓意是，给别人留下空间，实际上是给自己留下余地。人做事，凡事要有一个度。

有一天，寺庙的小和尚去河边担水，在回来的路上被小蛇咬伤了。他回到寺庙，让师兄帮助自己处理完伤口后，便拿起竹条，准备去打小蛇。

了空法师看见小和尚，便问："这是要去哪里呀？"小和尚把自己受伤的事讲给了空法师听。

了空法师又问："你脚上的伤口还疼吗？"小和尚说："不疼了，已经好多了。"

"既然不疼了，为何还去后山打小蛇？"

"因为我怨恨它咬我。"

了空法师微微笑道："它咬你，你恨它；若你踩它，那它也会反过来恨你，也会咬你。你可是寺庙里的和尚，更要懂得宽容两字。"

小和尚着急地说："难道就白让它咬我了吗？"

了空法师微微一笑说："若你伤害到小蛇，那么它的家人也会来找你呀！做人要学会宽容，不要因为一件小事而起怨恨。"

小和尚呆呆地望着了空法师，不知该说什么。

了空法师慢慢地说："人在世上，对别人多一点儿宽容，就是让自己的生活中多一点儿空间。"

小和尚说："我不是高僧，无法做到心中无恨。"

了空法师说："要成为一代高僧，必须学会忘记仇恨，解开对方的仇恨。能做到这几点，你以后离高僧的境界就会更近了。"

小和尚点点头。

不久以后，小和尚学会了宽容待人，同时在修行的路上也学会了如何开导有恨之人，最终成为一代高僧。

在现实生活中，用宽容之心看待世界，你在人生之路上就会多一些朋友，不会孤独和寂寞；在有朋友的生活中，就会少了风雨，多了一些阳光。在面对别人的缺点时，要学会包容，因为，我们本身也有缺点，也需要别人包容。所以，多一分宽容，就会多一分理解；多一分善良，就多一分希望，最终人生会奏出动人的旋律。

宽容待人，是一种高尚、一种洒脱、一种美德。佛曰："大肚能容，容天容地，于己何所不容；开口便笑，笑古笑今，凡事付之一笑。"其寓意是，做人要学会无所不容，容别人的过失、容别人难容之事，做到严于律己、宽以待人。人生在世，难免会出错，比如人说错话时、做错事时，总希望能得到别人的谅解和宽容。朱德曾说过："腹中天地阔，常有渡人船。"其实，你善待别人，尽可能地给予他人帮助，对别人多一些理解，也是为了让自己看到更美好的天空。

大山不语，是因为它给人宽容，才有美丽的风景；大海宽广，是因为它的宽容，才有深邃、博大的底蕴；谷穗低头，是因为它的宽容，才会奉献给人们果实。

东晋时，有一个名叫沈麟士的人，人称"织帘先生"，他为人处世的方式就是"宽以待人"。村里的人都说他是菩萨转世，老好人。

沈麟士少时家贫如洗，以织帘为生，好学不倦，阅读经、史、子、集四部，是一位博学多才的人。令沈麟士名垂千古的不是他织帘的手艺精湛，而是他为人处世的作风。因为，他一向对人友善，从来没有过红脸的时候。有一次，邻居丢了鞋，看到沈麟士穿着和自己一样的鞋，就对他说："你穿的鞋是我的。"

沈麟士说："哦！原来我脚上的这双鞋是大哥的。"说着就把鞋脱下来给邻居。

过了不久以后，邻居找到了自己丢失的鞋，就对沈麟士说："对不起，我冤枉了你。"然后把鞋还给了沈麟士。

沈麟士笑着说："哦，这不是你丢失的那双鞋吗？"他笑脸迎人地接过鞋，自始至终，他都是以宽容之心对待邻居的错误和道歉。

宽以待人在为人处世中极为重要，所谓"与人方便，与己方便"。

原谅别人的过失，帮助别人改正错误，相当于给了自己一片晴朗的天空。

在生活中，宽容是一种高姿态、高风格。当然，宽容是在不违背原则的前提下的一种理解和谅解，是一种诚实。所以，每个人都需要宽容，都需要把握宽容的度，这样你才会处理好每一件事。

宽容待人，不必苛求这个世界

佛说："这个世间只有圆滑的，没有圆满的。"

印度著名哲学家、诗人泰戈尔说："最好的东西不是独来的，它伴了所有的东西同来。"万物皆不完美，人生总有缺憾。当你凡事苛求十全十美时，结果只能让自己因沉重的心理负担而郁郁寡欢。唯有懂得遗憾也是一种美，没有遗憾的人生是不完整的，才能使自己活得从容、轻松和淡然。

有一个伟大的雕塑家，他的雕塑艺术非常完美，以至于当他完成一尊雕像时，很多人几乎都难以分辨出哪个是真人、哪个是雕像。

一天，有一个占卜大师对雕刻家说："你的死期即将来临，请做好准备吧。"

雕刻家非常伤心，也很害怕，就像很多人一样，他也想逃避死亡。他静心思索了一段时间，最后终于想到了一个逃避死亡的方法，他做了11个自己的雕像，用以迷惑死神的眼睛。

当死神来敲门时，雕塑家就藏在那11个雕像之间，并且屏住了呼吸。死神感到非常纳闷，他简直不敢相信自己的眼睛："上帝的创造总是独一无二的，绝对不会创造出两个完全一样的人。到底是怎么回事？12个人一模一样？我应该带走哪一个呢？"

死神无法做决定，只好带着困惑回去问上帝："您到底做了什么啊？居然会有12个一模一样的人，而我要带走的只有一个，我到底该如何选择？"

上帝微笑地把死神叫到身旁，在他耳旁耳语了几句——一个能在"赝品"中找出真品的方法。

他给了死神一个秘密暗号，并且交代说："你到了那个雕塑家的房间以后，说出这个暗号就行。"

死神问："真的有用吗？"上帝说："不用担心，试过就知道了。"

带着半信半疑的心情，死神回到了雕塑家的房间。他往四周看了看，然后说："先生，一切都非常完美，只有一件小事例外。你做得非常好，但是你忽略了一点，所以仍然有个小小的瑕疵。"

雕塑家一听说有瑕疵，立刻忍不住跳了出来，问道："什么瑕疵？哪里有瑕疵？"

死神笑着说："这下抓到你了吧，这就是瑕疵——你过分追求完美，天堂都没有完美的东西，更何况是人间呢！别废话了，快跟我走吧！"

的确，天堂都没有完美的东西，更何况是人间？你还在事事追求完美吗？

你真的以为世界上会有完美的人和东西吗？如果是，那么你只是在浪费本来就少得可怜的时间。

放弃完美主义吧，不要把你有限的生命浪费在虚无缥缈的完美之中。对别人太过苛求，对事情太过追求完美，到最后恐怕连你应该得到的都会失去。

一天，一个头戴小红帽的小男孩和母亲到海边散步。突然，不知从什么地方打来一个巨浪，转眼间把小男孩卷进了大海。母亲被突如其来的灾难吓得惊恐万分、手足无措，她连忙冲着大海跪下来，抬起头望着天空，祈求菩萨把宝贝儿子还给她。

正巧，又一个浪头咆哮着冲上岸来，把小男孩给冲了回来。等浪头退下去以后，母亲仔细地打量着躺在面前的儿子，虽然人安然无恙，但头上的小红帽却不见了，母亲抬起头，愤怒地冲着天空骂道："我们来的时候他还有一顶小红帽呢！你快还给我！"说着，母亲不顾生命危险，下到海里去寻找那顶小红帽。

不料，一个巨浪突然又打过来，把她卷进了无情的大海之中，再也

没有上来。

故事中的小男孩死里逃生、安然无恙，已经够幸运的了，可是他的母亲不但没有感到庆幸，反而执著于"完璧归赵"，为了一顶小帽子葬送了性命，成了一个完美主义的牺牲者。

"金无足赤，人无完人"，真正的完美在这个世界上根本不存在，因此，我们必须学会接受缺憾，接受不圆满，因为人生永远没有满分。

很久以前，有个著名的教书先生，他以独特的教学方法、崭新的教育理念、超前的思维模式，享誉教育界。在他培养的学生当中，大部分都成了社会上的名流精英。然而，在他多年的教学生涯中，有个非常奇怪的现象令人费解：在每次的考试中，他的学生从来没有一个人得过100分。

很多年以后，他的一个事业有成的学生回来看望他。其实，这个令人费解的疑问已经在学生心中萦绕了很多年。

于是，学生向教书先生提出了这个问题。教书先生听后，哈哈大笑道："要知道，在这个世界上即使你是个圣人，也不可能完美无缺，所以，又怎么会考满分呢？"

学生听了，还是一头雾水，于是教书先生又给他讲了一个故事：

在教书先生上学的时候，发现了一个奇怪的现象：有很多考试得100分的尖子学生，一段时间以后，就会被考99分、98分，甚至分数更低的学生赶上并超过，往往到了最后，很多成绩特别出众的学生，却成了落伍者。

因此，在每次的考试中，即使一个人的答卷是无可挑剔的，也千万不能给满分，要千方百计地找个理由扣掉1分，这样一来，这个人才会有继续前进的余地；如果给他100分，他就等于走到顶点了，那么他还会继续前进吗？

人生没有满分，就像背着一个永远装不满的箩筐，因为装不满，我们才会不停地为自己采摘，果实才会越来越多。

所谓的完美，其实只是来源于我们的心灵。具有涵养的心灵，才能提供真实的完美。

而在现实的世界中，没有一样东西是完美的，幸福的生活要留一些缺陷才是最美的。在人生的道路上，我们会经历快乐、痛苦、幸福、遗憾、坎坷等，因此，我们要学会宽容和谅解。

人的一生，就是一个不断弥补和修正缺陷的过程，更是一个对人对物日益宽容的过程。

别苛求，不完满才是人生

明月先生很小的时候，母亲把他寄养在吟泉寺，求师于大智法师。

一天，明月问师父："什么是圆满？"

大智师父那时很年轻，也很英俊，对明月的这个问题，他却充耳不闻，没有做出回答。

明月很尴尬，知道拜师学佛其实是一个艰难的历程。

第二天，大智师父拿来一个器皿交给明月，说："这个瓷器名叫扑满，你独自下山，去化缘。"

大智师父交给明月的扑满是类似于存钱罐的东西，上面只有唯一的小口。明月揣摩了半天，摇着头想：师父要我去化钱啊！

化缘是一件不容易的事，化钱更是一件伤脑筋的苦差。好在明月乖巧伶俐，长得惹人喜欢，每到一户，总是不言不语，微笑着手捧扑满，站在施主的门口，施主怜爱他，自然会一分、两分地朝明月的器皿中放钱。

第一天化完缘，明月乘着月色，朝吟泉寺归来。听到扑满里叮叮当当的硬币相碰的声音，明月心中美极了。

时间一天天过去，扑满里的硬币一天天增多。渐渐地，明月已经听不到金属相碰时发出的叮叮当当诱人的声音了，而那份喜悦的心情却随着扑满的越来越沉而逐渐增强。

有一天，明月化完缘归来，抱着扑满，像完成了一件功德圆满的事情跑进师父的禅房，高兴地说："师父，满了，满了，装不下了。"

大智师父此时正在给政协写提案，望见明月高兴的样子，对他说：

"孩子，这是你这段时间辛苦换来的成果，瓷罐里的东西全归你了。"

明月高兴地抱着扑满跑出禅房，来到院子里，找来一张柳席，铺在院子的井台边，把扑满倒过来。倒了半天，扑满里的钱一分一厘也倒不出来。

明月急了，朝禅房里喊道："师父，倒不出来。"

"你想办法吧！"师父在里面应道，"你能把它装满，也能把它取出来。"

明月找来树枝，朝扑满的小口里捅，扑满里的硬币相互交错、相互挤压，一枚也捅不出来。

明月累了，躺在席子上喘气，他想：化缘其实是一件很容易的事，也是一件很不容易的事，很容易是因为带着希望把扑满装满了，很不容易是因为这段化缘的经历本身就充满了艰辛。

明月望着身边的扑满，百思不得其解，为什么装满了硬币的扑满却一分也倒不出来，他对着禅房有气无力地说："师父，我还是弄不出来。"

大智师父在里面应道："你再想想别的办法吧！"

此时太阳已经西下了，阳光从寺院高大的梧桐树的缝隙中透出一道道金光，洒在院子里，洒在柳席上，洒在明月的身上，闪着一道道跃动的美丽光环。

明月若有所思地从柳席上跃起，跑进厨房，拿来榔头，对着柳席上闪着光芒的扑满砸下去。柳席上顿时滚满了无数闪闪发光的硬币。

望着被自己砸得粉碎的扑满，明月对着屋内的大智法师说："师父，我明白了。"

大智师父在禅房里应道："你明白什么了？"

明月此时像一个大人，背着手，站在院子中央说："我明白了，每个人都应该给自己和别人留一个余地，一味地追求圆满或完美，人有时也会像装满硬币的扑满一样，被自己束缚得粉身碎骨。"

禅房里没有回声，明月透过院子里的梧桐树，看到火红的夕阳在远处的群峰中慢慢地西坠。

人不应该一味地追求完满。不完满也是一种美好的境界，因为有很多缺失，才会有很多希望。善于包容缺失的人，也多是具有博大胸怀的人。只有真正懂得包容不完满的人，才能获得更多的完满。

在生活中，你会面临多种标准，这些标准出现的原因，是每个人看待问题的角度不同。比如你买了一双鞋，有人会说你的鞋很漂亮，有些人却认为它不好。

出现这种情形的原因在于，每个人的思维方式都是不同的。但重要的是，你是否觉得自己新买的鞋是好的。

有时候，你合理的行为举止会遭到误解，但是不要因此而改变自己，因为没有一个人是完美的，也没有一个人能得到全世界的认可。

如果人云亦云，没有自己的主见，就会失去很多原本属于自己的东西。

在一个偏僻的乡村里生活着相依为命的祖孙俩。有一天，他们一起到附近的镇上买了一头小毛驴，因为回家的路程很远，所以开始的时候是爷爷骑着毛驴，孙子跟在后面。

这时他们遇见了一位妇人，她指责骑着毛驴的爷爷，认为他是个自私的人，连自己的孙子都不关心。老人觉得妇人的话很有道理，于是从毛驴上下来，把孙子扶了上去。

祖孙二人又走了一段路，遇见了一位老人。老人看见了祖孙俩的情形，指责孙子，认为他是一个不孝顺的孩子。孙子觉得老人说的很有道理，于是，和爷爷一起骑着毛驴回家。

两个人又走了一段路，这时他们遇到了一个饲养毛驴的人。养驴的人看见祖孙俩骑一头毛驴，很气愤，指责他们，说他们是狠心的人，这样虐待动物。

这时的祖孙俩已经没有什么办法了，只好都下来走路。过了一会儿他们又遇见了一群年轻人，年轻人觉得两个人都是傻瓜，有毛驴却还要靠自己的脚走路。祖孙二人听了觉得也有道理，但是此时的他们却不知道该怎么办好了，无论怎样做都会受到指责，所以两个人索性一起抬着毛驴回家。

在经过一座桥的时候，祖孙俩不小心把毛驴掉进了河里，被湍急的水流冲走了，祖孙俩最终一无所获。

其实毛驴是祖孙俩的，别人的意见和看法只是一时的有感而发，而且每个人的身份不同，看问题时的想法自然也会不一样。祖孙俩失去了辛苦购买的毛驴，最重要的原因并不在于那些路人，而是在于他们自己。

每个人都希望自己能成为一个被欣赏、被肯定的人，希望自己的爱好被家人支持，希望自己的能力得到领导和同事的认可……但是在希望这些之前，要认真地思考自己有多少自信心。对自己有信心的人，是不会被别人的意见左右的，因为不论任何人，都不可能让所有人满意。

松手即是获得，放下就是快乐

佛说："仇恨永远不能化解仇恨，只有慈悲才能化解仇恨，这是永恒的至理。"

人类有一种消极的情感叫仇恨。在我们的生活中，有的人被仇恨左右着自己的意志，被仇恨烧毁了自己的理性。仇恨使人失去理智与原本善良的本性，仇恨使人变得心胸狭隘、冷若冰霜，使人丧失了对真、善、美的追求，变得自私、冷漠。

仇恨是一把无形的剑，可以把人的心灵扭曲成丑陋的畸形甚至失去人性。如果我们心中充满了仇恨，那么就不会再有愉悦的心情，而且更会损害身心的健康，最大受害者还是自己。因为仇恨使自己痛苦不堪，这又何苦呢？

心中充满仇恨的人，轻则自我折磨，重则可能导致疯狂的报复。人应该有点儿"不念旧恶"的精神。只有既往不咎，才能甩掉沉重的包袱，大踏步地前进。

很久以前，有一位家财万贯的商人，在他步入古稀之年时，决定把家产分给3个孩子，但是在分财产之前，他要求3个儿子去游历天下，做生意。

临行之前，商人告诉儿子们："你们一年后务必回到这里，向我汇

148

报你们在这一年里做过的最高尚的事。我的财产不想分割，集中起来才能让下一代更富有。一年之后，能做到最高尚事情的那个孩子，才能得到我的所有财产！"

一年后，3个孩子都如期返回了家中。大儿子说："我在游历期间，曾遇到一个陌生人，他非常信任我，将一袋金币交给我保管。后来他不幸去世，我将金币原封不动地交还给了他的家人。"

商人听完，微笑着说："你做得很好，但诚实是我们做人应该具有的品德，所以还称不上是最高尚的事情。"

二儿子接着说："我游历到一个贫穷的村落，看到一个衣衫褴褛的小乞丐不幸掉进了河里，于是我立即奋不顾身地跳进河里，救起了那个小乞丐。"

商人听完，笑笑说："你做得很好，但扶危济困、救人于危难是我们应尽的责任，所以也称不上是最高尚的事情。"

三儿子迟疑了一会儿，很不自信地说："我有一个仇人，他千方百计地陷害我，有好几次，我差点就死在了他的手里。在我旅行的途中，有一个夜晚，我独自骑马走在悬崖边，发现我的仇人正睡在崖边的一棵树旁，我只需轻轻一脚，就能把他踢下万丈悬崖，让他粉身碎骨。但我没这么做，而是叫醒了他，让他继续赶路。这实在算不上什么高尚的事……"

商人没等三儿子说完，就打断了他的话，郑重其事地说："孩子，能帮助自己的仇人，是一件高尚而神圣的事，你做到了，所以，我所有的产业都将是你的。"

仇恨不但会像磁铁一样吸引来无尽的烦恼，还会使人陷入报复的深渊无法自拔。

只有宽容，才能使仇恨化解，从而为你消灾解难。当然，人非圣贤，要我们去爱自己的敌人，也许是强人所难，但出于为自身的健康与幸福考虑，学会宽恕敌人，也不失为一种明智之举。

唐德宗贞元年间，陆贽出任宰相，有一段时期，他曾经偏听偏信，认为太常博士李吉甫结党营私，于是把他贬到明州做长史。不久，陆贽因遭到德宗猜忌，被贬到明州附近的忠州当别驾。

后任的宰相知道李吉甫和陆贽两人之间素有私怨，便玩弄权术，特意提拔李吉甫为忠州刺史，让他去当陆贽的顶头上司，打算借刀杀人，借机除去陆贽。不料想，李吉甫竟然不记旧怨，上任伊始便特意与陆贽饮酒结欢，使那位现任宰相借刀杀人的阴谋化成了泡影。对此，陆贽深受感动，便积极为李吉甫出谋划策，协助他把忠州治理得一天比一天好。

俗话说："冤冤相报何时了。"李吉甫不图报复，宽待了别人，同时也帮助了自己。

由此可见，我们应该学会宽容别人。

相反，报复则是一件非常可怕的事。当报复心理驾驭了人的灵魂时，人就无法控制自己，从那一刻起，报复者就给自己判了无期徒刑。而且，报复是一柄双刃剑，它在刺入对方身体和心里的同时，也会深深地划伤自己。

很久以前，有一个书生，靠在集市上卖画为生。一天，他刚摆开画摊，就看见不远处前呼后拥地走来一位官员的小公子。书生知道这位官员在年轻时曾经迫害过自己的父亲，导致父亲忧郁而死。想到此事，他心底不由得涌起一股仇恨。

然而，这位小公子并不了解这一切，他被书生的作品深深吸引住了，停留在书生的画摊前流连忘返，他看中了其中一幅画。书生非常讨厌他，于是用一块布把那幅画盖住，并说不卖给他。不料，这位小公子却是个执著任性的人，对那幅画始终不能割舍，无法忘怀，并因此得了心病，日渐憔悴。

最后，他的父亲不得不出面，表示愿意出高价买书生那幅画。然而，书生宁愿把那幅画挂在画室的墙上，也不愿意卖给他。书生阴沉着脸坐在画前，自言自语地说："这就是我的报复。"

每天早晨，书生都要画一幅他信奉的神像，这是他表示信仰的唯一方式。可是，渐渐地，他觉得这些神像与他以前画的神像的形态日渐不同了。

这使他苦恼不已，他费尽心思地寻找原因，却一无所获。后来有一天，他惊恐地扔下手中的画，猛地跳了起来：他刚画好的神像的眼睛，竟然是那位官员的眼睛，连嘴唇也极其相似。他气急败坏地把画撕得粉碎，高喊道："我的报复怎么回报到我的头上来了？"

生活就是这样，面对别人的伤害，刻意地报复往往结局并不乐观。仇恨是一把双刃剑，报复别人的同时，自己也同样会受到伤害，所以，"冤冤相报"的结果只能是"两败俱伤"。心中装着仇恨的人，其人生是痛苦而不幸的，只有放下仇恨选择宽容，纠缠在心中的死结才会豁然解开。

千万不要让仇恨蒙蔽了我们的心灵，仇恨只能去化解，而不能去膨胀。伤害发生以后，报复并不是唯一解决仇恨的方法，用爱去填补恨的心理空间，用爱去替代恨，用爱去化解恨，让仇恨的心灵在爱的沐浴中得到解脱。

放下，就是掸去心灵的尘土

佛说："当你手中抓住一件东西不放时，你只能拥有这件东西，如果你肯放手，你就有机会选择别的。人的心若死执自己的观念，不肯放下，那么他的智慧也只能达到某种程度而已。"

在现实生活中，很多人都有这样的经历，每到换季整理衣物时，就会发现有些哪怕根本不会去穿的衣服，可就是舍不得把它们丢掉。搁置了几年，连自己都忘记了它们的存在，当偶尔再翻出来的时候，才明白，它们对自己而言，确实已经毫无用处了。

其实，在我们的心中，或多或少都装着一些这样的"衣物"。那是我们人生历程中曾经拥有的东西，譬如，我们受过的伤害、遭遇过的挫折、得到过的荣誉、获得过的成绩等。太多的东西，总是默默地收藏在我们心底。

或许，很多事情，只是我们自己的误解和偏见造成的，但却没有足够的魄力和勇气，果断地把它们舍弃。而是任由它们在我们心里安家乐业，总以为那是无法丢弃的东西，甚至，有时还常常把它们翻出来拍

打，还自骗自地说："晒晒心情！"

俗话说："舍得舍得。"不舍怎么会有得呢？因此，在追求拥有的时候，我们要学会适当地放弃。

每一次停下来，是为了好好地清理一下，果断地丢掉那些不值得背负的包袱，只有这样，才能轻松前进。

学会适当地放弃，在人生的旅程中，你就会看到沿途有更多美丽的风景，你就会拥有更多的快乐。

有一个淘气的小男孩，在一次玩耍的时候，把手伸进了花瓶里，好像是在寻找什么东西。糟糕的是，当他想把手抽出来的时候，却怎么也抽不出来了。

小男孩着急地哭了起来。父亲听到哭声后，急忙跑过来，帮着儿子一起往外拔，但试了好几次，都没有成功。

父亲想把花瓶打碎，好让儿子脱离困境。可是，花瓶的价值不菲，这让他迟迟下不了决心。

最后，父亲决定换一种方法再试最后一次，如果还是不行，就砸掉花瓶。

"孩子，你把手伸直，把手指并拢到一起，再往外拔，就像我这样。"父亲边说边给儿子做示范。

然而，小男孩的回答却让父亲大吃一惊："爸爸，我不能那样做。如果我把手松开了，我手里攥着的硬币就会掉到花瓶里！"

父亲听了，被弄得哭笑不得，这才明白了儿子的手拔不出来的真正原因。

读完这个故事，你或许会对小男孩的天真报以微笑。一枚小小的硬币差点儿毁了一个价值不菲的花瓶甚至是他的一只手！但是仔细想想，很多时候，我们何尝不是如此呢？因为舍不得放下手中已有的一些东西，从而错过了更多美好的东西。

由此可见，学会放下，我们才能远离束缚。学会舍弃，我们的生活才会更加美丽，我们的世界才会更加丰富。

一次，罗丹徒步去沂山的法云寺。走到半路，他的左脚突然被一根藤蔓绊住了。

罗丹习惯性地单腿站立，抬起左脚使劲甩，打算挣脱藤蔓的纠缠。没想到用力过猛，左脚的鞋子竟一下子脱了脚，直奔路边的沟谷而去。罗丹急忙去捡，却发现鞋子已经悬挂在半山腰崖壁上生出的一棵槐树上，要取回来已经不可能了，罗丹一下子傻了眼。

怎么办呢？只好光着一只脚，一脚高一脚低地往前走了，就像个瘸子一样。不仅罗丹自己觉得滑稽可笑，也引得路人们私语窃笑，而且走起路来还感觉特别费劲。

有好心的路人建议罗丹干脆把右脚的鞋子也扔掉，省去一个累赘。罗丹心里却有些不舍，毕竟它还保护着自己的右脚嘛！这样又坚持了一会儿，罗丹终于坚持不下去了，于是只好把右脚的鞋子扔掉了。双脚赤裸而行，脚底不时感觉一阵痛楚，罗丹在心疼那双好鞋的同时，心中越加怨恨那根肇事的藤蔓，怨恨自己粗心大意，怨恨老天不遂人愿，本来好好的心情完全被满腹的怨恨取代了。

好不容易到了寺庙，正好碰上一位僧人向游人布道。他说："一切放下，一切自在；当下放下，当下自在。只有放下一些问题的时候，才能体会到一些问题其实并不需要放在心里；放下一些负担的时候，才能体会到一些负担并不需要扛在肩上。放下一些实的东西，才能感受到简单生活的乐趣；放下一些虚的东西，才能感受到心灵飞翔的快感。放下烦恼，就得到了快乐；放下贪欲，就得到了平和；放下怨恨，就得到了解脱。"

听到这里，罗丹的心情不禁轻松了。因为在佛的启示下，他已经把对那双鞋的疼惜，把对藤蔓、对自己、对老天的怨恨全都放下了。因为放下了内心的疼惜和怨恨，他把赤脚行走当做了一次免费的足底按摩，微微的疼痛变成了一种享受；把丢失了鞋子当做佛对自己的有意教化，原先的怨恨转化成了一种感恩。

不仅如此，生活里日积月累下的那些压抑、郁闷以及那些累和苦，也全都烟消云散了，身体在刹那间飘逸起来，仿佛一张开双臂就会飞起来似的。感受到了从来没有过的空灵和纯粹！生命一下子显得舒展而美妙！

佛说的果真是好极了：放下了，就拥有了。然而，人生在世，放不

下的东西总有很多，有功名时，对功名放不下；有金钱时，对金钱放不下；有爱情时，对爱情放不下；有事业时，对事业放不下……这许许多多的重担与压力，让很多人生活得很累很苦。

学会放下，是一种快乐，也是一种幸福，更是一种淡然的心态。每个人的心中都装着一些陈芝麻烂谷子的事情，但是自己必须弄清楚，什么该留下保存，什么该放下舍弃。

只有学会放下，你的心才不会为外物所累；只有学会放下，你才能体味生活的真谛。

勇敢一点儿，只要自己认为是累赘的，就大胆丢掉吧，人生只有该放下的就放下，才能轻松前进，才能去拥抱新的东西，才能享受到真正的快乐！

蓝天白云常自在，行云流水心无碍

云在青天水在瓶。意即你是一片云，你就在空中逍遥，你是一瓶水，你就在瓶里自在。

禅，就是自然，毫不勉强。

一次，云居禅师正在用竹箩筛豌豆，洞山禅师忽然问他："你爱色吗？"云居禅师吓了一跳，竹箩里的豆子也撒了出来，滚到洞山禅师的脚下。洞山禅师笑着弯下腰，把豌豆一粒一粒地捡了起来。

云居禅师耳边回响着洞山禅师刚才的问话，他不知道该怎么回答，这个问题实在是没有办法回答。因为"色"包含的范围太大了：女色、颜色、脸色、财色、酒色……

穿衣服要挑颜色；吃佳肴、喝美酒看重菜色、酒色；选宅第房舍注意墙色；有时候行事也需要看别人的脸色；还有黄金白银的财色；妖媚艳丽的女色……

云居禅师放下竹箩，心中还在翻腾。他想了很久才回答："不爱！"

洞山禅师一直在旁边冷静地看着云居受惊、闪躲、逃避、犹豫的表情，他缓缓地说："你可想好了？你真的能够从容面对色的诱惑吗？"

云居禅师大声说："当然能！"然后他向洞山禅师脸上看去，希望能得到他的回答，可是洞山只是笑，没有任何回答。

云居禅师感到很奇怪，反问道："那我问你一个问题行吗？"

洞山禅师说："你问吧！"

云居禅师问："你爱女色吗？当你面对色的诱惑时，你能从容应付吗？"

洞山禅师哈哈大笑地说："我知道你要这样问！我看她们只不过是美丽的外表掩饰下的臭皮囊而已。你问我爱不爱，爱与不爱又有什么关系呢？只要心中有自己坚定的想法就行了，爱又如何，不爱又如何？"

色即是空，空即是色。眼中定会有色，但心中必须无色，心志坚定的人，纵然身处纷繁世界中，也能透过外相看到内在的实质。在任何诱惑面前，他们都会从容应对，不会惊慌失措，更不会因为种种诱惑而迷失自己的心智。

眼睛不要总是睁得那么大

佛说："世界原本就不是属于你，因此你用不着抛弃，要抛弃的是一切的执著。万物皆为我所用，但非我所属。"

佛说："凡所有相，皆是虚妄。"如果我们执著于这些虚幻不实、缘生缘灭的相，就会使自己一直烦恼不断、痛苦不已。然而，很多人总是错误地认为：如果我的愿望能全部得到满足，我就会变得很快乐。其实不然，正是这些欲望，才使快乐渐渐离我们远去了。欲望一旦膨胀，就像打开了"潘多拉盒子"一样，欲望的魔鬼会慢慢吞噬我们原本纯洁的心灵，从而使我们离真正的快乐越来越远。

天下熙熙，皆为利来；天下攘攘，皆为利往。世人终日忙忙碌碌，永不知足地追求物质生活，因而总是在无形中为物所累，却不知道这样活着到底是为了什么。

　　"世间万物为我所用，非我所有。"既然这样，我们为什么还要如此执著呢？唯有真正放下对世俗人情的执著迷恋，才能将个人的精神提升到一个新的境界，才能在滚滚红尘中保持一份清醒，以潇洒的姿态面对人生。

　　日本的一休和尚是一位得道高僧。他9岁就跟着师父修佛。一次，师父要出门，于是吩咐大家好好在庙里看守庙门，用功诵经念佛。一休当时还是个小孩，在大殿里待不住了，于是就跑到方丈室，翻开了师父的柜子，里面有师父最喜欢的东西。师父平日里都是背着弟子拿出来看，说什么也不让弟子们看。

　　今天师父出门了，一休实在憋不住了，想看看柜子里到底是什么东西。打开一看，里面是个瓷器。一休拿出来玩耍，结果一不小心，把瓷器给摔碎了。

　　一休赶紧把破碎的瓷片包在一块儿搁在了口袋里。师父回来之后，问道："一休，你在用功吗？""啊！我一整天都在大殿里参禅，参一个问题，非常专心。"

　　师父问道："你参什么问题呀？说出来听听。"一休说："我在参，到底有没有一个人是不死的？师父啊，您说有没有？""哎呀！我的傻徒弟啊，哪有一个人是不死的呢！世上一切的东西都是无常的啊！"

　　"啊！是这样啊！那么东西呢？有没有一样东西能够永远常存啊？""一样啊，无情之物也是无常的啊！总是要坏的，因缘聚了就有，因缘散了就坏。"

　　"噢，原来是这样。这样的话，如果我们心爱的东西坏了，我们也不应该悲伤了，是吧？""对呀！缘散就坏了，自己心爱的东西缘散了，就没有了。"

　　"师父，我这里有一个缘散就坏了的东西。"说着，一休把口袋里的那包破碎的瓷片交给了师父，师父接到以后果然没有发脾气，只是微笑地摸了摸一休的小脑袋。

　　世界上任何事物都是无常的，就像肥皂泡一样，瞬间的美丽之后，就会化作泡影。佛说："众生的生命体，从出生乃至死亡，在这个过程中，不止息的演化，而不能永远存在于世间。"这是指有情世界的无常。有情世界的生命体如此，自然界的万事万物同样如此，所谓不变的东西是根本不存在的。佛说："无情的器世界也有成住坏空，在成住坏空的过程中，不停地变化。"所以说，不管是有情世界，还是无情的器世界，都是无常的。

然而，很多世俗之人却不懂得这个道理。古语有云："自古知机为俊杰，只因财利可亡身。"

正所谓"象死于牙，虎死于骨，熊死于掌，人死于贪"，从古至今，一个"贪"字，不知毁了多少人。

南朝时期梁国人鱼弘，崇尚一种享乐主义思想，讲求活一天就玩乐一天。但他的享乐是建立在搜刮民财基础上的。

鱼弘曾追随梁武帝萧衍南征北战，功不可没。后来，萧衍当了皇帝，赐给鱼弘15顷田地、一座山林、8万棵林木，但鱼弘却毫无喜色，终日郁郁寡欢。他的妻子深感不安，于是问他："官人，你是不是觉得皇上给你封赏太少了，所以不高兴？"

鱼弘沉思了片刻，然后说："一个君主，论功要平，惩罚要当，这是常理。我跟随君主南征北战，出生入死，得到的封赏应该不止于此。"妻子劝解道："我知道你的功劳不小，但你不应该做那种贪求财富、追求显达的人，这不应该是你的为人之道啊！"鱼弘摆摆手说："你这是妇人之见。"

后来，鱼弘做了郡守，他倚仗着梁武帝对自己的信任，竟然公开勒索钱财，大肆搜刮民脂民膏，并且大言不惭地说："我做郡守，郡中有四尽：水中鱼鳖尽，山中獐鹿尽，田中米谷尽，村里人口尽。人生在世，就是要快活享乐，做郡守不享乐，什么时候享乐？"

不仅如此，鱼弘还让手下到民间敲诈勒索，并强令民工到深山里砍来珍贵的树木，运来高级的花岗石，建造了一座豪华的郡守府。他的车马服饰用的都是丝绸锦缎，生活十分奢侈，而且荒淫无度，有侍妾百余人之多。因为生活糜烂、纵欲过度，没几个春秋，鱼弘便一命呜呼了。

佛语有云："满库金，满堂玉，何曾免得无常路。"大德高僧常说："眼睛不要总是睁得那么大，我且问你，百年以后，哪一样是你的？"然而，人却是一种占有欲极强的物种，实体的占有、思想的占有以及灵

魂的占有，人们最常说的一句话就是"我的"，我的钱、我的车子、我的房子等，诸如此类，好像一切皆为我所有，实则不然，你所花的钱、开的车子、住的房子等，都是你在使用而已，与一生的时间相比，你只是短暂地拥有了它们的使用权，之后就会归作他处，你失去旧的使用权又会有新物种的使用权，周而复始，循环往复，直到某天你离开这个世界，就失去了所有的使用权，完成了始点与终点的归一。既然一切都不是属于自己的，那么终究要散去，终究要归为自然和社会。

对漫长的人类历史而言，每一个生命都是一个转瞬即逝的过程。不管是谁，都只不过是生命中的一名匆匆过客而已。物质财富生不带来，死不带去，唯有心灵上的真、善、美才是值得永远珍藏的财富。

求之不得心常爱，学会完美地转身

佛说："你什么时候放下，什么时候就没有烦恼。"

现实生活中，任何人都没有通天彻地的本领，所以，这就注定了世间有很多事情都很难尽如人意，正所谓"人生不如意事十之八九"，这样一来，我们就会常常陷入"求之而不得"的痛苦之中，难以解脱。

面对这些情况，要想身心得到自由，我们在生活中就必须学会放下那些抓不住也没必要抓住的累赘。

佛法之中，最常被世人利用的智慧就是"放下"。佛法教导我们要舍得，只有舍掉陈旧不堪的执著，才能得到新的观念、新的思维；只有能够放下不切实际的妄想，才能轻松上路，才能有机会比别人跑得更快、跑得更远。

佛殿上，弥勒佛面向山门而坐，象征着佛教的山门对一切众生敞开，不管是谁，无论贫富贵贱，都能得到弥勒佛的笑脸相迎。在弥勒佛面前，一切平等，众生平等。

那么，弥勒佛的快乐究竟来源于何处呢？他的快乐，来源于提起与放下的智慧。

传说弥勒佛是由布袋和尚转世而来的，他有一个很经典也很重要的动作，就是将布袋提起和放下，以此来度化众生，解开烦恼。弥勒佛的布袋拿起来放下去，即是代表了提起和放下。如果有人向他寻求化解烦恼的方法，他就把布袋往下一放，告诉人们要放下，因为放不下，所以才会引出诸多无端的烦恼。

　　然而，看似非常简单的两个动作，却是很多人一辈子都做不到的，所以，他们只能在烦恼和虚妄中度过一生。

　　因此，弥勒佛才会"笑天下痴迷之人"。那么，到底怎样才算提得起和放得下呢？

　　很久以前，一位寺院的方丈派两个弟子下山化缘。师兄弟二人奉命下山。当他们来到一条小河边，正要过河时，发现河边站着一个姑娘，可能是因为水流太湍急了，所以她迟迟不敢过河。大师兄看到这个姑娘面露难色，于是就走过去，毫不犹豫地把姑娘抱起来，从河上走了过去，然后放下她转身走了。

　　不一会儿，小师弟也过了河，他追上师兄问道："师兄，自古道，男女授受不亲，况且咱们是佛家弟子，你怎么能抱一个姑娘过河呢？这样做不是犯戒了吗？"

　　大师兄回过头，笑了笑，说："师弟，我早就把她放下了，你为什么还抱着不放呢？"

　　在生活中，很多人就像故事中的小师弟一样，没有提起也没有放下，因此心中生出无限的烦恼。而那个大师兄，面对一位弱不禁风的姑娘，首先提起的是男子汉大丈夫当仁不让、敢作敢为的英雄本色，因为他必须帮助那位姑娘。而到了河对岸，如果他还继续抱着那位姑娘，或者和她聊天，那他就是放不下。在我们的实际生活中，提起与放下其实在很多时候都是同时进行的，故事中的大师兄在提起男人本色的同时，放下的是和尚的角色；而在他放下男人本色的同时，提起的是和尚的角色。

　　为什么弥勒佛能轻松地提起和放下呢？因为他看懂了提起和放下的真正内涵：提起的都是责任，而放下的都是与责任无关的事情。

　　我们在人生中要面对许多的责任，要提起这些责任，就要放下儿女

情长，所以及时转身很关键，就像故事中的大师兄一样，转身就要即刻放下，倘若放不下，烦恼就会随之而来。

所谓"智者无为，愚人自缚"，功名、金钱、爱情、事业，皆心中所欲，人总是喜欢给自己的心灵套上一副无形的枷锁，而正是一味地追求、无节制的欲望，才使得人紧张忙碌，疲于奔命，这就是放不下。相对于人生而言，只有放下对名利物欲等的"饥渴"心理，才能体悟到人生的真谛——快乐自适才是生命的本质。

按照南怀瑾老先生的说法，谈到佛法，归根结底其实只有两个字：放下。懂得放下的人是智慧的，因为放得下，就会获得自在。然而，有很多人却错误地理解了放下的概念，认为佛教中所说的放下就是逃避，放弃一切。

其实不然，提起与放下的智慧并不是消极地逃避，而是要人们学会专注地扮演好当前的角色。提起与放下的智慧就是专注，即专注于当前所面对的人、物和事情。只有专注才能心无杂念，才能有高效率，才能摆脱烦恼，获得成功。这也正是弥勒佛的智慧和快乐：该提起时就提起，该放下时就放下，在提起和放下之间学会完美地转身。唯有如此，才能拥有自在、快乐的人生！

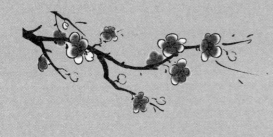

卷六

学会舍弃，方能有所获得

放下你的外六尘、内六根、中六识，一直舍去，舍至无可舍去，是汝放生命处。

拨开世上尘氛，胸中自无火炎冰竞

人心也如同镜子一样，只有常常清除心灵上的蒙尘，才能具备智慧的灵光，显露出自身的纯真与本性的善良。心灵的蒙尘是使人囿于狭隘无法彻悟的根本，只有常常清理这些心灵的杂垢，才会使人的心灵得到纯净，体会到世间的安详与美。

有一位高僧与弟子在寺院中散步，突然一阵风吹来，吹落了院中树上的叶子，叶子落在地上甚是萧瑟。

高僧随即弯下腰，一片一片地捡拾那些叶子，并把它们一一放置在口袋中。

高僧很认真，每个角落都不放过，他的弟子看在眼里终于忍不住，上前去劝说高僧："师父！您干吗要亲自去捡它们啊，您没必要这么辛苦，您放心，明日一早，弟子与众师兄弟们自会将它们打扫得干干净净的。"

高僧没有停下来的意思，淡然地说："你这话就不对了，明日打扫落叶，难道今日看见它存在就不要捡拾了吗？况且无论何时打扫，都不一定能扫得十分干净，但如果我现在多捡起一片，那么地面上就会多干净一分，能使地面多一分干净，这样做我一点儿也不觉得辛苦！"

弟子觉得高僧有点儿顽固，就又说道："师父，可是地上的落叶那么多，况且它无时无刻不在落，您看现在，您刚捡起一片，后面却又落下这么多，这要到何时，您老才能捡得干净呢？"

高僧继续一边捡落叶一边说："我看到的落叶可不光是落在了地面之上，它也落在了我们心上，此时我是在捡我内心中的落叶，捡一片地面干净一分，心也纯净一分，地面的落叶捡不完，可心上的落叶总会有捡完的时候。"

那个弟子听后，终于明白了高僧所为之事的禅理，于是也俯下身来捡拾落在心中的落叶，至此之后，他的修为也更精进了。

《菜根谭》中云："拨开世上尘氛，胸中自无火炎冰竞；消却心中鄙吝，眼前时有月到风来。"

还有一则关于佛陀的弟子"周利槃陀伽"的故事：

当年佛陀还在世时，这个名叫周利槃陀伽的弟子很愚笨，虽然好学，可是忘性极大，怎么教都记不住。有时候很简单的一首佛偈教给他，他也是学会了前一句就忘记了后一句，记得了后一句却又忘记了前一句。这让他自己也苦闷不已。

终于有一天佛陀问他："你来修行这么久，学会了什么？"周利槃陀伽听了佛陀的问话，低下头惭愧地回答："师父，弟子实在是个愚钝的人，来修行这么久，却连简单的佛偈也记不住，只会扫地而已，我实在是辜负了您的一番教诲啊。"

佛陀微微一笑，然后拍拍他的肩说："你不必太在意，其实世间众生都是有佛性的，只要用心，你就一定会有修为。既然其他的偈语你记不住，那我现在再教你一偈，从今日起，你在扫地的时候，就用心去念‘拂尘扫垢’好了。"

听了佛陀的话，周利槃陀伽连连点头称是。从此以后，每当扫地的时候，周利槃陀伽就很用心地念佛陀教他的"拂尘扫垢"的偈语，天长日久，从不停歇。

终于有一日，他突然想到："这外面的尘垢可以用扫把来打扫，那内心的尘垢要怎样去打扫干净呢？"

因为这刹那所想，愚钝的周利槃陀伽也终于开悟了。

《菜根谭》中云："忙处事为，常向闲中先检点，过举自稀。动时念想，预从静里密操持，非心自息。"

得道高僧捡拾院中的落叶，依禅理所言是捡去了人心中的痴念与妄想。且不去管世间究竟有多少落叶，但是人心中的落叶真的是捡一片则会清净一分。周利槃陀伽顿悟了内心也需要打扫的禅理，因此，他的心

灵也终于呈现明镜台一般，从而修为精进。所谓禅者，清理内心的污垢，正是求得当下安心，只有这样，才会用明镜一般的心去关照大千世界的万事万物。

关于常清内心的蒙尘，儒家也有着同样的主张，儒家称"凡事要求诸己，吾日三省吾身"，这与禅者所言的"随其心净则国土净"不谋而合。所以，众生都应勤勉地除去落在自己心上的那片落叶，还自己一颗清净的心。

不要以为自己的内心不去打扫就会明净如常，其实在现实生活中，物质的梦魇时刻潜藏在我们的周围诱惑着我们，它们会像微小的尘埃一样不知不觉地侵入我们的内心。也许最初，它微小得令我们全然不知它们的存在，也许它是细小的一丝贪婪，或者仅仅是一点儿自私、偶尔的一点儿懒散、不经意间的一点儿嫉妒、全然不觉的怨恨……而我们没有去关照自己的内心，不去反省自己，天长日久，它们自然会在心上积起厚厚的一层尘垢，这厚厚的一层物欲尘垢会将我们的灵智蒙蔽，会将我们的纯良遮盖，会使我们的纯真不见，从此以后我们也就真的失去自我了。

因此，不要忽视落叶之轻与尘埃之微，即使它们再轻微，积聚起来也总会埋没我们心灵的纯净。在人世间行事，没有人可真正地躲避这些无孔不入的微尘，但只要不忘记拂去，那么我们的心灵还是会如同孩提时那般的纯真、透明！

不谋其前，不虑其后，不恋当今

初祖达摩说："不谋其前，不虑其后，不恋当今。"这就是人生的一种境界，只有这样才能从繁杂的红尘中寻到自我安神的净土。《菜根谭》中也有："有一乐境界，就有一不乐的相对待；有一好光景，就有一不好的相乘除。只是寻常家饭、素位风光，才是个安乐窝巢。"

只有保持一颗平常心，才不会为世间的物欲所迷惑，而无端生出万般苦恼。远离虚荣，看淡权势，放弃金钱的诱惑，摒弃美色之迷，不为浮华所沉沦，这正是平常心态所为之。心态就如同琴上的弦，若绷得太紧则弦会断，若太松则无音，只有琴弦刚刚好时，才会弹奏出美妙的声音，因此保有一颗平常心，才是做人的快乐之本。

曾经有个人询问慧海禅师："大师，据闻您修为了得，那您可有什么与别人不一样的地方呀？"

慧海禅师立刻回答："有！"

那人忙又问："您与别人不一样的地方究竟是什么啊？"

慧海禅师微笑着回答："我与众不同之处在于，我若饿的时候就会去吃饭，我若困的时候就会去睡觉。"

那人听完之后有点儿失望进而不屑地说："大师您不要开玩笑了，您说的这些每个人都一样啊？哪有什么不同之处？"

慧海禅师摇摇头，回答："当然是不一样了！"

"谁都是饿了吃、困了睡，您有什么跟别人不一样的？"那人生气地说。

慧海禅师见那人如此无礼，也不气恼，继续和颜悦色地说："我们不一样的地方在于，别人吃饭之时，想着的未必是吃饭的事情，也就不能够专心地去吃饭；别人睡觉的时候，也许总是会做梦，睡得自然也就不够安稳。而我在吃饭时就是吃饭，多余的事情不会去想，睡觉的时候就安稳地睡觉，不会让梦来打扰。施主，这就是我所言的与众不同之处啊。"

慧海禅师停了一下，见那人仍似懂非懂就继续说："其实我与世人不同之处就在于一颗'平常心'，世人处事难于一心一用，他们总是计较于利害得失，迷惘于浮华尊卑，生出了不可思议的'千般思量'和'万般妄想'。世人在生命的虚华之前停留驻足，这成为他们体悟生命真谛的最大障碍，也因此，他们丢失了自我，失去了'平常心'。你要知道，生命的本义并不是那虚境中的所显现的，人只有将本心融入自然之境，用一颗平常心去感受万事万物，才能得到解脱。"

听了慧海禅师的话，那人觉得很有道理，启发也很大，从此开始自省以求保持那颗平常心。

由此可以看出，依禅宗所讲，一个人只有能够真正地摆正心态，抛开俗世的杂念，将虚幻的功名利禄的诱惑抛开，不再被胜负成败所束缚，抛却得失心，将毁誉看淡，才能够到达出世之境，感受到时时无碍、处处自在。只要保持一颗平常心，就具备了一种豁达、一种超然，才会在得与失、逆与顺之间游刃有余，即使失败时，也会转过身淡淡地微笑；即使成功了，也会向对手致以深深的敬意。

纵观现世的人们，有时会为了追求所谓的幸福，而以透支健康、拱手尊严、出卖人格作为代价来换取，殊不知，一旦等你真的到了垂暮之时，你就会惊觉，曾经追求的东西是多么的虚无缥缈，而放弃的东西是多么的珍贵无比。只有那时的你，也许才会对生命有了新的认识，明白具备一颗平常心才是真正的幸福。

常言"功名一枕黄粱，佳人一堆白骨"，不具备平常心的人怎会发现这其中的奥秘呢？没有了平常心，所见的世界是嘈杂无序的，是纷乱焦灼的，是没有爱只有竞争与不堪的。处在那样的空间里，除了日日倍感劳累、时时没有欢畅之外，还能再有什么呢？所以，保持一颗平常心吧，起码它不会让你被欲望缠身，更不会让你的灵魂搁浅，它会给你最宁静的生活、最简单的幸福感。它会让你懂得正确的处世原则，守候一份洒脱的心性，敢于真诚地自我肯定，从而获得生活的平静与安宁，知晓平平淡淡才是真！

不舍一株菊花，哪得一村菊香

送人玫瑰，手留余香。生活中，我们要乐于奉献，即使到最后我们一无所有，与人分享的快乐也会时时激荡在我们心头。当你紧握双手，里面什么也没有；当你打开双手，世界就在你手中。

一位老禅师在院子里种了一棵菊花，经过他的精心培育，到了第三年的秋天，院子已经成了菊花园，香味一直传到了山下的村子里。凡是来寺院的人们都忍不住要对这满院的菊花赞叹一番。

有一天，山下村子里有个人开口向老禅师要几棵花想种在自家的院子里，老禅师欣然地答应了。他亲自动手挑拣开得最艳、枝叶最茂盛的几棵，挖出了根须小心翼翼地送给了要花之人。消息很快传开了，前来要花的人接连不断。

　　在老禅师的眼里，这些人一个比一个知心，一个比一个亲近，所以是有求必应。

　　没过几天，院子里的菊花就被送得一干二净了。没有了菊花，院子里就如同没有了阳光一样冷清、寂寞。

　　终于在一个宁静的黄昏，有个弟子面对着满院的凄凉，忍不住地叹息道："太可惜了！这里本来应该是满院花朵的，院子里已经没了原有的香气。"

　　老禅师笑着对弟子说："你想想，这岂不是更好吗？三年之后将是一村菊香。"

　　"一村菊香！"弟子不由地心头一热，看着师父，只见老禅师脸上的笑容比开得最美的花还要灿烂。

　　他告诉弟子说："我们应该把美好的事拿出来与别人共享，让每个人都感受到这种幸福，这样即使自己变得一无所有了，心里也是幸福的！这时候我们才真正拥有了幸福。"

　　没有小舍，怎么可以得到更多？生活本来就是一种付出——收获——付出的循环往复过程，在整个循环过程中，付出是前提，收获是结果。假如你不忍舍小，那么就不可能有大得。

　　现实生活中，常常有不好的境遇会不期而至，使我们猝不及防，这时，我们应该保持清醒的头脑，以微小的代价去换取最大的收益。

　　证严法师说："所求若无止境，必将成为自苦的根源。"

　　很久以前，在一座山上住着一对师徒。一天，小和尚建议师父说："如果买一匹马，您就不用整天这么劳累奔波了，可以轻松很多。"

　　老和尚采纳了徒弟的建议买了一匹马，中午正想美美地睡个午觉。这时，小和尚突然跑进来对老和尚说："师父，我们忘了一件事，今晚马儿睡哪儿呀？我们今天得赶在天黑之前给马儿建个马棚。"

　　老和尚想，徒儿的建议很有道理，也很及时。于是，师徒二人便同

心协力地给马儿建个了马棚。

忙活了半天，马棚终于建好了。

老和尚累了一天，吃过晚饭，正想躺下好好休息一下，小和尚又跑到跟前，说："师父，马棚虽然建好了，可是我们每天都有自己的事，您整天忙于化缘，而我又要学禅，那么平时谁来养马呀？我们是不是还少一个养马的人？"

老和尚想了想，觉得徒儿的建议很有道理。于是，老和尚连夜下山聘请了一个马倌。

第二天，老和尚刚睡醒，小和尚又跑了进来，说："师父，今天早上起来我又想起一件事，以前庙里就咱们师徒二人，饱一顿饿一顿的，倒也好打发。可现在，人变多了，总不能让马倌跟着我们一起受苦啊，我们应该再请一个厨师。"

老和尚听后想了一下，觉得小和尚的建议有几分道理。于是，老和尚又一次下山聘请了一个厨师兼保姆。

吃完早饭，老和尚正准备外出讲经，小和尚跑到跟前，说："师父，厨师已经请来了。不过，他说庙里没有厨房，让我们赶紧造一间，他还说，他年老体衰，又不会算账，让我们再请一个伙计，帮他买菜，搭把手。"

就这样，老和尚的烦恼无休无止。

由此可见，不懂得舍弃，肩上的负累就会越来越多，从此心灵也难得清净了。

懂得布施，才能得到更多

有位居士向禅师诉苦："我的妻子非常吝啬，不但对施善之事毫不热心，甚至连亲戚朋友遇到困难也不肯接济。请禅师去我家开导开导她。"

禅师欣然允诺，于是跟随居士来到他的家中。

居士的妻子果然十分吝啬，仅仅给禅师倒了一杯白开水，连一丁点儿茶叶末都舍不得放。禅师并不计较，但是，他没有用手端起杯子，而是用两个拳头夹着杯子喝水。

　　居士的妻子"扑哧"一声笑了。

　　禅师问她笑什么。

　　她说："师父，你的手是不是有毛病？怎么就连喝茶也攥着拳头？"

　　禅师问："攥着拳头不好吗？我若是天天这样呢？"

　　"那就真是毛病了，天长日久，就成了畸形。"

　　"哦。"禅师像是恍然大悟，于是伸开手，却又总是张着五根指头，不肯合拢。

　　居士的妻子很奇怪，笑着说："师父，你这样张着手，还是畸形啊！"

　　禅师点点头，认真地说："不错，总是攥着拳头与总是伸开巴掌，都是畸形。就如钱财，若只知道死死地攥在手里，总也不肯松开，天长日久，心就变得畸形；若是大撒手，只知道花用不知储蓄，也是畸形。钱，是流通的，只有流转起来，才能实现它的价值。"

　　居士妻子的脸微微红了，她明白了禅师在变相规劝她不要吝啬。但她不服气，想着给禅师出个难题。恰好这时，她养的一只小猴子跑了进来。她灵机一动，将小猴抱起来，对禅师说："大师，您看这小猴子多可爱呀，跟人的模样差不多。"

　　禅师笑道："它比人多了一身长毛，若肯舍弃，就可以做人了。"

　　居士的妻子说："您法力无边，不知能不能让它也变成人呢？"

　　居士一边训斥妻子荒唐，一边向禅师道歉。谁知，禅师认真地说："好吧，我可以试试看。不过，能不能变成人，主要看它自己。"

　　于是，禅师伸手拔了一根猴毛。小猴子痛得吱吱乱叫，从女主人怀里挣扎出来，逃之夭夭。

　　禅师长长叹了一口气，摇着头说："它一毛不拔，怎么能做人呢？舍得、舍得，有舍才有得；丝毫不舍，如何能得？"

　　吝啬的人，看似什么也不会失去，殊不知，正是因为吝啬，所以他什么也得不到。许多时候，如果我们舍得付出，最后反而会得到更多。

　　有一个很自私的人，自私到连一粒米都舍不得给予他人，于是人们都叫他吝啬鬼。

　　一天，佛祖经过他住的地方，得知此事，便决定登门点化他。

　　佛祖耐心地给他讲了"舍便是得"的道理。在聆听了佛祖的教诲后，他也似有所悟。这时，门外来了一个乞丐，于是佛祖就叫他前去施舍。他捧着一碗饭来到门前，可在给予的那一刻，他说什么也不肯松开自己的手。

　　试了几次，都无济于事。他只好沮丧地回到佛祖面前："我本想给他，可我就是松不开自己的手。"

　　佛祖略加思索，从怀里拿出一粒种子，放在他的左手里。"你把右手想成是别人，把左手想成是自己。现在你把这粒种子放在你的右手中。"

　　他疑惑地看了看佛祖，一想到把东西给别人，他又开始有些舍不得了。可过了一会儿，他又笑了，因为他猛然意识到，把左手的种子交到右手，那不也是自己的手吗？并没有因此失去什么。如此一想，他便轻松地把那粒种子放在了自己的右手中。刹那间，他右手中的那粒种子竟然奇迹般地长出了叶子，开出了一朵美丽的花。

　　面对那朵美丽的花，那个自私的人忽然有所醒悟：原来给予很简单，就像把左手的东西交给右手，是件令人幸福的事情。

　　奉献其实很美妙，就是在心里种下美德的种子，为自己开一朵美丽的花。

　　黎明，佛陀入城。途中，看见一个男子，向着东方、南方、西方、北方、上方、下方礼拜着。佛陀问他为什么这样做。

　　那个男子说："每天向六方礼拜，是家族传下来的习惯。据说这样做，就会得到幸福。"

　　"佛陀也有六种礼敬的方法。"佛陀慈祥地说，"第一，孝顺父母：做儿女的要孝养、顺从，令父母欢喜、安慰。第二，敬重师长：做学生的要敬重师长，接受教导。第三，敬爱妻子：妻子是一个好助手，夫妻要互相敬爱。第四，尊重朋友：对待朋友要诚实、互敬。第五，布施穷困：对待穷困的人要布施、恭敬。第六，体恤仆人：对待仆人要宽大，不要令他们过分疲倦。这六种人都是我们生活中常见常处的人，和他们相处得合理，会有快乐的家庭、美满的人生。如果只是礼拜六方，又有什么用呢？"

幸福不是祈求来的，而是需要靠行动去争取的。施予人爱心，懂得分享，珍惜生活中的每一份亲情、友情，幸福就会不请自来。否则，即便是每天膜拜，也无济于事。

懂得放下，才是生活的智者

人总是有太多的欲念，被贪欲所累。什么都想得到，结果却什么都得不到。人生本来就不会完满，所以要懂得取舍。而那些懂得放下的人，才是生活中真正的智者。

一次，明远禅师云游到一个地方。听说这个地方有一个叫做南先生的首富，乐善好施。

南先生也同样听说了明远禅师云游到此，于是把禅师请到家里，向他诉说了自己的委屈。他说："我虽然是地方首富，但是我活得并不快乐。亲戚朋友们向我借钱，我借给他们，但是他们却并不还我，而且还常常埋怨我。有一次，一个戏班子到我们这里来，我出钱让他们唱戏，让乡亲们听戏，没想到，这些人中竟然有人进入我家偷盗。我实在是想不通，我如此做事，他们却这样回报我，因此我心中常常烦闷。"

明远禅师听完，笑着说："施主，你是不是想要心中不再郁结，重新找回快乐呢？"

南先生点头说："请禅师开释我。"

明远禅师说："我有一个快乐的秘方放在山上的庙中了，施主愿意跟我去拿吗？不过路很远，你得带上足够的盘缠。"

南先生赶紧答应，就这样，他跟明远禅师上路了。路真的很远，他们走过了一个又一个村庄，翻过了一座又一座高山。

在路上，南先生遇到很多穷人，此时，明远禅师请南先生掏出钱来

施舍给穷人。走了很远的路，南先生看到自己口袋里的钱越来越少了。他有点儿担心，自己拿到秘方后怎么回来。

明远禅师何尝不明白南先生的心思，但是他对南先生说："施主你不必担心，我保证你到时候会开开心心地回到家。"

听完明远禅师的话，南先生也算放心了。于是他毫不犹豫地将口袋里剩余的钱财全部都施舍给了路上遇到的穷人。

这天，他们两人终于回到了明远禅师的庙宇中，南先生赶紧向明远禅师要快乐的秘方。

明远禅师笑着对他说："我已经把秘方给了你啊。"

南先生当下着急地问："大师，您何曾给过我秘方呢？"

明远禅师像打哑谜一样，又说："施主你既然不辞劳苦地到了这里，不如就在我们这座小庙里住一阵子吧。"

南先生想，我不妨先住下，看看动静再说。于是，他就在庙里住了下来。每日听和尚念经，渐渐地感到单调、乏味，心中也越来越着急。

一天，南先生又找到了明远禅师，对他说："禅师你既然不给我快乐的方子，不如就给我一些盘缠，让我回家去吧。"

明远禅师笑着说："施主，我已经把盘缠给你了。"

此时，南先生心中的怒火全部被点燃了。他想着，原来这个和尚戏弄我呢。要什么没什么，还让我跟着他走了这么远的路，花光了我所有的盘缠。这个和尚纯粹是个骗子。这样想着，一气之下，他就离开了寺庙，回家去了。

天黑的时候，他来到了一个小村庄。这时，他身心俱疲，肚子也很饿，正想着去讨口饭吃，忽然看见一位农夫向他走来。南先生正想张口询问，农夫却一眼就认出了他，说道："哎呀，这不是恩人南先生吗。"

说完赶紧把他领到了家里，准备了饭菜。虽然是粗茶淡饭，但南先生依然吃得很高兴，晚上就在农夫家里过夜了。睡觉之前，南先生想，这个农夫比起以前村子里的人要好多了，最起码有良心。

第二天一早，南先生谢过农夫，便匆匆赶路了。

这一路上，南先生发现，只要自己有困难，就有人帮助自己。这些人都是他一路上施舍过的，对他印象很深，都对他怀有感激之情。南先生心里非常快乐，一路上没花分文，就这样回到了家里。

到家以后，南先生忽然明白了。原来，明远禅师真的将快乐带给他了。要不然这一路上，怎么会有这么多人都助自己呢？南先生想，原来明远禅师要教给自己的是施舍的快乐，而不是施舍的回报。

施舍时带着让别人回报的欲念，又怎么会快乐呢？舍得、舍得，有舍才有得，舍得付出，就不要想着回报，否则这种施舍就不是真心的，也不能让自己感受到真正的快乐。

拿起是负累，放下是超然

相传释迦牟尼在世时，有一位黑指婆罗门拿着两个花瓶，前来献给佛陀。

佛陀对黑指婆罗门说："放下！"

于是黑指婆罗门把左手的花瓶放在地上。

佛陀接着说："放下！"

黑指婆罗门再把右手的花瓶放在地上。

然而，佛陀还是继续说："放下！"

黑指婆罗门无可奈何地回答："我已经两手空空了，没有什么东西可以再放下了，您为什么还要我放下？"

佛陀说："我并没有让你放下花瓶，我是让你放下六根、六尘和六识。当你把这些都放下时，才能从生死轮回中解脱出来。"

黑指婆罗门终于悟到了"放下"的真义。

只有"放下"心中的一切贪欲、愤恨和妄想，才能自由自在，才能解脱，才能把握住正确的道路和方向，顺利到达终点。

很久以前，有一个年轻人感觉生活的压力越来越沉重，他觉得自己已经无力支撑，于是他只好去请教一位智者。

年轻人说："大师，我是那样的孤独、痛苦与寂寞，长途跋涉使我疲倦到了极点；我的鞋子已经磨破了，荆棘割破了双脚；手也受伤了，

血流不止；嗓子由于大声呼喊也变沙哑了……我经历了这么多苦难，为什么还不能找到心中的阳光呢？"

智者没有马上回答他的问题，而是将他带到一条五彩石铺就的小路上，然后交给他一个背篓，让他顺着小路一直走下去，把自己喜欢的石头都放到背篓里。

年轻人就照着智者的说法去做了。看见红色的石头，他感觉热情奔放；看见白色的石头，他感觉纯洁无瑕；看见黑色的石头，他感觉庄重严肃……于是他把这些石头一一捡进背篓里。渐渐地，背篓里的石头越来越多，背篓越来越重，最后，他终于支持不住，一屁股跌坐在地上。

智者问："你为什么不丢掉一些石头呢？"

年轻人说："不，这些石头对我来说太重要了，里面装的是我每一次跌倒时的痛苦，每一次受伤后的泪水，每一次孤寂时的彷徨……"

随后，智者带年轻人来到河边，他们一起坐船过了河。

上岸后，智者对年轻人说："你扛着船赶路吧！"

"什么？扛着船赶路？"年轻人一脸愕然，"船那么沉，我扛得动吗？"

"是的，你当然扛不动。"智者微微一笑，说，"过河时，船是有用的。但过河后，我们就要放下船才能继续赶路，否则它就会变成我们的包袱。痛苦、孤独、寂寞、泪水、名誉、地位、金钱，这些对人生都是有用的。但时时刻刻带在身上，就会成为人生的包袱。放下它吧！年轻人，生命不能负载过多的重量，否则人生就会垮掉。从现在起，你把最喜欢的石头留下，剩下的全部扔掉，再试试往前走。"年轻人照办了，顿时感觉无比轻松，他发觉自己的脚步轻快多了，没多久就走到了小路的尽头。

"生命不能负载过多的重量"，在智者的开导下，这位年轻人终于明白了生命不必如此沉重的道理。事实上，我们每个人都应该学会放下人生的包袱，随时清理心灵的垃圾：名利心、是非心、得失心、执著心，以及曾经遭遇的痛苦、孤独等。只有这样，才能让自己轻装前进，走向远方、走向未来。

放下不等于失去，放下的越多，越能拥有更多。当你手中抓住一个东西不放时，你只能拥有这一件东西；如果你肯放手，你就有机会选择其他的。人如果固执于自己的观念，不肯放下，那么他生命的广度和深度也只能局限于某种程度而已。当你紧握双手时，里面什么都没有。当你松开双手时，整个世界就在你手中。人生是一个漫长的旅程，不断前进是人生永恒的主题。在前进的过程中，必须对经历的以往有所取舍，这样才能不断地在扬弃中轻装前行，才能在取舍中更加成熟。

忘记烦恼，重新上路

六月，天气十分炎热，佛陀带一群弟子走在路上。大家都觉得口渴难耐，佛陀看看头上的太阳，对弟子罗汉说："前边有一条小河，你去取些水来，大家就在这里等待，暂时都不要走了。"

由于天气炎热，一条小河已经被蒸发得成了一条小溪，罗汉提着装水的皮囊来到了小溪边。溪边人声鼎沸，路人都来这里取水，车马还从小溪中穿梭而过，溪水被弄得十分污浊。

罗汉无奈，只好提着皮囊回到佛陀的身边，为难地说："溪水被人和穿梭的车马弄得很脏，我无法将那么浑浊的污水取回来给大家解渴。"这时，有人建议佛陀带着大家继续走，去寻找下一个干净的水源。

佛陀没有做声，抬头看看天上的太阳，再看看疲惫不堪的众人，对罗汉说："你还去那里取些水来吧，上午我们就走到这里，吃了饭我们再赶行程。"

面对佛陀的吩咐，罗汉不能违抗，但是他心里想，再去也是浪费时间，因为根本不必看，水肯定还是浑浊的。但想归想，他还是提着皮囊再次来到溪边。溪水确实依然污浊不堪，而且，此时的溪水上还漂着一些枯枝烂叶，依然无法饮用。

这可怎么办呢？罗汉想了想，如果这次自己不取水回去，佛陀一定会怪罪自己的。他不敢空手而归，便从小溪里取了半袋泥水回去。佛陀

看了污浊的泥水，对罗汉说："我知道溪水一定很浑浊，也知道你说的全是真话，你完全没必要取半袋泥水回来啊。你需要做的应该是待在溪水的旁边，等着事情变化。"

此时，罗汉说出了自己的心里话："这样的溪水根本没法喝，所以，我们应该尽早赶路，去寻找另一处水源，这样大家也能早点儿解除饥渴。"

佛陀笑着摇摇头说："这不符合天下人做事的规律，一条溪水是这样，全天下的溪水如果都这样，该怎么办呢？现在你再回去，还是到那条河里去取水，这才是最近、最方便的办法，也是我们做事的一贯道理。"

罗汉为难地说："大师让我再去取水，是否有什么办法，使溪水变得清澈纯净？我将按照大师的指点去做。"

佛陀微笑着说："你需要做的就是什么也不做，等在溪水边，否则你将会使溪水变得更浑浊。所以，你要做的只是等在那里，等着溪水自己变化就可以了。"

听了佛陀的话，罗汉将信将疑地又回到了溪边。这次，罗汉看到流动的溪水已经带走了枯叶，水里的泥沙也渐渐沉淀了下去。不大一会儿工夫，罗汉看到整条小溪变得清澈明亮，一尘不染了，不禁吃了一惊。随即他就拿起皮囊快乐地取水回去了。

佛陀说："今天为何我要一次一次地让罗汉去取水呢？因为今天我还没有向大家讲法开示，现在就用罗汉的三次取水，向大家做开示吧。"

佛陀接着说："今天我们就来说一说烦恼，天下没有什么东西是永恒的，也就是说，根本没有什么事物是恒常不变的，烦恼也是这样。只要你看透了这一点，就明白了放下的道理。烦恼就像是取水，只要你放下心中的烦躁，耐心等待，事情总会发生变化。所以，作为人，我们没有必要让烦恼长久地停留在我们的心中。"

佛陀要说的道理是，如果烦恼过不去，那一定是你自己在扰动，而并非烦恼本身不走。只要放下烦恼，不去扰动它，又怎会害怕它来扰动你呢？所以，只有放下才不会让烦恼随行。

一个强盗跪在禅师面前说："我作恶太多，虽然现在想罢手从善，但自感罪孽深重，难以摆脱良心的折磨，日日寝食难安，今天来访，请您为我澄清心灵，除去心魔。"

禅师对他说："你的悔过之心固然可嘉，但你可能找错人了，因为我的罪孽比你的更加深重。"

强盗说："我做过很多坏事，我自己都数不清有多少件了。"

禅师说："我曾经做的坏事肯定比你还要多。"

强盗又说："我杀过很多人，一闭上眼睛我就能看见他们的鲜血。"

禅师回答说："我也杀过很多人，我不用闭上眼睛就能看见他们的鲜血。"

强盗说："我做的一些事简直没有人性。"

禅师回答："我都不敢想自己以前做的那些没有人性的事。"

强盗听禅师这么说，就用一种鄙夷的眼神看了看禅师，说："既然你是一个恶人，为什么还在这里伪装成禅师，做骗人的勾当！"于是他头也不回，轻松地下山去了。

禅师的徒弟站在旁边满脸疑惑，但一直没有插话，等到强盗离去以后，他向师父合十问道："您为什么要这样说？我很了解您是一个品德高尚的人，一生中从未杀生。可您为什么要把自己说成是十恶不赦的坏人呢？难道您没有从那个强盗的眼中看到他已经对您失去信任了吗？"

禅师说："度人不要拘泥于形式！普通的道理并不能让他得到解脱。他现在的确已经不信任我了，可你难道没有从他的眼睛中看到他如释重负的感觉吗？还有什么比这个方法更好，更能让他弃恶从善、脱离苦海呢？这就是佛家的道啊！"

徒弟激动地说："我终于明白佛法的精义所在了！"

这时，远处传来那个强盗欢乐的叫喊声："我以后再也不用做坏人了！"这个声音响彻了山谷。

愚蠢的人觉悟以后，会比聪明的人对愚蠢有更深刻的认识。愚蠢里常常会有智慧的闪光，古人所谓"浪子回头金不换"就是这个道理。换一种方式让浪子回头，更能让他们体会：只有放下过去，才能重新上路。

凡事太净，缘分势必去尽

有一个老人，信佛信了一辈子，每天都要做善事，天天晚上都诵经颂佛，十分虔诚。

老人在年轻时因为机缘巧合，得到一串珍贵的佛珠。说它珍贵，是因为这串佛珠有着悠久的历史，而且是由十分珍贵的材料做成的。老人当然如获至宝，每天都带在身边，日复一日，佛珠更是变得颗颗光润亮泽。

一日，一贼人听说了这件宝物，半夜入室偷窃，不料被老人拼死护住，贼人一时不能得手，怒从心起，恶向胆生，于是举刀杀死老人，老人身中数刀，不治而亡。

众人目睹老人的惨状，均纷纷质问佛祖："老人对佛祖如此虔诚，为何非但得不到庇护，反而被贼人所杀？"佛祖长叹一口气，答曰："我本欲救他一命，只要他放手即可，怎奈他抵死不放，我又能奈何？"

生命如舟，生命之舟载不动太多的物欲和虚荣。要想使之在抵达彼岸时不在中途搁浅或沉没，就必须轻载，只取需要的东西，把那些次要的东西果断地放下。

须知抓住是一种毅力，放弃是一种智慧；抓住是一种选择，松手是一种抉择；抓住是一种获得，放弃也是一种获得。有的人就是只能获得，不能舍弃，只能上，不能下，下了之后就心痛不已，如丧考妣，这是不大度，也是不明智的表现，死抓住不放是要付出代价的。

时下，人们整天名缰利锁缠身，何来快乐？整天陷入你争我夺的境地，快乐从何说起？整天心事重重，阴霾不开，快乐又在哪里？整天小肚鸡肠，心胸如豆，无法开豁，快乐又何处去寻？

"放下就是快乐"是一粒开心果，是一味解烦丹，是一道欢喜禅。只要你心无挂碍，什么都看得开、放得下，何愁没有快乐的春莺在啼鸣，何愁没有快乐的泉溪在歌唱，何愁没有快乐的鲜花在绽放！

有一个年轻人，跑去向智者倾诉烦恼。年轻人说了很多，可智者总是笑而不答。等年轻人说完了，智者才说："我来给你挠一下痒吧。"年轻人不解地问："您不帮我解除烦恼，却要给我挠痒，我的烦恼与挠痒有什么关系呢？何况我并不需要挠痒！"

　　智者说："有关系，并且关系很大！"年轻人无奈，只好掀开背上的衣服，让智者给自己挠痒。智者只是随便在年轻人的身上挠了一下，便再也不理他了。年轻人突然觉得自己背上有一个地方痒得难受，便对智者说："您再给我挠一下吧。"

　　智者于是又在年轻人的背上挠了一下。可是，年轻人觉得这里刚挠完，那里又痒了起来，便求智者再给自己挠一下。就这样，在年轻人的要求下，智者给年轻人挠了一上午的痒。

　　年轻人走的时候，智者问："你还觉得烦恼吗？"整整一上午，年轻人都在缠着智者给自己挠痒，居然将所有烦恼的事情都忘记了。于是，他摇了摇头说："不烦恼了。"智者这才点头笑着说："其实，烦恼就像挠痒，你本来是不觉得痒的，但是如果你闲来无事，去挠了一下，便痒了起来，并且越挠越痒。烦恼也是一样，本来你不觉得烦恼，只是如果你闲来无事时，去想了一些令自己烦恼的事，你便开始烦恼起来，并且越想越烦。"

　　年轻人似有所悟。智者接着说："烦恼最喜欢去找那些闲着没事的人，一个整天忙碌的人，是没有时间烦恼的！"

　　放下就会快乐，放下了烦恼，又怎么会有烦恼呢？

　　寺院里新来的小沙弥对什么都好奇。秋天，禅院里红叶飞舞，小沙弥跑去问师父："红叶这么美，为什么会掉呢？"

　　师父一笑："因为冬天来了，树撑不住那么多叶子，只好舍。这不是'放弃'，是'放下'！"

　　冬天来了，小沙弥看见师兄们把院子里的水缸扣过来，又跑去问师父："好好的水，为什么要倒掉呢？"

　　师父笑笑，说："因为冬天冷，水结冰膨胀，会把缸撑破，所以要倒干净。这不是'真空'，是'放空'！"

　　大雪纷飞，厚厚的，一层又一层，积在几棵盆栽的龙柏上。师父吩

咐徒弟合力把盆搬倒，让树躺下来。小和尚又不解了，急着问："龙柏好好的，为什么弄倒？"

师父正色道："谁说好好的？你没见雪把柏枝都压塌了吗？再压就断了。那不是'放倒'，是'放平'。为了保护它，教它躺平休息休息，等雪融化了再扶起来。"

天寒，加上全球金融危机，香火收入少多了，连小沙弥都紧张，跑去问师父怎么办。

"少你吃、少你穿了吗？"师父一瞪眼，"数数！柜子里还挂了多少件衣服？柴房里还堆了多少柴？仓库里还积了多少土豆？别想没有的，想想还有的。苦日子总会过去的，春天总会来，你要放心。'放心'不是'不用心'，是把心安顿。"

春天果然跟着来了，大概因为冬天的雪水特别多，春花烂漫，胜于往年，前殿的香火也渐渐恢复往日的盛况。师父要出远门了，小沙弥追到山门："师父您走了，我们怎么办？"

师父笑着挥挥手："你们能放下、放空、放平、放心，我还有什么不能放手的呢？"

放下生命中不能承受的物欲和烦恼，你将收藏一颗清净心，体会到真正的快乐。

有求皆苦，舍弃那些贪念

有个人虽然拥有亿万财富，却总是闷闷不乐。于是他背上许多金银珠宝去远方寻找快乐，可是他走遍千山万水也没有找到。

这天，富翁正愁眉不展地坐在路边叹息，一位衣衫褴褛的农夫唱着山歌走过来。富翁很羡慕农夫的自得其乐，于是向农夫讨教快乐的秘诀。农夫笑笑说："哪里有什么秘诀，快乐其实再简单不过了，只要你把背负的东西放下就可以。"

富翁忽然顿悟：自己一路上一直背着那么沉重的金银珠宝，腰都快被压弯了，而且住店怕被偷、行路怕被抢，整天忧心忡忡、惊魂不定，这样怎么能快乐得起来呢？

于是，富翁放下行囊，把金银珠宝分发给过路的穷人。这样，不仅背上的重负没有了，他还看到了一张张快乐的笑脸，他终于成了一个快乐的人。

很多时候，不是快乐离我们太远，而是我们根本不知道自己和快乐之间的距离；不是快乐太难得到，而是我们活得还不够简单。

有人说，每个人的内心都像一栋新房子，刚搬进去时都想着要把所有的家具和装饰摆在里面，但是到最后，人们发现这个家摆设的东西太多了，反而没有了自己可以舒服待着的地方，于是开始想着舍弃一些不需要的东西。

佛教中有一个观点："有求皆苦"。人之所以痛苦是由于所求太多、太繁杂。作为凡夫俗子的我们虽然做不到"无求自安"，但是起码可以学会"减法"——当烦恼和痛苦的时候，要勇于删除一些欲望。

一天，樵夫在森林里看到了一只受伤的银鸟，于是他把银鸟带回家，精心地替银鸟疗伤。银鸟每天都会唱歌给樵夫听，它的悦耳歌声驱散了樵夫的疲劳和空虚，使樵夫变得很快乐。

有一天，邻居看见了樵夫的银鸟，告诉樵夫他曾经见过金鸟，金鸟比银鸟漂亮几千倍，歌也唱得比银鸟好听。

樵夫心想，原来世界上还有金鸟，如果能得到金鸟，那该是多么幸运和幸福的事情！从这以后，樵夫每天都盼望着遇见金鸟。虽然银鸟美丽的歌声依然如故，樵夫却再也不像以前那样喜欢银鸟，他也不再那么快乐了。

有一天，樵夫坐在门外，望着夕阳，想着金鸟到底有多美。

此时，银鸟的伤已完全康复，准备离去。银鸟飞到樵夫的身旁，最后一次唱歌给他听，而樵夫仍然呆呆地望着远处的夕阳，心想："金鸟到底有多美呢？"

听见银鸟的歌声，樵夫漠然地说："你的歌声虽然好听，但远远不及金鸟的好听；你的羽毛虽然漂亮，但远远比不上金鸟的漂亮。"

樵夫的话伤透了银鸟的心，银鸟绕着樵夫飞了三圈，算是答谢他的

疗伤之恩，然后朝着金黄的夕阳飞去。

樵夫望着渐渐远去的银鸟，突然发现银鸟在夕阳的照射下变成了美丽的金鸟。

原来，樵夫梦寐以求的金鸟一直就在他身边，只是他没有发现而已。然而金鸟已经飞走了，飞得远远的，它被伤透了心，再也不会回来了。樵夫后悔不已。

当减去那些对我们的人生没有什么意义的欲望，保留那个对我们而言最重要的目标时，迈向成功和成熟的可能性就会更大，拥有的快乐也会更多。过简单的生活，主动摒弃一些东西是一种成熟的心态。

不必为了讨好别人而去做违背自己意愿的事情，不必为了功名利禄而去刻意结交自己不喜欢的朋友，不必为了追求更多的财富而去做违背良心的事情。

我们要还原生活的本真，真实体验生活中的自由、轻松和属于生命自身的意义。我们要有节奏地适当放慢脚步，给生活多做"减法"，只有这样，生活才会从容，身心也才会舒畅。

看淡得失，不完美才是人生

古时，有一位守寡多年的妇人和她的独子生活在山下的小村庄里。她对儿子非常疼爱，无微不至地百般呵护。可是，突然有一天这位妇人的独子染上了一种罕见的恶疾，大夫们诊视后都束手无策。这个孩子煎熬几日之后，就撇下母亲离开了人世。

面对突如其来的打击，妇人仿佛遭遇晴天霹雳，始终无法接受这个事实，于是天天守在儿子的坟前哀伤哭泣，还常常念道："在这个世上，儿子是我唯一的亲人和寄托，如今他竟然舍下我离开了，留下孤苦伶仃的我苟且活着，有什么意思啊？"

由于她整日沉浸在失去爱子的悲伤中不可自拔，佛陀就决定点醒她，于是来到她的面前，问道："你想让你的儿子死而复生吗？"

妇人原本死气沉沉的眼睛里立即注入了希望的火，她如同水中的溺者抓到了浮木一样急忙说："当然，那是我的希望，请大慈大悲的佛祖帮助我吧！"

　　佛陀看了一眼瞬间恢复希望的妇人，然后说："只要你点着上好的香来到这里，我就能让你的儿子复活。但你一定要记住，这上好的香要用家中从来没有死过人的人家的火点燃。"

　　佛陀刚说完，这位妇人二话不说就赶紧回到家中，准备上好的香，然后拿着香立刻去寻找从来没有死过人的人家的火。她出了家门，逢人便问："您家中是否从来没有人离世呢？"有的人说："家父前不久刚去世。"有的人说："妹妹一个月前走了。"

　　很长时间过去了，不死心的妇人问遍了村里所有的人家，却没有一家是从来没有死过人的。她根本找不到佛陀要求的这种火来点香，失望至极的她走到儿子的坟前，痛苦地对佛陀说："大慈大悲的佛祖，我走遍了整个村落，每一户家中都曾有家人过世，没有哪个家里从不死人的啊！"

　　佛陀见时机成熟，就对妇人说："世上一切的事物，都是在遵循着生灭、无常的道理运行。春天，百花争艳，树木抽芽，到了秋天，必是树叶飘落，乃至草木枯萎，这就是自然的无常现象。人也如同自然中的花草虫鸟一样，有生必有死，谁也无法避免生、老、病、死，并不是只有你心爱的儿子才经历这个变化无常的过程啊！"

　　生命本是一种自然境界，所以顺其自然最重要。

　　很久以前，在日本有一位修行多年的桃水禅师，他曾在日本各地教过无数的徒弟。但在他做住持的一个大庙宇中，有很多僧人因为无法忍受修行的艰辛，往往会半途而废。不过继续慕名而来的信徒也越来越多，仿佛他的法席仍然非常兴旺。由此，桃水禅师顿悟到人生，便在之后辞去了教席，向信徒们告别，然后云游去了。

　　三年后，他原来的一位信徒在京都的一座桥下发现了与乞丐生活在一起的桃水禅师。能有这么好的机缘遇见桃水禅师，信徒马上向他请教怎样修行。

　　桃水禅师说："假如你能像我一样在这里过上两三天的生活，我也

许可以教你。"

于是，信徒就打扮成乞丐的模样，与桃水禅师共度了一天的乞丐生活。

第二天傍晚，乞丐群中死了一人，桃水禅师就和信徒一起把尸体搬到山里去埋了。

事情办完之后，桃水禅师回到桥下倒身便睡，一觉到天亮，信徒却始终不能入眠。

待到天亮之后，桃水禅师忽然对信徒说："我们今日不必出去乞食了，死了的那个同伴还剩下一些食物在这儿。"但那个信徒拿着死了的乞丐留下的食物，却一口也不能下咽。

于是，桃水禅师对他说："我早知你不能看淡生死，看来你是无法继续跟我修行了。"

信徒听后垂首无言。

桃水禅师挥挥手说："你走吧，以后不要来烦我了。"

信徒遂向桃水禅师拜别，黯然离去。

清人吴步韩曾写过一首对联，上联曰："常如作客，何问康宁。但使囊有余钱，瓮有余酿，釜有余粮，取数页赏心旧纸，放浪吟哦。兴要阔，皮要顽，五官灵动胜千官，过到六旬犹少。"下联道："定欲成仙，空生烦恼。只令耳无俗声，眼无俗物，胸无俗事，将几枝随意新花，纵横穿插。睡得迟，起得早，一日清闲似两日，算来百岁已多。"言语之间尽是对生死的豁达和淡然。

其实人就如沧海一粟，缘何对生死看不开、解不透呢？只因人太过珍爱自己的生命，既然珍爱，就应该尊重生命、尊重生死，唯有这样才能真正地享受生命的美好、人生的精彩。

失之东隅，收之桑榆

　　人在一生中最舍不得的就是"我"，这是一个人前进的最大障碍。谁如果懂得主动撒手，先舍掉自我，那么他才有可能得到"大得"，这就是大舍才能大得的道理所在。因为在你"撒手"舍弃自我的那一瞬间，在你做到了一般人都不敢做的举动之后，说不定意外的运气就会光顾你的生活。

　　明代冯梦龙在《智囊》一书中讲过这样一个故事：

　　江阴一带有一个大财主夏翁，有一次乘船经过市桥，有个人挑着粪故意将粪从桥上倒入夏翁所乘的船中，掉下来的粪很多都溅到了夏翁的衣服上，船上的人都很生气。原来这个人与夏家是旧相识，夏翁的仆人们怒不可遏地要揍这个人，但是夏翁说："此事是他不知道，并不是故意而为之。他若知道我们，怎么可能来触犯呢？"于是好言好语遣散了仆人们。

　　回到家中之后，夏翁翻阅家中的账本，查出这人欠了三十两金子还没还。夏翁想这个人原来是借机寻衅，以求一死，于是主动为这个人减了债务，此后，这个人再也没有故意为难过夏翁。

　　《智囊》中还有一个故事：

　　长州尤翁是个开典当铺的。在年底某一天，尤翁忽然听见门外一片喧闹声。尤翁走出门一看，原来是一位邻居在大声吵闹。站柜台的伙计看见尤翁来了于是上前对他说："前些天他将衣服押了钱，但是今天他却空手来取，不给他就破口大骂。有这样不讲理的人吗？"这会儿那人仍然气势汹汹的样子，一副不肯相让的态度。

　　于是尤翁从容地对他说："其实我也能够理解你的难处，现在已经到了年关，你不过是为了能够顺利地度过年关。为了这种小事，咱们值得一争吗？"于是立即命伙计找出那人的典物，共有衣服、蚊帐四五件。尤翁指着棉袄说："这件衣服冬天抗寒肯定不能少。"接着又指着

道袍说："这件衣服给你拜年用，其他的东西现在可能还不急用，暂时可以留在这儿，你说怎样？"

那人拿到这两件衣服之后，无话可说，于是立刻离开了。当天夜里，这个人竟然死在别人的家里。原来他的亲属同那家人打了一年多的官司，因为打官司，此人背负了很多债务。当时来尤翁家的时候，这人已经服毒，他知道尤家富贵，想借机敲一笔钱，结果一无所获，于是就转移到另外一家。事后有人问尤翁："为什么能预先知情而主动吃亏给他东西？"尤翁回答："凡无理来挑衅的人，肯定是有依仗的。如果在小事上不能忍耐，那么灾祸必定会立刻到来。"人们听了这话，都很佩服尤翁的见识。

夏翁如果不懂得主动撒手，减免那个人的债务，说不定日后那个人还会寻衅滋事，最终以死为难夏翁。同样的，如果尤翁在那样的情况下，丝毫不放弃自己的任何利益，不主动撒手，那么那个人必定会死在尤翁的家里，这样，尤翁损失的就不只是几件衣服了。由此可见，能够主动撒手的人都是智者，就像夏翁和尤翁，主动抛弃自己的利益，换取更大的利益，这才是智者所为。

在生活中，人们时刻都在取与舍之间进行选择，大多数的人总是渴望着获取、渴望着占有，但是他们却常常忽略了舍，忽略了占有的反面——放弃，因此他们往往得不到想要的东西。只有懂得了放弃的真义，理解了"失之东隅，收之桑榆"的真谛，能够静观万物，让自己的内心变得平和，才能在不经意间得到自己想要的东西。

卷七

何必争强来斗胜，
百年浑是戏文场

何必争强来斗胜，百年浑是戏文场；顷刻一声锣鼓歇，不知何处是家乡。人生就像一场戏，尽管在剧中曾经风光、繁华过，然而一旦落幕，一切都将归于寂静。

不争，则天下莫能与之争

自盘古开天辟地以来，人类历史就开始了无休止的争斗。人们总是为了钱财，为了权势，为了名誉地位，为了情爱你争我夺。说到底，世界上的一切争斗都是为了一个"利"字。每个人都希望自己生活得快乐，但争来斗去，得到的却是无尽的烦恼和痛苦。

真正聪明的人往往与世无争，一切遵循自然规律行事，不主观妄为，反而能够获得别人无法争到的东西，这正是不争之争。正如一位得道高僧所言："不争的人才能看清事实；争了就乱了，乱了就犯了，犯了就败了。要知道，普天之下，并没有一个真正的赢家。"

宋朝的雪窦禅师一向喜欢四处云游。一天，雪窦禅师在淮水边遇见了曾会学士。曾会看到雪窦，热心地问道："大师，您这是要到哪里去啊？"

雪窦也很有礼貌地答道："现在还说不定呢，也许会去钱塘，也许会到天台看看。"听到这里，曾会建议道："灵隐寺的住持珊禅师跟我交情甚笃，我现在写封介绍信给您，看到这封信他一定会好好地招待您。"

于是雪窦禅师就辛苦跋涉来到了灵隐寺，但他并没有把介绍信拿出来给住持珊禅师过目，而是潜身修行了三年。

三年后的某一天，曾会奉令出使到浙江时，突然忆起往事，便到灵隐寺找雪窦禅师。但令他没想到的是，全寺僧侣竟没有一人知晓雪窦禅师在哪里。曾会不相信，便自己去云水僧所住的僧房内寻找，费了一番工夫，终于找到了雪窦禅师，曾会万分不解地问道："大师，为何您不见住持而隐藏在这里呢？是不是把我写的那封信弄丢了？"

雪窦禅师摇摇头，笑道："岂敢，岂敢。我只是个云水僧，一无所求，我不会做你的邮差的！"说完就拿出信原封不动地交给曾会，双方相视而笑。

后来灵隐寺的住持珊禅师甚惜其才，就推荐雪窦去苏州苹峰寺任住持，在那里，雪窦终成一代名师。

倘若人们都能实现清代张潮在《幽梦影》中所说的："能闲世人之所忙者，方能忙世人之所闲。人莫乐于闲，非无所事事之谓也；闲则能读书，闲则能游名胜，闲则能交益友，闲则能饮酒，闲则能著书；天下之乐，孰大于是？"那么，人生之美就都能看得更通透了。

释远禅师未做禅师，还是行者的时候，到寺庙中拜谒在这里修行的禅师，希望禅师能够解开他心中的疑惑。

释远问道："禅师，人的欲望是什么？"

当时庙里负责开解行者的禅师名叫释空。听了释远的话，释空回答："你先回去吧，明天中午再来，记住不要吃饭，也不要喝水。"

尽管释远不明白禅师的用意，但还是照办了。第二天，他再次来到禅师面前。

释空禅师问："你现在是不是饥肠辘辘、饥渴难耐？"

释远回答："是的，我现在可以吃下一头牛、喝下一池水。"说完，他还舔了舔干裂的嘴唇。

释空笑道："那么你现在随我来吧。"

说完，释空就带着释远走了很长一段路，来到了一片果林前。释空禅师递给他一只硕大的口袋，说："现在你可以到果林里尽情地采摘鲜美诱人的水果，但必须把它们带回寺庙才可以享用。"说完转身离去。

夕阳西下的时候，释远肩扛着满满的一袋水果，步履蹒跚、汗流浃背地走到禅师面前。

"现在你可以享用这些美味了。"释空禅师说。

释远迫不及待地伸手抓过两个很大的苹果，大口大口地咀嚼起来。顷刻间，两个苹果就被他狼吞虎咽地吃了个干净。吃完以后，释远抚摸着自己鼓胀的肚子疑惑地看着释空禅师。

"你现在还饥渴吗?"释空禅师问道。

"不,我现在什么也吃不下了。"释远回答。

"那么这些你千辛万苦背回来却没有被你吃下去的水果又有什么用呢?"释空禅师指着那剩下的几乎是满满一袋的水果问。

此时,释远才恍然大悟。

世人常盼别人欣赏自己,而过多地争名逐利,其实都是一些累赘的欲望。人真正应该做的是自己喜欢的,真正能够做好的事情。这与名利无关,与欲望无关,只与快乐有关。

大智若愚,得理也让三分

在生活中,常有些人喜欢处处显示自己的聪明,其实,这是最不聪明的做法。很多时候,伴随智慧而来的不是聪明,而是愚蠢。有道是,"大智若愚"。真正聪明的人,外表往往是愚笨的,相反,那些外表聪明的人其实是最不聪明的。

古代著名文学家苏东坡在《贺欧阳少师致仕启》里首次用到"大智若愚"这个词。苏东坡不仅学问渊博,而且品格高尚,对于先哲的思想自是体会深刻,才会有此感想。

其实,大智若愚是一种故作糊涂的智慧。

况钟是明朝有名的好官,他最初以小吏的身份追随尚书吕震左右。况钟虽是小吏,但头脑精明,办事忠诚。吕震十分欣赏他的才能,推荐他当主管,升郎中,最后出任苏州知府。因为自己出身吏员,况钟深知吏治中的积弊,也知道苏州小吏的奸猾。

但是,初到苏州,况钟并没有立刻着手吏治,而是假装对政务一窍不通,凡事问这问那,府里的小吏们怀抱公文,个个围着况钟转悠,请他批示。况钟佯装不知,瞻前顾后地询问小吏,小吏说可行就批准,不行就不批准,一切听从属下的安排。这样一来,许多官吏乐得手舞足蹈,个个眉开眼笑,说况钟是一个大笨蛋。

过了三天，况钟召集全府上下官员，一改往日温柔愚笨之态，大声责骂道："你们这些人中，有许多奸佞之徒，某某事可行，他却阻止我去办，某某事不可行，他则怂恿我，以为我是个糊涂虫，耍弄我，实在太可恶了！"

　　况钟说罢，当即下令，将其中的几个小吏捆绑起来，痛打一顿，鞭挞后扔到街上。

　　此举让其他属下胆战心惊，再也不敢肆意妄为了。从此，一府大震，人人奉法，人称况钟为"况青天"。

　　"大智若愚"是"若愚"，并不是真的愚笨，好像傻瓜一个，其实是一个大智慧的人，而且也只有大智者才能做到"若愚"。一个人可以利用别人以为他"笨拙""愚蠢"来完成在"智慧""巧妙"的情况下不容易办成的事情。

　　唐代名臣郭子仪乃四朝元老，他担任天下兵马大元帅之职，手握重兵，一举手、一投足都关系到大唐帝国的存亡，即便是皇帝都敬他三分，可谓"一人之下，万人之上"。然而，就是这样一位大人物，在自己的祖坟被人掘了的时候，却气不长出、面不改色。

　　当时，皇帝身边有一个叫于朝恩的宦官，为人很势利，虽然没有什么才华，但是由于他擅长溜须拍马，所以深为皇帝宠爱。

　　于朝恩对郭子仪的才干、权势十分妒忌，曾多次在皇帝面前打小报告，诽谤、攻击郭子仪，却没有成功。在愤愤不平之下，他竟然暗中指使人盗挖郭家的祖坟。

　　身在前线的郭子仪得知自己家的祖坟被掘，非常气愤。满朝公卿都以为郭子仪必会有所动作，但是，当他从前线返回朝廷时，并没有因此大张旗鼓地实施报复。

　　不仅如此，郭子仪还平静地对皇帝说："我多年带兵，并不能完全禁止部下的残暴行为，士兵毁坏别人坟墓的事也发生过不少。我家祖坟被掘，这是报应的结果，并不是他人故意破坏。"

　　很显然，郭子仪要除掉一名奸宦不费吹灰之力。然而，郭子仪并没有这样做，而是选择忍让，选择了平和地对待。

　　在现实生活中，有不少冲突都是由于一方或双方纠缠不清或得理不

让人，一定要小事大闹，争个胜负，结果矛盾越闹越大，事情越弄越僵。如果能够学学郭子仪"难得糊涂"的做法，在小事上适当地糊涂一下，得理也让人三分，用宽容之心待人，那么自然就能大事化小、小事化了。

《菜根谭》中说："滋味浓时，减三分让人食，路径窄处，留一步与人行。"有理也让人三分，不仅可以化解矛盾，还能够让彼此加深理解、增进友谊，对于建立融洽、和谐的人际关系起到促进作用。做事要留有余地，不把事情做绝，于情不偏激、于理不过头。得理之时，不妨让人三分，做一个聪明的糊涂人。

良言一句三冬暖，恶语伤人六月寒

佛说："毁灭人只要一句话，培植一个人却要千句话，请你口下多留情。"人生最重要的一件事就是管好自己的嘴巴，也就是管住自己别乱说话。佛家有云："我们的嘴巴一天到晚爱说话，这个说话是口业。"

在所有的罪恶中，最易犯、最常犯而且最害人不浅的就是口业。有人说，说话前你是话的主人，说话后你就是话的仆人了。话没出口之前由你控制，话一旦出口，就不由你控制了。好话有好报，恶语有恶报。所以说话前一定要慎之又慎，谨防"祸从口出"。

一天，佛陀带着阿难到王舍城内托钵（指拿着钵接受人们奉献的食物和生活必需品）后，走出城外。走着走着，他们看见一个宽大的深坑，是城内居民倾倒大小便的粪坑，再加上雨水和脏水不断混入，真可谓臭气冲天。

粪坑里面有一个好似人状，而且有很多手脚的小虫。它远远地看到佛陀来了，于是不断地从臭水中抬起头来，泪流满面地仰望着佛陀。

佛陀见到它那悲凄状，忍不住从怜恤的眼神里透露出一丝悲哀，此时，一切反应都看在阿难的眼里。

返回灵鹫山后，阿难不解地问佛陀："您刚才看见小虫时，为什么眼神里露出难过的表情呢？难道它前世做了什么罪业不成？为什么投胎在那臭水坑里呢？它何时才能脱离那种痛苦呢？"

"阿难，你仔细听着。现在我说一说它的前后因缘。"

于是，佛陀开始谈起了这样一件往事：

当时，有一位婆罗门建造寺庙，供养众多僧伽，有位施主供了许多乳制品。一天，正好碰上一群云游和尚来访，该寺庙的知客僧心里想："施主特地送来一批供养品，来了这么一群不速之客，端出来给他们吃未免太可惜了，干脆藏起来吧！"

于是，知客僧把乳制品偷偷地藏了起来。不料，那群云游僧人早已知悉此事，他们责问知客僧说："你为什么不让我们吃那些乳制品呢？"

"你们刚来做客，我是寺里的老主人，新来客人怎么能享受如此佳肴美味呢？"

"乳制品是施主供养的，现在住在寺庙的人应该不分彼此，都应该分享才对。"

知客僧被人斥责后，怒火中烧，以至失去自制心，破口大骂道："你们去喝厕所的脏水吧！哪有资格享受这些美食呢？"

佛陀说到此，顿了顿，然后转口说："妄开恶口，终有恶报，在此后数千年的漫长岁月里，他就投生在厕所坑里了，也就是王舍城外那只小虫。他只是对别人说了一次恶言恶语，结果就饱尝到如此痛苦。所以，凡我弟子都应该明白祸从口出的道理。对别人说话，切忌妄开恶言。"

恶语伤人损己，真是一点儿不假，祸殃往往由口不择言造成。所以，在与人交往的过程中，我们应该谨言慎行，切忌口出恶语。

佛说："毁灭人只要一句话，培植一个人却要千句话。"说一句恶语非常容易，但要弥补这句恶语带来的损失，不知要用多少句好话、多少个善行才够。

很久以前，舍卫城里有一个非常有钱的商人，信奉佛教。一天，他准备了很多美食佳肴，虔诚地供养佛陀和其弟子们。佛陀受过供养，又开示了一番，然后就领着众位弟子返回精舍。

在回来的途中，佛陀和弟子们在河边的大树下休息。忽然，从树上

跳下来一只猿猴，求借佛陀的钵具。佛陀就把钵具递给了猿猴。猿猴接过钵具后，一溜烟地跑开了。

很快，它又一溜烟地跑了回来，并且在钵中盛满了蜜糖，双手恭恭敬敬地奉给佛陀。佛陀接受后，把它分施给众位弟子。

不久，猿猴死了，转世投胎到那个商人家中。出生的时候，家里所有的餐具都装满蜜糖。商人夫妇觉得非常奇异，所以为他取名蜜胜。

一转眼几年过去了，蜜胜长大了，然而，他却厌烦凡尘俗世，请求父母允许他出家，父母执拗不过，只好答应了。于是，蜜胜到精舍投佛出家。因为他前世的善因，很快得到了善果。

一次，蜜胜和同修比丘们出外度化。半途中，众人都感到热渴难耐，都想有一杯饮料。这时蜜胜将空钵向空中一抛，然后用双手去接，此时，钵中已盛满佳蜜。

蜜胜把它送给众僧解渴。回到精舍时，有一位比丘向佛陀请教道："蜜胜比丘，过去修的是什么福？为什么能在任何时间、任何地方，都能很方便地求得蜜糖呢？"

佛陀回答说："你们是否记得，曾经有一只猿猴，求借钵具，装了佳蜜，来供养我等？由于它的善心施舍，所以死后转世为人；由于他的诚心，供佛佳蜜，所以今生随时随地都能得到蜜。"

比丘继续问道："佛陀！蜜胜的前世，又是什么因缘，才堕生为猿猴呢？"

此时，佛陀周围已经围满了弟子，佛陀看了看他们后，继续说道："蜜胜会堕为猿猴，那是五百年前的事了。那时候，有一位青年比丘，偶然间看见另一位比丘跳过一条小溪，就嘲笑他的动作像猿猴一样，因此犯了恶语的罪，遂堕落为猿猴。后来他深深后悔自己的错误，向那位比丘忏悔，免堕地狱受苦，并苦苦修行，积德行善，方能遇佛得度，修成了正果。"

佛陀讲完以后，继续说道："一句恶语的罪过，有时候恐怕用一千句善言、一千个善行也弥补不了。因此，大家千万不要有戏言和恶口。"

佛语有云："利刀割肉疮犹合，恶语伤人恨不销。"辱骂、中伤、诽谤等恶言恶语，不仅会使被说者的身心受到严重伤害，也会为自己埋下祸患。一个人如果说话从不忌口、从不经过深思熟虑，就很可能在无形中造成严重的口业罪过！

口业最伤人，也最害己，所以，我们必须口业清净，对自己要出口的话三思而后说，恶言恶语永远不要出自我们口中。佛偈云："慈悲口，方便舌，有钱无钱都做德。"不说粗言暴语伤害他人，这就是一种无上的功德。

用心计较，莫如退步思量

佛说："不宽恕众生，不原谅众生，是苦了你自己。"

宽容别人对我们来说，说难也不难，说容易也不容易，关键在于我们的心灵如何选择。一个人如果选择了仇恨，那么他将在黑暗中度过余生；而一个人如果选择了宽容，那么他就能将阳光洒向大地。古语有云："知错能改，善莫大焉！"既然如此，我们何不选择宽恕呢？

一个懂得宽容的人，他的天地一定更加广阔，精神一定更加充实，心灵一定更加纯洁，灵魂一定更加美丽。一个宽容的人，必定是一个快乐、成功的人。学会宽容，是善待他人，更是善待自己。所以，你永远要宽恕众生，宽恕别人就是解放自己，解放自己才能得到真正的快乐。

很久以前有一个虔诚的佛信徒。一天，他提着一篮子供果去大佛寺供佛。他的右脚刚踏进大殿，左侧突然跑出来一个人，正好和他撞了个满怀，不但把他撞了个大趔趄，还把他提的水果都撞翻在地上了。

信徒看到满地乱滚的水果忍不住嚷道："你看看！你怎么这么鲁莽，把我供佛的水果都撞成了什么样子！"

那个人不但没有道歉，反而有些不满地说："撞翻就撞翻了，最多说一声'对不起'就完了，你用得着那么凶吗？"

信徒一听更加生气了，指责道："你这是什么态度！本来自己错了，还有理指责别人！"

由于双方互不相让，彼此谩骂起来。

正在这时，寺中的一位禅师正好打此经过，他看到二人争吵不休，便把他们俩带到一旁，问清原委后对他们说："莽撞行路是不应该的，但是不肯接受别人的道歉也是不对的，这都是愚蠢的行为。能够坦诚承认自己的过失以及礼貌地接受别人的道歉，才是明智之举。"两个人听后都惭愧地低下了头。

禅师继续说道："人这一生实在不容易，需要处理的事情太多了。在人际关系方面，要处理好与师长、亲族、朋友的关系；在经济方面，要量入为出，精打细算，细水长流；在家庭方面，要培养夫妻感情、照顾子女生活；在精神方面，要提高自己的修养，树立远大的理想。如此一来，才不会虚度人生。试想，你们今天为了这么一点点小事，就破坏了一片虔诚的心境，还浪费了那么大的气力和那么长时间，值得吗？"

如果说愤怒是一剂毒药，那么宽容就是一剂良药。宽容对己对人都是一种无上的福音，它是对别人的释怀，更是对自己的善待。

世人常因为一句闲话争得面红耳赤；邻里之间常因为孩子打架导致大人拌嘴；夫妻之间常因为家庭琐事同室操戈、劳燕分飞，凡此种种，不一而足，都是以愤怒代替理智，针锋相对、冤冤相报、无休无止，直到身心疲惫，两败俱伤。代价实在太大了，伤了别人，苦了自己，得不偿失，何必呢？倒不如放下仇恨，宽恕对方。因为多一分宽恕，就能让我们多一位朋友、多一分成功的机会。

佛祖之所以有超凡的境界，就是因为他们做到了与世无争、宽容待人，这就是佛祖的高明之处。宽容别人可以升华自己，而记恨一个人却会在无形之中伤害自己。当你陷在情感中不能自拔的时候，最容易迷失自己，最容易丧失内心的平静与祥和，这是对你最大的伤害。因此，你要时刻怀有宽容之心，善待他人，同时也是善待自己。

一天，觉远大师正打算开门出去，突然闯进来一个彪形大汉，狠狠地撞在了觉远大师身上，不但把他的眼镜撞碎了，还把他的眼皮给戳青了。

撞人之后，大汉不但没有道歉，反而理直气壮地说："谁叫你戴眼镜的？"

觉远大师笑了笑，没有说话。

　　大汉对觉远大师的反应感到颇为惊讶，于是问道："喂！和尚，你怎么一点儿都不生气呀？"

　　觉远大师借机开示说："我为什么要生气呢？生气既不能使眼镜恢复原状，又不能让脸上的淤青消失，将我的痛苦解除。再说，生气只会让事端继续扩大，如果我对你破口大骂甚至大打出手，不但不能把事情化解，还会造成更多的业障和恶缘。如果我早一分钟或晚一分钟开门，都会避免相撞，或许这一撞也化解了一段恶缘，所以，我还要感谢你帮我消除这业障呢！"

　　大汉听后感动万分，然后若有所悟地离开了。

　　事情过了很久之后，一天，觉远大师突然收到一封信和5000元现金，信上写道："莫生气，冷静反思，避免事情恶化。"

　　原来，大汉以前不懂得勤奋努力，工作以后，在事业上又高不成、低不就，所以十分苦恼。有一天在上班时，他忘记了拿公文包，于是又返回家去取，不想却发现妻子与一个男子在家中谈笑。他气急败坏地跑进厨房，拿起一把菜刀，想先杀了他们，然后自杀，以求一了百了。

　　不料，当那个男子惊慌地回头时，脸上的眼镜突然掉了下来。就在那一刻，大汉不由得想起了觉远大师的教诲，于是他慢慢地冷静下来，反思了自己的过错。

　　如今，大汉生活得很幸福，工作也得心应手了。所以他特地寄来5000元钱，感谢觉远大师的恩情。

　　宽容是对生命的洞见，宽容也是最好的教育手段，能用真切的言行给人以启迪。觉远大师的宽容带给了大汉觉悟，教会了他用一颗宽容的心去对待别人。以宽容之心代替冲动和生气，就是善待自己、善待他人。

　　也许有人会不以为然地说："难道别人往你脸上吐口水，你还要笑脸相迎吗？难道别人拿棍子戳你，你还要感谢他吗？"这其实是对宽容的一种误解。我们所说的宽容不是迁就，也不是软弱，而是一种修身之法，是一种充满智慧的处世之道。以恕己之心恕人，以责人之心责己。俗话说："贪小便宜吃大亏，吃小亏占大便宜。"上天是公平的，你在

这里失去的东西，它必定会在那里给你加倍的回报。

学会宽恕别人，就是学会善待自己。不肯宽恕别人的人是最可悲的，因为他早已暴露了自己狭小的心灵空间。宽容，能让我们的心灵获得自由、获得解放；宽容，可以让生活更加轻松愉快；宽容，可以让我们赢得更多的朋友。人与人之间多一分理解和宽容，人生就会变得更快乐、更有意义！

越是嫉妒，越是痛苦

雍正年间，有个名叫白太官的人是著名的武林高手。传说，有一次他从外地回乡时，恰巧遇到一个小孩正对着一块大石头练功，只见那个小孩掌风过处，将大石拍得粉末飞扬、火光四溅。

白太官十分惊异，心想："不承想我这家乡中竟然还有这样的小孩，小小年纪就将功夫练到这般田地，长大后的成就必定在我之上。"

想到这里，白太官妒心炽烈，竟然生起了杀心。白太官也没有细问小孩的来处，就在小孩的背上狠狠地击了一掌。

可怜这小孩，根骨绝佳，本是练武的奇才，没想到却因资质太好惹来了杀身之祸。

那个小孩毕竟有功夫底子，中了一掌也没有当即咽气。他回头怒目而视偷袭之人，咬牙切齿地对白太官说："你杀了我，我爹白太官定会找你报仇！"

白太官听得清、辨得明，"我爹白太官"几个字直如五雷贯耳，登时让他目瞪口呆，半天才缓过神来，老泪纵横，大哭不已。然而，一切悔之晚矣。

只因为一时嫉妒，蒙蔽了双眼，白太官竟然害死了自己的儿子。这可丝毫没有神神鬼鬼的东西，真算得上是现世的报应。

以嫉妒心害别人，终究却害了自己。李斯因嫉妒同学韩非的才能，向秦王进谗言而致韩非死在狱中；庞涓因嫉妒孙膑的学识超过自己，用毒计陷害孙膑，使孙膑致残。其实，李斯、庞涓都是极可怜的人，因为他们终日活在嫉妒里，尽管他们的阴谋得逞于一时，但最后都不得善终。

嫉妒是一种病，得了这种病的人一生都不得安宁。他们今天害怕某人超过自己，明天又担心某人走在自己前头，他们终日生活在一种可怜的病态中；相反，历史上真正功成名就的人都以嫉妒为耻。

倘若你不想让自己的生活陷入泥潭，那就好好地检视自己的内心，千万不要让自己的心染上嫉妒的烟尘，更不能让嫉妒的烟尘遮蔽了你的双眼。

有位名人告诫说："你要留心嫉妒啊，那是一个绿眼的妖魔！"的确，人一旦有了嫉妒心，就像着了魔一样，很多事情都不会去考虑。

嫉妒就如同一把匕首，隔断了良知与理性，让人失去了平常心和平静的态度。

看见别人嫁的比自己好、住房比自己好、工作比自己好、相貌比自己好，一切都比自己好，而且偏偏这个人就在自己身边，还是自己的好朋友，这岂不是生活中一个实实在在反证自己失败的例子吗？这样能不嫉妒吗？

同样的起点、同样的条件，几年过去了，别人开着车，你挤公交；别人年收入十几万、几十万，你年收入几万；别人的地位比你高，别人比你有才华，最让人难受的是，在这世间竟然有才华和运气都极好的人，简直就是匪夷所思。能不嫉妒吗？

在此，我们并不是要说合理性，人在世间，修世间法，自然渴望世间的一切东西，别人有的，自己也要有，若不能满足，就难免生出嫉妒心来。

但是，佛法告诉我们，嫉妒别人，纯粹就是自找苦吃，纯粹就是愚痴。因为无论你怎么嫉妒，别人的钱财也不会跑到你的口袋里，别人的才华更不会在你的脑袋里生根发芽。而且，嫉妒永远都不会完结，因为世界上永远有比自己好的人，永远有比自己强大、比自己有才华、比自己幸福、比自己高明的人。

所谓才华、钱财、名声等，世间人看来宝贵非常，结果勾动了人们

争名斗利之心。这就是所谓的"当局者迷，旁观者清"。

出世间者看得明明白白，其实这一切功名利禄皆是虚幻，如同泡影，生不带来，死不带去。然而，这虚幻不实的泡影却让你一生为之死去活来，不能自已。

当你明白了这个道理，再看世间的一切就不会眼红嫉妒了。欧阳修是北宋文坛的领袖，当年有人对他说："苏轼才情极富，若公识拔此人，只怕十年之后，天下人只知苏东坡而不知欧阳修。"欧阳修听了，一笑了之，依旧提拔苏东坡。苏东坡脱颖而出，欧阳修亦名声不堕。

忘记个人的名利荣辱，真心地赏识他人，这样才能让自己的胸怀变得博大广阔。而越想得到，越难得到；越是嫉妒，就越痛苦。唯有放下自我、超越自我，你才能真正得到快乐。

忧生于执念，患生于执念

人们常常对世事持有一种执念，不能平和地面对人生的苦乐得失，因而失了本心。平和是一种心态，是一种美德。秉持平和的心态做人，就能自然妥善地对待身边的人和事。这样做既能使自己获得成功，又能赢得别人的尊敬，这也是低调做人的要义。

宋代有个叫韩琦的人器量过人，生性淳朴、厚道，不计较疙疙瘩瘩一类的小事。功劳天下无人能比，官位升到臣子的顶端，也不见他沾沾自喜；不被重用时，就回家享受天伦之乐。不管在什么情况下，他都能做到泰然处之，不被其他事物牵着走。

韩琦在定武统帅部队时，经常在夜间伏案办公，这个时候，通常是有一名侍卫拿着蜡烛为他照明。

有一次，侍卫不小心一走神，蜡烛烧了韩琦鬓角的头发。但是，韩琦没说什么，只是急忙用袖子蹭了蹭，又低头办公。

过了一会儿，他停下歇息时发现拿蜡烛的侍卫换人了。韩琦怕原来那个持着蜡烛的侍卫受到责罚，就赶快把侍卫长官召来，告诉他说：

"不要替换刚才那个侍卫，因为他已经懂得怎样拿蜡烛了。"

后来，军中的将士们知道此事，无不感动佩服。因为侍卫拿蜡烛照明时没有全神贯注，把统帅的头发烧了，本身就是失职，但是韩琦连一句责备也没有，不但忍着疼没吭声，还怕侍卫受到鞭打的责罚，极力替其开脱。

韩琦这种容忍比批评和责罚更能让士兵改正缺点、尽职尽责，而且韩琦统帅大部队有这样的容人度量，士兵们谁不愿意为这样平易近人的统帅献出自己的力量呢？

韩琦在镇守大名府时，有人献给他两只出土的玉杯，这两只玉杯里外都毫无瑕疵，是稀世珍宝。韩琦非常珍爱这两只玉杯，以至每次大宴宾客时，总要专设一桌，在桌子上铺上锦缎，将那两只玉杯放在上面使用。

有一次在劝酒时，有一个官吏不小心把玉杯碰到地上摔个粉碎。在座的官员都惊呆了，碰坏玉杯的官吏也被吓坏了，他连忙趴在地上请求韩琦治自己的罪。

可韩琦却笑着对宾客说："大凡宝物，是成是毁，都有一定的时数，该好的时候就好，该坏时谁也保不住。"

说着，又转过脸对趴在地上的官吏说："你只是失手罢了，又不是故意的，我要治你什么罪呢？"

因为玉杯已经打碎，无论怎样也不能复原，即使把那个打碎玉杯的官吏责骂、痛打一顿，也只是一件徒劳的事，那样不但会使得众位宾客感到十分尴尬，也会使那个官吏心生芥蒂，好端端的一场聚会便不欢而散。

韩琦说出这样大气的一番话，立刻博得了众人的赞叹，而打碎玉杯的官吏更是对他感激不尽。

韩琦说："天下之事，没有完全尽如人意的，一定要用平和的心态去对待。不这样，连一天也过不下去。即使是和小人在一起时，也要以诚相待。只不过知道他是小人，就同他少来往罢了。"

《菜根谭》中有云："心体澄澈，常在明镜止水中，则天下自无可厌之事；意气和平，赏在丽日光风之内，则天下自无可恶之人。"若你

能保持平和的心态，生活中又有什么事情能干扰你呢？

苏轼经历乌台诗案，官差来捉拿他时，他表现得很淡定，他坦率地说："我知道自己开罪了朝廷，死不足惜，不过请让我回家一趟，跟家人告个别。"

苏轼回到家，全家大哭。他却笑了，还给家人讲了一个故事："真宗时代，皇帝访求大儒。有人推荐杨朴，但杨朴不愿意。当时皇帝问，'您会作诗吗？'杨朴忙答，'臣不会。'杨朴不想做官，便努力掩饰才学。皇帝又问，'您来的时候，您的朋友们赠了几首诗给您？'杨朴回答，'他们没有赠诗给我，我夫人倒是作了一首。'皇帝一听兴趣来了，便问，'做的什么诗？念来听听。'杨朴便一字一句地念：'更休落魄贪酒杯，且末猖狂爱咏诗。今日捉将官里去，这回断送老头皮。'"家人听了故事，不禁笑了起来，心里稍微安乐了一些。

随之，苏轼就被关进了监狱。虽然身陷监狱，但他仍然能够坦然处之。无论在什么境地、什么心态下，他都能倒头就睡。

相传在苏轼被拘押期间，皇帝曾派出一名亲信到监狱中一探虚实，看看他是不是心中有鬼，是不是在诽谤、攻击朝政。

那名亲信到了监狱一看，发现他每天都睡得很踏实，鼾声如雷，一觉睡到天亮。

于是亲信回去向皇帝汇报：苏轼每天受审之后，都能倒头就睡，整夜打鼾，心中没鬼，才能如此坦然。

可谁又能想到，其实这个时候的苏轼已经做好了被杀头的准备，还写了两首绝命诗交代后事。

后来，绝命诗被送给皇帝御览，竟然感动了皇帝。最终皇帝决定从轻发落，贬苏轼为黄州团练副使。

据统计，苏轼一生被贬17次，这平和、乐观的心态算是锻炼出来了。从他的诗文里就可知一二：

> 莫听穿林打叶声，
> 何妨吟啸且徐行。
> 竹杖芒鞋轻胜马，
> 谁怕？

一蓑烟雨任平生。

料峭春风吹酒醒，

微冷，

山头斜照却相迎。

回首向来萧瑟处，

归去，

也无风雨也无晴。

从字里行间里，可以清楚地看见苏轼镇定从容、不慌不乱的人格形象。苏轼宦海浮沉，几度春秋，依然受到人们的爱戴，不是因为他的文笔诗词，而是因为他有非凡的人格魅力和智慧，他有乐观、平和的心态，无论身处顺境或逆境，都能保持自己的风度。

人生在世，难免有不称心如意的地方，能否保持平和的心态十分重要，那将直接影响你的人生。

执著于语言，是人痛苦的根源

佛门在中国发展壮大的一个著名宗派，叫做禅宗，有所谓"不立文字，教外别传"的传统。只可惜后来禅宗的后辈弟子不得心印，更执于言语文字，以口头禅、机锋语徒逞口舌之能，致使禅法落于空妄。但禅宗的法印心传，不言不语，用心正理，对于人们的生活很有指导与教育意义。

用心听听别人说什么，这样做有助于你放下我执，从而学习到新知识，打开新视野，获得好关系。更重要的是，这样做可以让对方得到好的感受。

人生在世，不能只想着自己的幸福，也要想到别人的幸福。你若让别人不好受，对方又岂会让你幸福呢？

多用心听听别人说什么。就算别人说我们的坏话，你也可以从中受益，因为你可以通过别人的话语反思自己的行为，从而帮助自己改正

错误。

别人讲我们不好，不用生气、难过。说我们好也不用高兴，只要你保持一种理智的态度，就会发现坏中有好、好中有坏。无论如何，宽容大度总是比睚眦必报好得多。

有的人听别人说事情，不能管住自己的嘴巴和心，一碰到自己不同意的理论就要与人争辩不休，指责别人，希望用自己的见解压服对方，甚至改变对方的思想。

你要包容那些意见跟你不同的人，这样日子比较好过。你如果一直想改变他，那么你会很痛苦。

要学学怎样忍受他，怎样包容他。

指责别人，是我执过重的一种表现。事实上，每个人的见解都有独到之处，同样，都有不对的地方。在指责别人时，你是否知道其实自己的见解根本就是错的呢？

有四位僧人很早就开始坐禅，为了避免相互打扰能专心打坐，于是约定持不语戒七天。

当天，他们都静默不语，所以打坐的效果非常好。

但是，到了傍晚时分，灯油燃尽，眼看灯火就要熄灭了，其中一人便说："添些灯油吧！"另一人听到后，马上纠正："我们应该不发一言的！"

接着，又一人哈哈笑道："你们俩真笨，为什么要说话呢？"最后一位沾沾自喜说："只有我没讲话。"

这则故事很有意思，它告诉我们，人在告诫他人或指正他人错误的同时，很有可能自己也抱持着一样的错误。所以，不要一直对别人不满意，你应该一直检讨自己才对。不要总想着挖别人的缺点，而忽略自己的缺点。一个常常看别人缺点的人，自己本身就不够好，因为他没有时间检讨自己。

如果你能像看别人的缺点一样，如此准确地发现自己的缺点，那么你的生命将会不平凡。如果你不能发现自己的缺点，并改正它，那么你就要多听听别人说什么，这样可以帮助你发现自己的缺点，改正自己的缺点。

人们都喜欢听话的人。这话听起来有些绕，但却是一条真理。长辈希望晚辈听话，上司希望下属听话，丈夫希望妻子听话。

反过来，晚辈也希望长辈听话，下属也希望上司听话，妻子也希望丈夫听话。

你希望别人能听你的话，同样，别人也希望你能听他的话。从某种意义上来说，人都倾向于说，而不倾向于听。因为我执过重，听别人说，很容易厌烦。

即便我执并不重，听别人说得久，也会腻味的。所以，应该学会多听，而不是多说。

每个人都有自己的生存之道，自然就有自己的意见和看法，但没有人有资格将自己的意见和看法强加于人，你可以宣称自己的意见和看法是有益的，却不能认为别人的意见和看法毫无可取之处。

特别要注意的是，不要有任何卖弄自己的行为。有时你在自吹自擂时，并没有意识到在卖弄自己，但实际上你却是这样做的。别人会认为你是一个不懂人情世故的傻子。这种不良习惯使你自绝于朋友和同事，没有人愿意给你提意见或建议，更不敢向你提一点儿忠告。你本来是一个很好的人，但不幸你染上了这种坏习惯，朋友、同事们都会离你远去。

其实任何人的看法都有其特异和值得赞赏的地方。对于人生与世间万物，每个人都有不一样的见解，但又无法尽知其中的奥妙，就如同盲人摸象，各执一端而已，除非彼此相互印证、相互学习，才能令自己的见识趋于完整，修养得到提高。

既然如此，与其指责他人，争辩不休，引起矛盾和冲突，破坏彼此自然和谐的关系，还不如闭上嘴巴，用心听听别人说什么，从别人的思想中吸取有益于自己的养分。

用心听别人说什么，于人于己都十分有益。当然，别人的所作所为、所言所语，你不同意，可以平心静气地劝告他人，但你不能不顾对方的颜面去指责他。

当你劝告他人时，若不顾及对方的自尊心，那么再好的言语、再有理的话都没有用。

人生犹如浮云，何必争强斗胜

很多人都将生命耗费在追逐名利上，拼得你死我活，到头来却只能是一场空。然而内心的清明自在却是生命的至宝，使我们不会感到空虚，不容易受世俗伤害，使我们能够看到生命的本源，找到人生的快乐。

生命的最高境界，应该是无争、无价、安宁、幸福。一切名利都只不过是人生的泡沫与尘埃，又何必抵死相争呢？

寿州道树禅师自幼熟读经书，已经临近知天命之年时，他遇到了一个游方的和尚，在此人的点拨下随即出家。为了弘扬佛法，他曾立志游历四方，但是后来随着年龄越来越大，他渐渐地有些走不动了，于是便在寿州的三峰山上建了一座寺院。

本来这座寺院跟任何人都没有关系，但在距离寺院不远处有一家道观。道观里有一位道士，看中了道树禅师的寺院所占的风水地利，认为那里很有利于自己的命格，于是就对寺院觊觎起来，打算用些招数将寺院内的僧人都赶走，然后将寺院据为己有。

道士自从有了占据寺院的想法后，就想方设法地搅乱寺院。不是用一些呼风唤雨的法术，就是招来些妖魔鬼怪到寺院里闹事，搅得道树禅师寺院里的和尚都不得安宁。也因此，寺院里的许多年轻和尚都被这整天施展妖法的道士给吓走了，但是道树禅师却一住就是十多年，从来没有要搬走的意思。

作法的道士见自己的招数已尽，便又开始轮回着用，但无论他怎么做都不能奏效，道树禅师和几个弟子依旧每天进进出出，参禅打坐，丝毫没有想要搬走的迹象。

最后道士虽心有不甘，但也因再没有什么好办法，只好放弃了占据寺院的恶念，三峰山从此风平浪静。

听闻道士再也不作法了，一些曾被吓走的小和尚又纷纷回到寺中。

见了面，他们就问道树禅师："师父，道士的法术和那些卑下的邪门功夫虽然为人所不齿，但也算高强，您为什么可以不动一分一毫就让他不再兴风作浪呢？您到底用的是什么样的功夫啊？"

"我也没用什么功夫，"道树禅师回答说，"只用了一个字：'无'，便战胜了他们。"

"无，既然都是'无'了，怎么还能战胜呢？"小和尚们都很不解。

道树禅师解释说："道士有法术，'有'，即为有限、有尽、有量、有边；而我们无法术，'无'，则是无限、无尽、无量、无边。因此，最终我们的'无'战胜了道士的'有'。"

心中无妄念，气自然无生。人生在世，贵在内心无妄无念。道树禅师的话反映出了一种简单的、宽广的胸襟。

崇尚简约的人举手投足显得大气，拥有旷达的、闲适的、与世无争的仪态。

化繁为简、淡泊名利，往往能够透彻地理解人生真谛。在物欲横流的复杂社会中，化复杂为简单方能做到入而能出、往而能返，才能活得自在、潇洒、轻松。

心若止水，幸福自来

高僧证严法师曾有一句名言："生气是拿别人的错误来惩罚自己。"如果整天愁眉苦脸、怒气冲天，哪里还有什么幸福快乐可言？

在归元寺里有副对联："大肚能容，容天下难容之事；慈颜常笑，笑世间可笑之人。"若能以此对联作为处世的座右铭，相信每个人都能变得坦荡康乐、心胸开阔。

有一个妇人经常会为一些琐碎的小事生气。她也很清楚这样不好，但就是没办法改掉爱生气的毛病，最后她只好去求一位高僧为自己谈禅说道，开阔心胸。高僧听完了她的讲述，一句话也没说，便将她带到一座禅房中，并在房门上上了一把锁扬长而去。

妇人见状气得跳脚大骂，可是无论她怎么骂，高僧都不理会她。过了许久，妇人的情绪缓和下来，开始哀求高僧放她出来，高僧依旧置若罔闻。

　　最后妇人终于不再骂了，也不再哀求了，此时高僧来到门外，正色问道："施主你还生气吗？"

　　妇人说："我当然生气，生我自己的气，我气我为什么会想到来这个地方受罪呢？"

　　高僧一听，说："连自己都不肯原谅的人，怎么能心如止水不生气呢？"说完，便拂袖而去。

　　过了一会儿，高僧又来问妇人："施主现在还生气吗？"

　　"不生气了。"妇人说。

　　"为什么现在不生气了？"高僧问。

　　"生气也没有办法呀！"妇人略带抱怨地说。

　　"你的气还是没有消啊，而且还重重地积压在心里，一旦爆发，将会更加剧烈。"高僧再次离开了。

　　又过了一会儿，高僧又来到禅房门前，问妇人还生不生气。此时妇人告诉他："我不生气了，因为不值得生气。"

　　"还知道值不值得，可见心中还是有一个衡量的标准，依然有'气根'。"高僧笑道。

　　夕阳西斜，当高僧的身影再次出现在禅房门外时，妇人轻声问他："大师，请告诉我，什么是气？"

　　高僧没说一句话，只是将手中的茶水倾洒到地上。

　　妇人看了一会儿，突然有所感悟，于是叩谢而去。

　　生气是用别人的过错来惩罚自己的一种愚蠢行为，既是如此，又何必要生气呢？俗话说："笑一笑十年少，愁一愁白了头，怒一怒（气一气）少了数（指岁数）。"

　　笑有如此好处，我们又为什么非得为一些事发愁、生气呢？人生在世，不如意事十有八九，如果总是为之生气，那么你怎么能快乐起来呢？

　　痛苦是一天，快乐也是一天，就看你自己怎么选择了。如果你想选择快乐，那么请做到：莫生气！生气伤身又伤神。

每个人都应该学会控制自己的情绪，否则，过分的言语和行为，只能误事又伤人。

假如生活中确实有太多不可避免的让你生气的事情，那么，每当此时，你不妨在心中默念几遍《莫生气》：

人生就像一场戏，因为有缘才相聚。

相扶到老不容易，是否更该去珍惜。

为了小事发脾气，回头想想又何必。

别人生气我不气，气出病来无人替。

我若气死谁如意，况且伤神又费力。

邻居亲朋不要比，儿孙琐事由他去。

吃苦享乐在一起，神仙羡慕好伴侣。

宁静何须山水地，灭去心头火亦凉

生而为人，难免会有不如意，或被人伤害的时候，若生起气来，就是嗔念起。若不戒嗔，那么愤怒、仇视、怨恨等心理不仅伤害他人，也会损害自己，使身心产生热恼、不安。此正所谓："一念嗔心起，百万障门开。"

《大智度论》中有云："嗔恚其咎最深，三毒之中，无重此者；九十八使中，此为最坚；诸心病中，第一难治。"《佛遗教经》中又云："当知嗔火，甚于猛火，常当防护，无令得入。劫功德贼，无过嗔恚。"寒山子诗偈亦有云："嗔是心中火，能烧功德林。"

没有人喜欢生气，但有时却没办法不生气，结果越想越气，由气生怨，由怨生恨，由恨而仇，火势越来越大。若不能及时扑灭这心头之火，只怕会毁掉人的一生。

由此可见，嗔念对人生的危害之大。既然知道嗔念的危害，那么我们就应该尽量避免生气，控制住嗔念的产生。

但要控制嗔念，需要深厚的修养。若没有足够的修养，这是很难办到的。

宋时，张九成拜访喜禅师。喜禅师问："来此所谓何事？"张九成答："打死心头火，特来参喜禅。"

喜禅师听了，知道他尚未悟道，便试探道："缘何起得早，妻被别人眠？"

张九成一听，平白无故被人说自己的妻子被人睡了，心头火起："你这秃驴，我没招你惹你，怎能如此无礼！"

喜禅师微微一笑，不慌不忙地说："轻轻一扑扇，炉内又起烟。"

张九成一愣，心里才明白过来，原来自己的修养功夫还没有到家，并没有消灭心头火。惭愧不已的张久成，自此变得更加谦虚。

张九成修养深厚，尚且不能控制自己的嗔念，可见控制嗔念之难。无独有偶，铁舟和尚也有过类似的经历。

铁舟和尚年轻的时候到处参访名师，探究佛法真义，自觉学有所成，略有所悟，就有些骄傲起来。

一日，他见到了相国寺的独园和尚，便得意地说起自己的悟境："心、佛、众生，三者皆空。现象的真性是空，无悟无迷、无圣无凡、无施无受。"

当时独园和尚正在吸烟，未曾搭腔。但他突然举起烟管打了铁舟和尚一下，铁舟和尚大怒，吼道："你打我干吗？"

独园和尚反问："一切皆空，哪儿来的这么大脾气？"

铁舟和尚以为自己领悟到了空的境界，修为大进，可当别人敲打他一下时，却难免生气起来，可见他的境界还是假的。

其实，没有人喜欢生气，但往往当事情发生了，却没办法不生气。由于众生习气不同，有人是沾火就着，有的人看起来似乎不会生气，但心里却在暗自生闷气。

不管怎样，这心头火是被这怒和怨慢慢点燃的，最后形成熊熊烈火，不管不顾，烧掉了所有的功德，无论是亲情、爱情、友情，还是良好的人际关系和福报善果，都会因为生气而遭受影响。

清末作家阎敬铭写的《不气歌》，不但幽默风趣，而且非常见理：

他人气我我不气，我本无心他来气。

倘若生气中他计，气下病来无人替。

请来医生将病治，反说气病治非易。

气之为害大可推，诚恐因病将使废。

我今尝过气中味，不气不气真不气！

　　人一旦生气，身心就不能平静，由此产生了忿、恨、恼、嫉、害等情绪，甚至因此诞生仇恨之心，轻者危害一人一家，重则可以使整个社会，乃至国家陷入灾难。

　　因为一点儿小事就生气，结果酿成大祸，这是十分不值得的。而且，随便生气也是不成熟的表现。所以，我们要克制嗔念，平心静气，这样心性的修养才会有所进境。林则徐有所谓的"制怒"，但佛家不主张这样做，强行抑制愤怒，不仅对身体没有好处，还会损坏心性修为。佛家讲究平心静气，就是以平常心去待人待事。

　　寂天菩萨有颂曰："遭遇任何事，莫扰欢喜心；若己不济事，反失诸善行。若事尚可为，云何不欢喜；若已不济事，忧恼有何益？"狂怒暴喜，都不能让我们获得祥和的心，那不如平心静气地来看世间。

　　当你发现自己心头火起时，应适时地转换自己的心态，调整情绪，做深呼吸，安静下来，从种种问题中找出对治方法，以平常心来对待人和事，如此嗔心便能止息。

灭却心头火，剔起佛前灯

　　现如今有不少人学习佛法，以期得到心灵的宁静，这里面包括有钱的大老板、有名的大明星、有权的官员和有才华的知识分子等。但仔细琢磨起来却能看出，其实这些人里面没有几个真正懂佛法的。

　　有个人开了一家砂糖店，这天正在店里煎熬砂糖，这时来了一个富翁。这个人想趋奉那个富翁，就请富翁吃一杯糖浆。

　　他舀了一些砂糖汁放到小锅里，加了一些水，放到火上去煎熬。

　　由于炉子里的火很猛烈，糖浆放上去没多久就沸滚起来，他又怕富翁等得不耐烦，就想把糖浆立刻降低温度，于是不停地用扇子在糖浆上用力地扇。

　　可是在慌忙之间，他忘了把小锅子从火炉上拿下来，因此虽然扇了很久，糖浆还是沸滚的。那个人很着急，弄得满头是汗。

　　旁边有人看了觉得很好笑，对他说："你这样做是白费力气的。锅子下面不停止火烧，上面怎能扇得凉呢？"

　　这则故事告诉我们，若不从根本上去除贪、嗔、痴的三毒烈火，是不可能得到清凉解脱的，尽管你忙着其他无益的苦行，也是徒劳无功、无补实际的。

　　有人以为得佛法，便得宁静，这是不对的。佛法不是宁静，佛法只不过是人们认识自己、认识世界的工具而已，佛法不是月亮，而是指向月亮的手指。要得到心灵的宁静，你要得的是月亮，而不是手指。

　　心不得宁静，其根子在六根不净，以至于三毒趁机作祟，若不设法清净三毒，那么即便你诵经千遍，也只是扬汤止沸，宁静一时而已。若要得长久的身心宁静，就得釜底抽薪，去除贪心、嗔心和痴心。

　　有句俗语说："灭却心头火，胜点佛前灯。"念佛千遍，不如心头清净。若心头清净，行动自然不急不躁、规规矩矩，做事情自然水到渠成；若心头不净，人必然欲念丛生、浮躁不已。

　　所以，持戒不能做表面功夫，有的人认为只要不做坏事，就没有什么大不了的。佛家认为，人不仅不能做坏事，还要时刻检查自己的内心，连一丝一毫的坏心、坏念头也不能起。因为思想控制行为，内在有什么想法，总会表现出来的。

　　有个小女孩问老和尚："师父，经常听到佛家说要清净，我天天洗澡，很清净了，为什么还要再清净？"

　　老和尚一弹指，指着法坛旁边草地上盛开的一朵鲜花，问小女孩："那儿有朵红玫瑰，你觉得漂不漂亮？喜不喜欢？"

　　小女孩扭头一看，开心地说："真漂亮！我喜欢！"

　　老和尚笑道："去！把它摘来吧！"

　　小女孩兴冲冲地跑过去，掐断花茎，摘了下来，然后跑上法坛，把花递给老和尚："喏！给您。"

老和尚含笑接过，插进一只空花瓶，在袍袖一扬，说："你看看这里周围开了一大片玫瑰，要不要都摘下来？"

小女孩想了想，苦着脸说："不要！"

"为什么？"老和尚的白眉隐隐飞动。

小女孩说："都摘了，一片光秃秃的，难看！弄死这么多花干吗？"

老和尚笑道："花瓶只插一朵红玫瑰，这么少，不是更难看？"

小女孩托腮端详一会儿，左看右瞄，摇摇头说："不会呀！都摘来，就太贪心了！"

老和尚说："贪心，不好吗？"

小女孩说："不好！不好！"

老和尚点点头："这就是了。心里不贪婪、不震怒、不痴迷，就是清净。你要不要心里干干净净的？"

小女孩眼睛一亮："要啊！"

内心清净了，才能感到快乐。内心不净，便不能自在。所以，只是表面上不做坏事是不够的，而要从根子上断绝做坏事的苗头。不但要从外在的行为上进行控制，而且要从内心的思想上扼杀做坏事的欲念。正所谓："野火烧不尽，春风吹又生。"内心的欲念就像野草一样，若不斩草除根，难免过后复生。

有的人口中念佛，要还利益于众生，可心里却斤斤计较，挖空心思去算计别人。有的人一边做着伤天害理的事情，一边到寺庙里拜佛祈求佛祖保佑。当高僧指点他们要改恶从善、心怀善念时，他们又以"人生在世身不由己"为借口来为自己的行为作辩解。

这样的人，就算天天忏悔、日日念佛，也不能得到身心的清净。佛经不是清净，佛像也不是清净，甚至佛法都不是清净。什么是清净？你的本心才是清净。什么是本心？就是纯净、善良之心。

这颗心，你本来就有，只需要拂去心上的尘埃，你就能看到清净光明。但可惜的是，大多数人不能或不愿拂去尘埃，就只能烦恼丛生了，谁叫他们只做表面功夫，而不能从根子上去解决问题呢？

与人相处之道，在于无限的容忍

耕云先生说："我们积功德莫过于救人，救人最好是救他的心。你要救他的心，把他的颠倒心变成安详心，你就彻底地救了他。"一个正直、善良的人，能用自己的宽容和善良去感染、改变那些迷失了方向的人，使他们明辨人世间的是非善恶，帮助他们最终找到自己的方向，以实现自己的人生价值。

一天，一位住在深山茅屋中修行的禅师，在皎洁的月光下来到林中散步，在幽幽的山林中呼吸着清凉的空气，他突然领悟自性，便喜悦地走回住处，刚到门口，看见自己的茅屋里有一个小偷光顾。

忙活了半天，找不到任何财物的小偷决定要离开的时候，看见了站在门口的禅师。原来，禅师怕惊动小偷，一直站在门口等待，他很清楚小偷一定找不到任何值钱的东西，所以早就把自己的外衣脱掉拿在手上。

这时小偷看见禅师，不禁心里一阵惊慌，正感到惊愕的时候，禅师先开口对小偷说："你走这么远的山路来探望我，总不能让你空手而回。现在夜深天凉，你穿上这件衣服走吧！"

说着，就把衣服披在小偷身上，小偷顿时不知所措，只好低着头溜走了。

禅师默默地看着小偷的背影穿过明亮的月光，不一会儿便消失在山林之中，不禁感慨地说："哎，又是一个可怜的人呀！但愿今晚我能送一轮明月给他。"

禅师目送小偷走了以后，回到自己住的那间茅屋里打坐，他望着窗外的明月，渐渐地进入空境。

第二天，在阳光温暖的抚触下，禅师从极深的禅境里睁开眼睛，这时他看到昨晚披在小偷身上的外衣被整齐地叠好，放在门口。禅师非常高兴，喃喃地说："我终于送了他一轮明月！"

自性若悟，众生是佛；自性若迷，佛是众生。送给别人一轮明月，令人感受一份温情。

不要吝惜自己的仁慈与包容，因为对悟者来说，他的灵魂也会因之而升华，因之而顿悟，因之而有了明月一般的佛心。

佛说："六度万行，忍为第一。与人相处之道，在于无限的容忍。"

很久以前，有一个年轻人，脾气非常暴躁，动不动就和人争吵甚至大打出手，所以，人们都很讨厌他。

一天，这个年轻人不经意间游荡到了一座寺庙，正好碰到清心法师在讲授佛法。年轻人听完之后感到十分懊悔，于是决定痛改前非。

他对清心禅师说："师父，从今以后，我再也不和别人争吵打架了，就算人家把唾沫吐到我脸上，我也会忍耐着把它擦去，学会默默地承受！"

"那就让唾沫自干吧，别去擦拭！"清心禅师轻声说道。

年轻人听完，又不解地问道："如果一个拳头打过来，又该怎么办呢？"

"一样呀！不要太在意！只不过是一拳而已。"清心禅师微笑着说。

年轻人不相信清心禅师有如此高的修为，于是举起拳头朝清心禅师的头打去，然后试探性地问道："现在你感觉怎么样呢？"

清心禅师一点儿也没有生气，反而十分关切地说："我的脑袋硬如坚石，反倒是你的手可能打疼了吧！"

年轻人无言以对，似乎对清心禅师的言行有所领悟。

常人以为忍耐就是吃亏，然而"坏的要容忍，则不起嗔恨；好的也要容忍，不生贪念。"

一个人如果做到容忍，就可以自由自主、得到自在。学会容忍别人就是学会宽容自己，给别人一个改正的机会，就是给自己一个更广阔的空间。

不要跟别人比，要和自己比

广圆禅师所在的寺庙里来了一个僧人，名叫道岫，他精于禅道的修行，却始终不能领悟其中的真谛。有一次，道岫在上课时，看见比他晚来的僧人学的比他都快，都能领会禅道，而自己始终没有领悟其中的禅道之意。他心想："我原来真的没有学禅道的慧根，上课既不灵巧，又听不进去，我还是做一个行脚苦行僧吧！"于是，他就简单地收拾了一下，准备游走各国，继续修行。他临走时，便向广圆禅师辞行。

广圆禅师看着道岫问道："你为何离开，为何不继续学禅道呢？"

道岫回答："禅师！学僧有可能辜负您的期望了，因为，我参学已有 10 年之久，对禅道仍是未能领悟。我觉得自己没有学禅道的根基，所以，今向您老辞行，准备云游他国。"

广圆禅师非常惊讶地问："哦！为什么没有领悟就要走呢？难道就这样放弃学禅道吗？还是别处可以领悟禅道？"

道岫诚恳地回答："禅师，我对学禅道仍然很执迷，因为我每天除了吃饭、睡觉之外，都精进于禅道的修行。反观，其他僧友们每个人都能领悟禅道的真谛。只有我未能领悟。所以，在我的内心深处萌发了做行脚的苦行僧的决定。"

广圆禅师听后，回答："哦！原来是这样。每个人学禅是急不来的，要慢慢领会其中的道理。你现在的心情我理解，但是，每个人的慧根不同，不要拿别人的境界来要求自己，要懂得你修你的禅道，别人修别人的禅道，所以这是两回事，为什么要混为一谈呢？"

道岫说："禅师！您没有理解我的意思。每日，上课时我跟其他僧人一比，立刻就有大鹏鸟与小麻雀的感觉。"

广圆禅师装着不解似的问道："为何拿大鹏鸟和小麻雀比呢？怎么样的大？怎么样的小？"

道岫答道："大鹏鸟展翅能飞几百里，在天空中自由地翱翔。而我只能在方圆几丈里飞而已。"

广圆禅师说："大鹏鸟一展翅能飞几百里，但不能飞越过生死大海。"

道岫听后默默不语，低下头若有所思，心中也顿时领悟了禅师所说的道理。

有一句谚云："人比人，气死人。"道岫在学禅道时经常拿自己跟别人比较，这是不对的。每个人的起点虽然一样，但终点是不同的。你如果一味地跟别人比，这是自寻烦恼，怎么能透过禅而悟道呢？道岫听了禅师说的话，心中逐渐放下了跟别人比的毛病，逐渐回归到禅道上，最终成为一代大师。

在现实生活中，我们每个人都是不同的，这更注定了每个人的人生都是随着时间的留声机而改变的。人生就是一个万花筒，每日都在变，不要在乎别人如何，要看自己如何走。但总是有些人喜欢拿自己跟别人比，用别人的标准来衡量自己，从而产生嫉妒的心理，进而对自己提出苛刻的要求。这是自寻烦恼，实在没必要这样做。

古时，有个商人站在码头上，恰好看见一个渔夫手里拿着一个鱼篓，捕鱼回来。

渔夫开心地笑着，心想："这回可以给家人补补身体了。"

商人微笑地问道："为何这么开心呢？"

渔夫说："才不一会儿的工夫，就捕了很多的鱼，真是收获多多呀！"

商人又问："竟然收获这么好，你为什么不多花点儿时间再多捕一些鱼呢？"

渔夫不以为然地说："这些鱼已经足够我用了。"

商人还是微微一笑地问："你这么早捕完鱼，剩下的时间要做什么呢？"

渔夫高兴地说："这么早回家，我想睡会儿觉。早上起得太早了，得补补觉。然后，陪孩子们玩会儿或者跟朋友喝点酒、聊聊天。"

商人再次对渔夫说："为什么把时间都浪费了呢？你应该每天多花一些时间去捕鱼，然后买一条大船。这样你就会捕到更多的鱼，还会拥

有一支渔船队呢！以后，你的财富就像雪球一样越滚越大，你也会得到朋友们的羡慕。"

渔夫问："我为什么要这么做呢，这要花多长时间呀？"

商人笑着回答："你难道不想跟朋友一样拥有一条大船，过着幸福的生活吗？这要花费8年时间。"

渔夫沉默了一会儿，又问："然后呢？"

商人哈哈大笑说："老弟，等你成功了以后，你就会成为富甲一方的有钱人。到时候，你要什么就有什么，还有奴仆供你差遣，何乐而不为呢？"

渔夫笑着说："为什么我要跟别人比呢？我很喜欢现在的生活，虽然不富裕，但很快乐。为什么把自己弄得那么累，就是为了跟别人攀比？我只要每日捕鱼比前一天多一点儿就好，这样我就能知道自己的捕鱼技术是否有长进，所以，现在还是安心地过日子吧！"

商人很疑惑地说："你是我遇到的第一个不喜欢跟别人比，喜欢和自己比的人。我很佩服你这种精神。"

渔夫微微一笑，然后就回家了。

渔夫是一个聪明的人，因为他知道做事都要有个度，没有必要去跟别人比，只要自己过得幸福就可以，何必为了跟别人比而绞尽脑汁地去想办法，为自己增加烦恼呢？在现实生活中，我们也应该懂得做事不要跟别人比，只要不断地超越自己就可以，这才是人生的真谛。

卷八

不为私心所扰，勿为名利所累

恐惧不会产生智慧，只有恬静的心境才会盛开智慧的莲花。

私欲使人患得患失，私欲使人身不由己。

人生要抵得住诱惑

有一位员外，祖祖辈辈以做金饰谋生，手艺相当精湛，多数饰品都很受皇家及达官贵人喜爱。他的生意越做越大，很快惹来他人的惦记。正所谓："树大招风！"

有一次，同城做金饰的商人来找他，高兴地说："员外，你家手艺真不愧是祖传的呀！在同行里，可是数一数二的呀！"

员外一听，很高兴地说："是你们给面子，不知您找我有何事？"

商人高兴地说："员外，你有所不知，最近皇家准备给后宫的妃子们做金饰。我想与你合作。"

员外微微一笑说："不知您想怎样合作？"

商人看看员外身边的仆人，笑了一下，并没有说。员外心想，这件事不简单，就让仆人下去了。

"员外，这事做好六四分成，你六我四。"商人说完，看了看员外。

员外沉思了一会儿说："这件事容在下考虑一下，这毕竟是大事呀！"

商人神秘地笑了一下，说："员外，你放心，宫内有人照看不会出事；再说本钱也少，利润丰厚。咱们不全用金子做，首饰中只有四成是金子。"

员外一听，心想："这还得了，作假可是要倾家荡产的呀！"左想右想后，便说："这个我做不了主，还需请教内人才可。"

商人一听，高兴地说："可以，可以，希望员外尽快给我答案，好着手准备。"说完，便告辞了。

员外把前厅之事告诉了妻子，想问问该如何拒绝。

妻子对他说："相公，这件事咱们不能做，牵连甚大。若做好，就是侥幸，但对不起自己的良心；若做不好，咱们祖祖辈辈留下的产业就要败在你手里啦！"

员外说："我怎不知，就是不知如何拒绝。此人跟官家关系甚好，咱不能跟官斗呀！斗不起呀！若不合作，咱们很难在这儿立足，若合作就面临倾家荡产呀！"

妻子微微一笑说："不如去灵隐寺问问方丈。"

员外恍然大悟地说："对，方丈能为我指点迷津。"

次日，员外启程去灵隐寺，告知方丈自己的所困之事。

方丈说："员外不必急，什么事都有解决的路径。"

员外说："方丈，您还是给我指点迷津吧！"

方丈说："无功不受禄啊！天下再好的东西，若不是正当而来，终究会受惩罚。"

员外说："可是，方丈，这是与官家挂钩呀！如何能脱身呀？"

方丈微微一笑说："与世无争，向往宁静，禁得起诱惑的勾引。抱病在家，终究能躲过。"

员外一听，高兴地说："弟子这就着手做。"说完，便回到家告诉妻子，让仆人外传说自己病入膏肓。

这个妙计果真好用，商人很快就登门拜访，对员外说："前几日，看你好好的，怎么就一病不起呢？"

员外脸色苍白，浑身没力气地说："前几日，我去寺庙回来在路上遇到土匪，吓得我当时就昏倒了。后来，被管家抬回来，才知到家了。"

商人气愤地骂道："哪个土匪，竟然挡我的财路，不想混了！"

员外一听，自己还好装病在先，便重重地咳嗽了一下，说："老弟，耽误你的正事，我真不知道该说什么，现在家里出事，所有的金饰行都关门了。因没有主事的，你说那个事，看来你要找另外一家了。抱歉呀！"

商人一听，再看看员外也不是装的，便说："没事，员外，以后还有机会合作。你放心养病，有事通知我一下。"说完，便急忙地走了。

员外因装病终于躲过了这次巨大的诱惑。

在每个时代，都有诱惑存在，比如金钱的诱惑、物质的诱惑、感情的诱惑。在生活中，抵抗不住诱惑，就是因为不能克服头脑发热、失去理智地分析问题、认识不到事情的真伪、冲动地办事。而员外却懂得在诱惑面前分析两者的利害关系，如何取舍，又如何解决。员外的做法告诫我们，在做事时，不能感情用事，一定要把自己的心管住，心才会冷静下来不会浮躁，才能禁得起一切的诱惑。

寺庙里住着两只小老鼠，一只叫懒惰，另一个叫勤奋。有一天，懒惰看见远处放着一个米缸，就叫勤奋跟它一起去偷米吃。勤奋疑惑地说："咱们不能去，太危险了。"懒惰一脸不屑地说："那里的米够咱们吃很久的，为什么不去？"勤奋还是耐心地劝道："那是诱惑，不能跨越。若跨越了，我们要面临着痛苦的考验。"懒惰边走边说："你不去，我去，我才不听你那长篇大论呢！"

于是，懒惰进到米缸里吃了睡、睡了吃，悠闲地过着日子；米也在慢慢地变少。时间过得很快，懒惰想出去找勤奋，可是根本就跳不出去，因为米到缸边的距离太高了，想跳出去简直是痴人说梦，它无能为力了。

懒惰没能禁得住"米"的诱惑，最终走向痛苦的边缘。故事告诫人们：世上没有免费的午餐！在做事时，不要贪图小便宜而吃大亏。不管什么时候，一定要遇事不慌、临危不乱、定住自己的心，去分析事情，抵挡住诱惑，恢复控制自我的能力，重新主宰自己的命运。

欲望无边，切勿沉迷而失了本心

释尊下山为众生宣说佛法，走过一家店铺的时候，看到里面有一尊佛像，采用青铜铸造，形体逼真，神态安然。

释尊大悦，心想：若能带回寺里，开启其佛光，记世供奉，真乃一件幸事。于是，释尊就向店铺老板提出要买下这尊佛像。

店铺老板见释尊如此钟爱佛像，就想多卖钱，便开了5000枚银币的高价，并咬定此价，分文不能少。

释尊无奈，只好放弃。他回到寺里对众僧谈起此事，众僧都愤愤不平，问他打算以多少钱买下它。

释尊说："500枚银币足矣。"众僧唏嘘不已："那怎么可能？5000枚银币确实太高，但500枚银币确实太低了一些。"

释尊摇了摇头，说："500枚银币并不低，只是万丈红尘，芸芸众生，欲壑难填，得不偿失啊。我佛慈悲，普度众生，当让他只赚到500枚银币才是！"

众僧疑惑不解地问道："有什么办法可以度他呢？"

"让他忏悔。"释尊微笑答道。众僧听了，更加不解，还想问个详细。释尊笑道："你们不必再问，我自有办法，只管按我的吩咐去做就行了。"

第一天，释尊让一个弟子下山去店铺里和老板讲价，弟子咬定4500枚银币，老板不允，弟子便放弃讲价，回山复命。第二天，释尊派另外一个弟子下山去和老板讲价，这次弟子咬定4000枚银币不放，老板同样不肯答应，弟子只好回山复命。就这样，直到最后一个弟子在第九天下山时所给的价已经低到了200枚银币。

眼看着一个个买主一天天来买佛像，但一个比一个价给得低，老板心里就着急了。每天讲完价之后，老板都后悔不已，早知道就卖给前一个人了。他一边深深地怨责自己太贪心，一边又根本不愿放下贪念。贪心使他备受折磨，想到佛像的价钱越来越低，他连觉都睡不好了。

到了第十天，老板终于下定决心："今天如果再有人来买这尊佛像，无论出多少钱我也要立即出手。"

第十天，释尊亲自下山，对老板说要出500枚银币买下佛像。老板听了，高兴极了，没想到这时候价钱竟然还反弹到了500枚银币！

什么也不说了，赶紧出手吧。老板不但将佛像卖给了释尊，还另赠佛龛台一具。

释尊捧着那尊铜佛，谢绝了龛台，单掌作揖笑道："欲望无边，凡事有度，一切适可而止啊！善哉，善哉……"

老板心有所悟，欢喜无限。

当我们发现自己被贪欲引诱时，一定要及时反省，自我降伏。我们要做自己心的主人，不要做心的奴仆。

欲望被无明滋养着，无休止地追逐着新的境界，使我们的心被它左右而不得自在。欲望越多，由此而来的烦恼也就越多。

如果我们不能有效地克服贪欲，它就会成为我们修行道路上的巨大障碍。因为欲望会烧毁我们的理智，烧毁我们的道德，使人生失去正确的方向。

贪欲之魔经常在寻找机会去欺骗人们的"心"；如果有一条毒蛇住在你的屋子里，你想得到安宁，必须首先把它驱逐出去。你必须驱逐你生命里的贪欲毒蛇，你必须善自护持你自己的心。

《华严经》云："戒为无上菩提本"，人要解脱烦恼，证得菩提，就要戒贪。持戒是护持身心的一种方便法门，任何人都可以通过持戒来修正自己的行为，继而内化于心，从而改变于心，使自己的欲望减少。

欲望是无边无尽的，我们不可能完全消除它，正如《菜根谭》中所说："故君子不能灭情，惟事平情而已；不能绝欲，惟其寡欲而已。"尽量减少自己的欲望，这是修行的必经之路，也是持戒可以达到的一个目的。

少欲知足是修行解脱的途径，更是必须遵循的生活准则。如果欲望减少，我们的执著就会相应地减少。正是由于执著，使我们的内心失去了独立，迷失在对外境的攀援中，关心的都是生命以外的东西。

欲望太多，就表示你的执著太多、你关心的外物太多，这样一来，你的生活必然会无所适从。到时你就会体会到故事中那名老板的心情，甚至更加糟糕。

只有认识到欲望带来的过患，才不会有追名逐利带来的烦恼，内心才能趋于纯净和安祥。也只有这样，众生原有的佛性、智慧光明才能得以显现。戒贪寡欲，使心得清净；心得清净，则无明自去；无明自去，则烦恼自消；烦恼消除，得大自在。

缘来是福，缘去也是福

　　龙山的善国寺里住着两个和尚，一个名叫悟空，另一个名叫悟了。

　　他们总是一起下山化缘，时间一长，二人产生了隔阂，便分道扬镳，化缘之路上只剩下悟空。因为悟了在化缘当中学会了投机取巧，所以他每次去龙山下化缘，都用化来的钱买很多米、面等生活必需品存放着，其余时间则在寺庙里睡懒觉。

　　悟空见到悟了这么不负责任地做事，就劝悟了不要虚度时光。

　　悟了听完以后，很不耐烦地说："出家人岂可太贪？做人要知足，你看我存的粮食，足可以让我吃上半个月，何必再出去奔波劳累地化缘呢？"

　　悟空摇了摇头说："阿弥陀佛，师弟，你作为出家人，怎么这样说呢！你化了这么多年的缘，难道还没有参悟化缘的真谛吗？"

　　悟了看了看悟空，讽刺地说："师兄，你日出而出、日落而归，可总是两手空空而回，你真的去化缘了吗？"

　　悟空诚恳地说："化的缘在心中。缘自心，也要由心去。"

　　悟了听得一头雾水，说："我不明白，化缘难道还有这么多道理？"

　　悟空见师弟没有开悟，说完便转身走出寺庙。

　　后来，悟了化的物品越来越少。这让悟了很苦恼，因为，食物没有几天就吃完了。但悟空依旧每天日出而出、日落而归，面带微笑。

　　悟了看见师兄，便挖苦地说："师兄，你今天收获如何？不会又是两手空空而归吧！"

　　悟空说："收获多多。"

　　悟了说："收获在哪里？我怎么没看见呢！"

　　悟空说："我的收获是在人心里。"

　　悟了很难参悟师兄的话，便对悟空说："师兄，我悟性太差，想跟你去化一次缘，多学学。"

悟空点头同意了。

次日，悟了要跟悟空去化缘，手里拿着布袋。

悟空说："师弟，放下布袋吧！"

悟了说："为何？拿着布袋才方便化缘呀！"

悟空摇摇头说："你这布袋里装满了贪婪的欲望，拿出去如何化缘？"

悟了说："若没有布袋，化来的东西放置何处？"

悟空说："放在人的心里。"

然后，悟空和悟了就去化缘了。悟了跟悟空每到一处，就会有很多人对悟空说："大师，又来化缘了，我这儿正好有东西给你。"

施主们便将东西放到悟空的手里。

悟了心想："不让我拿布袋，看你一会儿把东西往哪儿放。"走着走着，他们看见从远处走过来一个妇女，怀中抱着一个孩子，边走边哭。

悟空问："女施主为何而哭？"

女施主伤心地说："我儿生病，因家贫穷，没钱买药。"

悟空听完，就把化来的财物给了女施主。然后，他们继续前行，一路上化了就舍，舍了再化。

悟空问悟了："师弟，这次你跟我出来化到了什么？"

悟了说："这次出来我懂得了化缘的真谛。"

悟空说："师弟，你只知缘来之福，而不知缘去也是福。你以前把化缘之物放在装满私欲、贪婪的布袋里，而我把化缘之物放在心中，帮助他人。"

悟了低下了头，随之念了声："阿弥陀佛。"

悟空化缘的独特之处在于把化来的东西用到有急需的地方。正所谓："救急人所急，化难民所难。"而且悟空是发自内心地布施，知道帮助别人才是最大的善缘，也就是"缘来是福，自然缘去也是福"。在现实生活中，我们应该学习悟空化缘的真谛，方可让世界充满爱。若像悟了那样，最后将一无所有。

清时，有一名渔夫每日靠拉人度日。有一天，渔夫看见坐在船上的商人满脸笑容，就问："今日为何如此开心？"

商人说："赚到很多银子。"突然之间，大风向小船袭来，人心惶惶。渔夫急忙对船上的人说："快点把身上沉重的物品丢掉。"

于是，人们纷纷丢弃身上的物品。可是，商人没有动，只是用手捂着自己的口袋。

渔夫说："你身上的东西可以随时赚取，为何贪图眼前之利呢？放弃吧！钱能来到你身边只不过是'缘'字。"

商人心想："渔夫说得对，留得青山在，不怕没柴烧。保住性命才是最重要的。"于是便丢掉了身上的东西。

渔夫笑着说："人生在世，要知道缘来是福，缘去也是福。"

有些人利欲熏心，终日追求钱财。因此，有时遇事会被钱左右，不知钱也存有'缘'字。人世间一切财物都是为人而设，人并非为钱物而生。古语云："君子役物，小人役于物。"因此，不要沉迷于钱物，被金钱驱使。要知道："缘来是福，缘去也是福。"

节制欲望，才能享受幸福

庄子说："其嗜欲深者，其天机浅也。"虽简单数语，亦道出了欲望与人的人生观、价值观、世界观之间的关系。人们要想保持内心澄净清明，就要谨记并实行老子所说的"见素抱朴，少私寡欲"。

葛洪少年丧父，其父葛悌原为邵陵太守，一生为官清廉，所以临死时并没有留下任何积蓄。在此种情形之下，葛洪与母亲相依为命，扶柩还乡，生活极度贫寒。葛洪在"饥寒困瘁，躬执耕穑，承星履草，密勿畴袭"的恶劣环境中，不但依靠耕田、打柴奉养母亲，而且想尽一切办法读书。更在农樵之暇，不远千里寻师请教，借书览阅，问学解疑。劳累一天之后，他都会挑灯夜读，诵念经文，熟读《孝经》《易经》《论语》《诗经》等经史书籍，后来闻名遐迩。他通过读书，明白

了许多做人做事的道理，并逐渐产生了修道、研习医术以拯民于水火的理念，16岁时便师从祖父之徒郑隐修道。

葛洪生性淡泊，不慕名利，而且乐善好施，只要他家中存有食粮，一定会分出一半救济穷困之家，为乡亲们做了很多好事。他研读《老子》时见有"见素抱朴，少私寡欲"一句，便欣然自号"抱朴子"，安贫乐道，乡亲们也都称他为"抱朴之士"。

葛洪潜心修道的同时还大量阅读医书，精研医术，扶危济困，救助百姓，他说："为道者，以救人危，使免祸；护人疾病，令不枉死，为上功。"而他所倾力撰写的《金匮药方》《肘后救卒方》《玉函方》等医药学著作，在我国医药史上有着重要的地位和价值。葛洪曾说："余所撰《玉函方》，皆分别病名，以类相续，不相杂错；《救卒》三卷，皆单行径易，约而易验，阡陌之间，顾眄皆药，众急之病，无不毕备，家有此方，可不用医。"他撰写的这些医药方面的著作，给后人留下了珍贵的方剂和经验，而他自己为百姓解除疾病，往往能药到病除，很多时候药资分文不收，乡亲邻里都很感谢他的仁德。

有一次，有人向葛洪请教养生长寿和处世之道，他说："当以忠孝和顺仁信为本。若德行不修，而但务方术，皆不得长生也。"他还说："览诸道戒，无不云欲求长生者，必欲积善立功，慈心于物，恕己及人，仁逮昆虫，乐人之吉，愍人之苦，赒人之急，救人之穷，手不伤生，口不劝祸，见人之得如己之得，见人之失如己之失，不自贵，不自誉，不嫉妒胜己，不佞谄阴贼，如此乃为有德，受福于天，所作必成，求仙可冀也。"由此可见，葛洪虽然潜心修道，但他认为真正的道是以忠孝和仁信为基本的，而修德行善是为人处世之道，也是长生成仙的基础。

后来，葛洪搬到临安宝石山上去修行，言行举止宛如仙人，他在山上一边潜心修炼，一边采药为人治病，并向民众劝善，使百姓追求向善之道，逢凶化吉，生活祥和。因宝石山风景秀丽，奇花异草遍地，灵动逼人，人们就以葛洪之姓改称宝石山为葛岭，一直流传至今。

葛洪虽然是个修道之人，时常隐居山中，但他也常忧天下，有一颗"济世苍生"的仁心。他对百姓苍生的挂念以及对当时动荡不安时局的批判，都可在其遗留下来的著作里看出来，他曾写道："古诗刺过失，故有益而贵；今诗纯虚誉，故有损而贱也。"（《辞义》）他还提出作为一个有良知的文人，应该"出淤泥而不染"，应当"式整雷同之倾邪，磋砻流遁之暗秽"。葛洪认为真正的修道是要通天地之化，源道德之妙，运阴阳之用。达性命之真，应做到老子说的"见素抱朴，少私寡欲"。真正地放下欲望，才能获得恬淡之心，达到与天地同流的境界。

浮华如泡影，看破最难得

入夜，元圭禅师正在坐禅，一阵飒飒阴风过后，一位头戴高冠、身穿蟒袍、身材魁伟、相貌奇异的人，带领着一大群随从，来到了禅师座前。

元圭禅师不动声色地问："来者为何来此？"

来者自负地说："你难道不认识我吗？"

"我对佛与众生都一视同仁、平等看待，哪里会分辨你是谁呢！"

来者说："你怎敢将我与其他人一同看待？你不知我是此地山神，掌握着你们的生死大权吗？"

元圭禅师微微一笑，说："禅者看自身与虚空等同，与一切万物皆同。你不能毁坏虚空，亦不能泯灭你自己以及万物，你又如何能将我泯灭呢？"

山神说："你所敬仰的是佛，我的神通仅次于你们万能的佛。"

元圭禅师说："没有什么是万能的，佛亦不能。即使是佛也有三种不能。而你，至少有五种不能。"

山神不服："我有什么不能的？"

"你不能违逆上天的旨意；不能让西天的星辰到东方运行；不能融化五岳；不能让河水倒流；亦不能幻化四季。此谓五不能。"

山神面有惭色。

元圭禅师接着说："佛亦有三不能：不能消除既定之业；不能化导无缘众生；更不能让所有众生都成佛。"

山神怔住了。

元圭禅师看着发愣的山神，爽声一笑，正色道："虽如此，然定业不能长久，无缘也只是一期，众生界本无增减。在我看来，佛并非有何神通，佛的神通在于能以无欲而通达一切。"

佛与常人一样，都有做不到的事情。任何人（包括神或佛）都不是万能的，但佛是强大的，它的强大就在于它以无欲而通达一切，因为无意于能力的强大，反而使自己因豁达而彰显出强大来。

世人热衷功名，正是要向别人显示自己的能力之强，然子曰："一箪食，一瓢饮，在陋巷。人不堪其忧，回也不改其乐。"人正是因为豁达而快乐，因为豁达而强大。

释空禅师一夜夜宿旅店，睡到半夜，忽然听到屋里有窸窸窣窣的声音。

他仔细听听，又张开眼睛看了看，便明白是小偷进了自己的屋子。

释空禅师问道："施主是什么人呢？半夜进我这个穷和尚的屋里，又想得到什么？"

禅师的话让小偷翻东西的动作骤然停止，小偷不说话，也没有朝外跑。

释空禅师说："施主你可以跟贫僧说实话，佛家人不打诳语，我不会去报官。"

小偷静默了一会儿，然后说："大师，我是小偷。"

释空禅师又问："那么，你偷过几次呢？"

小偷说："那真是数不清啊。"

释空禅师说："每得手一次，你能快乐多久呢？"

小偷说："几天而已，过后就完全没感觉了。"

释空禅师说："原来你只是一个小贼，你为什么不大干一次，一辈子就不用愁了呢？"

小偷以为这个和尚也不是什么正道上的人，欣喜地问道："原来你也是同道，那么你做过几次呢？"

释空禅师笑道："我只做过一次，却一辈子已经不愁了。"

小偷惊喜地问道："是什么呢？快跟我说说吧。"

这时，释空禅师摸着自己心脏的位置，对小偷大喊道："就是这个，你懂吗？这会让你一辈子受用不尽。"

小偷一时惊呆，竟然不能言语。此后，他决心跟着禅师学习，不再偷窃了。

每个人内心里都有一座宝藏，很多人因为追求外界的欲望，而忘了挖掘自己内心的宝藏。其实，一经挖掘你就会发现，自己是一个什么都不缺少的人，并不需要外界的物质来满足自己的欲望。做到无欲，自然就可以顿悟，人生自然可以通达。

减少贪念，才能远离祸患

很多人认为，贪心是人的天性，似乎人天生就有这样一种负面的心态。其实并非如此，人最开始的时候并没有贪心，只是后来受到了诱惑，而且不能抵御诱惑，才产生了贪心。并且，最开始人的贪心并不大，只是后来才慢慢变大的。

有个年轻人很不幸，他的家被一场大水灾毁了。房子没有了，亲人也不见了。于是，孑然一身的他开始了漫长的流浪之路。

有一天，他走到一个村子，终于体力不支，晕了过去。

村子里的好心人发现了他，把他救了。好心人还收留了他，并送给他一根鱼竿作为谋生的礼物，对他说："孩子啊，我实在不能长久地帮助你，你必须靠自己去生活。离这里不远的地方有一个湖，湖边有一间废置的破屋，你可以到那里去。或许你可以钓鱼，维持自己的生活。祝你好运！"年轻人听了，很感激。从此，就在湖边住了下来。他每天勤奋地工作，到湖里捕鱼，在湖边耕作，勉强维持生计，养活自己。

经过长期的流浪，终于有了安身之所，好似绝处逢生，因此，他的心里很欣慰，从来没有觉得劳作辛苦。

也许是他的勤劳感动了上天，上天才给了他一次发财的机会。

这天，他正在湖边安静地垂钓，忽然，手中的鱼竿猛地一沉，鱼钩

好像钩住了什么重物似的。鱼上钩了！年轻人暗喜。

但是怎么这么沉呢？他从来就没有遇到过如此沉的大鱼，然而，他没有犹豫，而是用尽力气将它拉上来。

把东西拉上来之后，他惊呆了。原来拉上来的根本就不是什么大鱼，而是一只金光闪闪的箱子！很显然，这是一只宝箱。年轻人喜出望外，他知道自己的命运要改变了。于是，他变卖了宝箱里面的藏品，换了许多银子。从此，他盖起了大房子，又娶了漂亮的妻子，接着买了很多的田产。同时，他雇了几位勇将保护着他家和那个湖，不准其他人到湖里垂钓。

钱往往都是越滚越多的，靠着宝箱他有了银子，靠着银子他有了田产，靠着田产他有了更多的银子，他越来越富裕了。

然而，渐渐地，他发现自己的财产、妻子越来越乏味。他觉得还要有更多的妻妾和更多的佣人来侍候自己，还要有各种各样的享受！

有一天，他想：这湖里肯定还藏着更多的宝物，哪会只有一只金箱子呢？于是，他雇佣了很多工人，潜下湖里去寻找，希望打捞出更多的宝物。有一天，果然有一位工人寻获了一个金铲子。

这让他更加兴致勃勃了：这回我要成为世上最富有的人了。于是，他雇佣了更多的工人。然而，就在他开展新一轮的寻宝行动时，雨季来临了。雨势越来越大，但他不愿意就此停止寻宝计划。渐渐地，湖水涨了上来，工人们都不愿意继续工作，一一离去。但他始终都不愿意停手，他甚至自己到湖里去寻宝。

后来，湖水泛滥了，开始冲进他的家里。妻子劝他离开，但他依然做着黄金梦，就是不肯走，他想：绝不能放弃这样的机会，一定要成为世上最富有的人。妻子没有办法，只好自己走了。

当水淹到了屋顶，他还坐在小小的一方屋顶空间上大喊："我的金铲子、金箱子……天啊！帮帮我啊！"

这时，天边传来声音，那是天帝在回应他："穷人啊！他只要点点的东西。富有人啊！他就要多多的东西。贪心人啊！他要所有东西！"

当财富或是机会降临到我们身上时，一定要珍惜，并且用平和的心态来看待和接受。绝不能像故事里的人一样，失去常性，让贪心吞噬心灵，继而主宰自己的人生。贪心都是一点点变大的，最开始人是没有贪心的，有了一点儿贪心之后，贪心就会长大。所以，千万别小看一点儿贪心，再小的贪心都不值得原谅。

古代有一个书生，进京赶考，路过书铺，拾到一个买书少年失落的一文钱，他立即揣入怀里，面上有欣喜之色。

当时书铺里有位老者看到了这一幕，于是就走过去和书生聊了起来。末了，这位老者还问了问书生的姓名，之后便相揖而别。

后来书生考取了举人，补了一个县尉之职。在赴任之前，他就去拜谒自己的上司巡抚大人，然而，连去了几次都被拒见了。

书生十分纳闷，想要讨个说法。巡抚传了个口谕出来："还记得当年在书铺中拾到一文钱吗？做秀才尚且视一文钱如命，倘若做了地方官吏，岂不是要刮地三尺吗？所以，你不必赴任去了。"

书生恍然大悟，不由地顿足。原来那个老者就是巡抚大人，当年他看到那个书生没有读书人的节操，拾到一文钱脸有喜色，分明是品行、操守不好，因此一直耿耿于怀，又怎么会让贪心之人到任，去危害百姓呢？

故事告诉我们，不能小看了贪心，即使是一文钱的过错。正所谓："一念过差，足丧平生之善；终身检饬，难盖一事之愆。"做人一定要时刻把握好自己，有了一点儿贪心的时候，千万不能听之任之，记住，人的贪心都会慢慢长大。再小的贪心都不能原谅，一旦任由这点儿贪心滋长，最终的结果必然是粉身碎骨。贪念就好像是火苗，只要在心中点燃，就会越烧越旺，直到有一天将人生燃烧殆尽。

享受生活的恬淡之美

对大多数人来说，生活的滋味总是苦的。为什么会苦，就是因为放不下自身的很多欲望。追逐名利，将自己弄得像一个陀螺一样，不停地转动。试问，这样又怎会不累、不烦、不苦呢？

　　清朝乾隆、嘉庆年间，辽阳出了一个叫王尔烈的才子，少时便精通诗词歌赋，而且写的一手好书法，为人聪明伶俐、才智出众。长大后考取了功名，成了朝廷的官吏，但他为官清廉，从不贪赃枉法，一直有两袖清风的美誉。

　　有一次，王尔烈从繁华的江南科考归来，正逢嘉庆皇帝登基继位。上朝的时候，皇帝单独召见了他，问道："爱卿家境如何？"王尔烈谦恭地回答："老臣家中几亩薄田，一望春风一望雨；数间草房，半仓农器半仓书。"

　　嘉庆皇帝点点头说："朕知老爱卿为官清廉，不贪钱财富贵。朕现在派你去安徽铜山铸钱，你去上几年，光景就会不错了。"于是，皇帝一道圣旨让王尔烈去了安徽铜山。

　　安徽铜山有座清朝御制通宝的铸钱炉，王尔烈奉旨到了那里后，兢兢业业地工作了三年，然后又被皇帝召回了京城。这一天，嘉庆皇帝又单独召见了王尔烈，问他："老爱卿，这一次你可以安享晚年了吧？"嘉庆言下之意是，王尔烈这一次从金山银山里出来，一定或多或少的有些"实质性收获"。

　　谁知，王尔烈听完皇帝的问话，笑了笑说："皇上，老臣依然是两袖清风，一无所有。"嘉庆皇帝不相信，怀疑地说："这怎么可能呢？你再好好查看一番！"

　　王尔烈就在皇帝的面前翻起自己的衣服兜来，只从袖套里掏出三个铜板，而且一个个磨得光滑雪亮。坐在金銮殿上的皇帝仔细一看，那竟是三个铸钱时用的模子。

　　嘉庆皇帝看见自己的臣子王尔烈如此清廉，十分激动地说："爱卿真可谓两袖清风、廉洁奉公！"

　　王尔烈不慕金钱名利、甘于清贫实与陆游在《鹊桥仙》中所表达的境界是一致的："一竿风月，一蓑烟雨，家在钓台西住。卖鱼生怕近城门，况肯到红尘深处？潮生理棹，潮平系缆，潮落浩歌归去。时人错把比严光，我自是无名渔父。"

　　词中陆游把自己比喻成不爱慕名利，只享受恬淡生活的渔父，来表明自己清心寡欲的达观信念。

金钱名利的诱惑不是每个人都能抵挡住的，也不是每个人都甘愿做"无名渔父"。现实中的很多人都被心中的欲望驱使，为了追逐名利财富，无休止地沉沦在尔虞我诈之中。无论是王侯将相，还是平民百姓，对于富贵都有着一定的期望，能够真正看淡这一切世间名利，做到泰然处之、清心寡欲的人一定是修养与德行兼备之人。而三国时的诸葛亮正是这样一个人，他在写给儿子的《诫子书》中说道："夫君子之行，静以修身，俭以养德。非淡泊无以明志，非宁静无以致远。夫学须静也，才须学也，非学无以广才，非志无以成学。淫慢则不能励精，险躁则不能治性。年与时驰，意与日去，遂成枯落，多不接世，悲守穷庐，将复何及！"

　　诸葛亮是在训诫儿子好学、节俭、淡泊、宁静，同时也在无形中把自身的追求表达了出来，而这也是他波澜壮阔一生的写照。他在《出师表》中说："臣本布衣，躬耕于南阳，苟全性命于乱世，不求闻达于诸侯。"全然是一副悠然自在的乡野生活，没有金戈铁马的嘶吼，没有尔虞我诈的烦忧，那时的诸葛亮名利不近身，一身轻松。虽说后来他被刘备三顾茅庐而去，但投身政治的他始终保持着一份淡泊、宁静和豁达。

　　古人常说："不为物累，高风亮节。"名和利是人活在世上逃不开的两张网，我们要做的就是不要陷在网里，不要让其越来越紧，慢慢地缠住我们的咽喉，直至呼吸紧蹙，甚至窒息而死。应该学着让名利远离我们，或者把名利看淡，去追求那种更为恬淡、悠然的生活，就像老子说的那样："恬淡为上，胜而不美。"

　　清心寡欲，是人生的一种态度、一种道德修养，但不是看破红尘、无所作为。颜回虽然清心寡欲，但一直潜心修学，钻研儒家学问，他在纷乱复杂的环境中保持着一颗不被名利污染的心，而且一直在学习、在进步、在推行和实行"仁"的思想，他有理想，也有追求，活得充实而自由。倘若人们都能达到清代张潮在《幽梦影》中所说的境界，那么，人生之美就能看得更通透了。

　　　　能闲世人之所忙者，方能忙世人之所闲。
　　　　人莫乐于闲，非无所事事之谓也；

閑则能读书，闲则能游名胜，

闲则能交益友，闲则能饮酒，闲则能著书；

天下之乐，孰大于是？

欲望如杂草，需要适时修剪

佛说："我幸福并不是因为我拥有很多，而是我要求的很少。"佛还说："生活原本没有痛苦，没有烦恼，没有忧愁，当欲望太多，计较太多，背负太多的时候，痛苦、烦恼、忧愁和沉重便产生了。欲望越多，痛苦就越多，离幸福就越远。"

只有懂得节制欲望的人，才能享受人生的真正乐趣；只有懂得不去计较的人，才能享受左右逢源的和谐，享受真正的快乐和幸福。

富足未必等同于幸福，幸福是一种精神和物质相平衡的感受，仅有物质享受而没有精神追求，绝对没有幸福可言！任何超出基本需求的物质财富都可能成为你的精神负担。所以，我们要学会随时修剪自己的欲望。

很久以前，在一座高山上有一座寺院，由于地处偏远，香火一直十分冷清。

原来的住持圆寂以后，玄空禅师做了新住持。初来乍到，他绕着寺院巡视了一圈，发现寺院周围的山坡上长满了灌木。那些灌木树形张扬，看上去随心所欲、杂乱无章。玄空禅师找来一把剪子，时不时地去修剪一棵灌木。几个月过去了，那棵灌木被修剪成了一个半球形状。

寺院的和尚们不明白玄空禅师到底想做什么，于是忍不住好奇地问："师父，您修剪这棵灌木是为了什么啊？"玄空禅师却笑而不答。

这天，寺院里来了个不速之客。此人穿着光鲜，气宇不凡。玄空禅师热情地接待了他。

对方说自己开车路过此地，汽车抛锚了，司机正在山下修车。叙谈之间，来客向玄空禅师请教了一个问题："人怎样才能清除自己的欲望呢?"

玄空禅师微微一笑，转身进内室拿来那把剪子，然后对客人说："施主，请随我来!"

他把来客带到寺院外的山坡上。客人一眼就看到了那满山的灌木，也看到了玄空禅师修剪成形的那棵。

玄空禅师把剪子交给客人，说："您只要能经常像我这样反复修剪一棵树，您的欲望自然就会消除。"

客人疑惑地接过剪子，走向一棵灌木，咔嚓咔嚓地剪了起来。一盏茶的工夫过去了，玄空禅师问客人感觉如何。客人笑笑说："感觉身体倒是舒展、轻松了很多，可是堵塞在心头的那些欲望似乎并没有放下。"

玄空禅师领首说道："刚开始是这样的。经常修剪就好了。"

客人走的时候，跟玄空禅师约定 10 天后再来。

玄空禅师并不知道，来客乃是当地一个有名的商业大亨，近来他遭遇到了生意上前所未有的难题。

10 天后，大亨果然来了；16 天后，大亨又来了……3 个月过去了，大亨已经将那棵灌木修剪成了一只初具规模的鸟。玄空禅师问他："现在是否懂得如何消除欲望?"大亨面带愧色地回答："可能是我太愚钝，每次修剪的时候，倒是可以做到气定神闲、心无挂碍。可是从您这里离开，回到我的生活圈子之后，我所有的欲望依然像往常那样，不由自主地又冒了出来。"

玄空禅师笑而不言。当大亨修剪的鸟完全成形之后，玄空禅师又向他问了同样的问题，他的回答照旧。玄空禅师接着说："施主，您知道为什么当初我建议您来修剪树木吗?我只是希望您每次修剪前都能发现，原来剪去的部分又会重新长出来。这就像我们的欲望一样，别指望完全消除。我们能做的，就是尽力把它修剪得更美观。放任欲望，它就会像这满坡疯长的灌木，丑陋不堪。但是，只要能做到经常修剪，它们就能成为一道赏心悦目的风景。对于名利，只要取之有道，用之有道，利己惠人，它就不应该成为我们心灵的枷锁。"大亨听后，顿然开悟。

后来，到这座寺院的香客越来越多，寺院周围的灌木也渐渐地都被修剪成了各种形态。

很多人常常觉得活得累，很痛苦，这是因为他们总想去"要"，想要的太多，没完没了。

欲望越多，痛苦和烦恼自然也就越多。其实，人只需满足吃饱穿暖的最低物质需求，再高的物质享受就属可有可无了。

佛说："满足不在于多加柴草，而在于减少火苗；不在于积累财富，而在于减少欲念。"贪多的人，虽然表面上看似得到了很多，但事实上最后得到的更少，还有可能沦为贪欲的奴隶。很多时候，人之所以活得很痛苦、很疲惫，不是因为拥有的东西太少，而是想要的东西太多。只有懂得把握分寸，适可而止，生活平衡，活得简单一点儿，才能享受更多的幸福和快乐！

在"荣观"中淡然处世

一个人虽然处在荣华富贵当中，依然超然物外，不被富贵荣华所累，这就是前人教导我们的人生智慧。南怀瑾先生也认为，倘若一个人处在"荣观"之中，仍然恬淡处之，不改以前的素朴，那就是真正的有道之士了。

很久以前有一个国王，名叫难陀。他极其贪财，金银珠宝甚至比他的生命都要宝贝，所以他拼命地聚敛财宝，更期望能把聚敛来的大量财宝带到他的后世。

他心里常常想："我一定要用尽所有的方法，把一国的珍宝都收集到我这儿来，绝不能让外面有一点儿剩余。"

于是，他绞尽脑汁地想出各种聚拢财宝的方法，他甚至把自己的女儿安置在宫殿的城楼上，并且一再吩咐侍候她的人说："如果有人带着金银财宝来向我的女儿求婚，那就把这个人连同他带的财宝一起送到我这儿来！"

难陀的女儿生得花容月貌，又是高贵的公主，所以爱慕她的人很多，大家带着各自家中的珍宝来到了国王的宫殿。难陀就是用这种办法聚敛财富的。没过多久，所有的金钱、宝物都进了国王的仓库，全国上下，已经没有什么地方有财宝给他了。

难陀的国中有一个中年寡妇，她只有一个疼爱至极的儿子。她的儿子每天都会去城楼下远远观望国王的女儿，看见难陀的女儿生得如此端庄美丽，心中很爱慕。无奈他家中一贫如洗，根本没有什么钱财让他和国王的女儿结交，以至于最后忧思成疾，相思难解，竟奄奄一息，似乎不久于人世。

母亲看着日益消瘦的爱儿，心中焦急万分，问道："可怜的孩子，你害了什么病，怎会病成这个模样？"儿子这才把内心对国王女儿的炽热情感告诉了母亲，说："今生我如果不能和国王的女儿交往，必死无疑。"

母亲无奈地叹气道："我的傻孩子，现今国内的金钱、宝物一无所剩，我们到哪里去弄到宝物呢？"可是她又不愿意让儿子生活在痛苦中，仔细想了一会儿，说："当年你父亲死的时候，嘴里含有一枚金币。你要是把坟墓挖开，就可以得到那枚金币，然后就可以用它去结交国王的女儿了。"

为了能和国王的女儿交往，儿子遵照母亲的吩咐，去挖开了父亲的坟墓，并小心地从父亲口里取出那枚金币。他一拿到这枚金币后，就来到国王女儿那儿。

美丽的公主带他去见国王。难陀看见是一个穿着寒酸的小伙子，就心存怀疑地说："现在国内所有的金钱、珠宝，除了我的仓库中的，都荡然无存了。你是从哪里弄到这枚金钱的？你一定是发现了地下的窖藏了吧！"

于是，国王马上吩咐士兵将这个可怜的小伙子押进大牢，并且用了种种刑法拷打这个寡妇的孩子，非要问清楚他是如何得到这枚金币的。被痛苦折磨的小伙子回答国王说："陛下，我真的不是从地下的窖藏中得到这枚金币的。这是我的母亲告诉我的，说家父死的时候，口中含着一枚金币。我挖开了父亲的坟墓，才得到了这枚金币。"

贪财的国王立即派人去查验这个小伙子的话，果然不假，他这才相信了。可是难陀听了使人的报告，心里不免悲伤，他暗自想："我生前聚集了国内的一切宝物，为的是等我死后把它们都带到后世。可是那个

小伙子死了的父亲，一枚金币尚且带不走，更何况我这如山似海多的奇珍异宝呢?"

佛家有偈曰："钱财身外物，悭贪难受益；纵积千万亿，身死带不去。"生前的富贵荣华，死后就如浮云般飘然远去。纵使你有千金万银，死后也带不走。所以不如超然物外，不被名利富贵所累，轻松自如地走完人生路。

减少贪心，别把利欲看得太重

佛经有云："不计众苦，少欲知足。"没有欲望则会少很多烦恼。利欲之心人皆有之，古诗云："梁武为帝欲作仙，石崇倘望海作田，西施照镜嫌貌丑，彭祖焚香祝寿年。"这就说明了一切众生都有与生俱来的贪心。关键是要能进行自控，不要把利欲看得太重。一旦快接近极限，就要及时抽身，跳出这个圈子，不为利欲之争舍弃了一切，否则就只会跳入自己给自己挖的坟墓中。

有个人穷困潦倒，家徒四壁，整个房间内除了一张长凳外，再没有其他的家什了，就连睡觉的床都没有。但这个人极其吝啬，他也很清楚自己有这个毛病，可就是怎么也改不了。

于是他每天都向佛祖祈祷，希望能尽早发财，并且向佛祖承诺，一旦发财了，就绝对不再像现在这样吝啬。

佛祖见他每天都如此虔诚地祈祷，也看到他确实很可怜地生活，就给了他一个装钱的口袋，并对他说："这个袋子里现在有一个金币，你把它拿出来，里面就又会有一个金币，你如果想不停地拿，那里面就会不停地有金币。不过如果你想花钱，就必须将这个钱袋扔掉。"

那个穷人高兴极了，他开始不断地一个一个地往外拿金币，整整一天一夜过去了，他丝毫没有停顿，屋子里到处都是金币，即使他什么都不做，那些金币也足够他生活一辈子了。但他一边掏着金币一边想：我要掏更多的钱，这样我就可以尽情享受世界上最美好的生活了。于是他就

240

不停地掏金币，每当他感觉疲惫想放弃时，就又生出一种舍不得的情绪："我还不能扔掉袋子，还是让钱更多一些吧！"于是他就这样不吃不喝地一直掏着，直到整个屋子里都装满了金币，直到他已经虚弱得连掏钱的力气都没有了时，他还是不愿意将袋子扔掉，最后他被活活饿死在了钱袋旁边，而屋子里满是金灿灿的金币。

人之贪念是如此可怕，它不仅会让人迷失方向，甚至还会让人失去生命。

佛、道、圣和普通人其实没有什么区别，都是有手有脚的。但佛、道、圣却心静纯然、清澈无碍、自在无忧，然而我们普通人的心却被物欲所覆盖，从而失去了原来的本真。这种种物欲就如同水中的幻影一般不真实，让我们本来明如镜的心失去了照物、照己的功能。

一个僧人惶恐不安地从树林中跑出来，刚好撞见了两个很要好的人在林边漫步。他们看到僧人惶恐的样子，赶紧问："出什么事了，怎么这样惊慌失措？"

僧人喘着气颤巍巍地说："太可怕了，我在树林中的一棵树下挖到了一堆黄金！"

两个人听了心里都开始嘀咕开了："这个呆和尚，这么好的事还害怕，真是在寺院里待傻了。"接着他们问道："你看到的可怕的东西在哪里呢？你告诉我们，我们去收拾它！"

僧人吃惊地说："这么厉害的东西，你们还敢去收拾，你们真的不怕吗？它会吃人的！"

那两个人不以为然地说："我们不怕，你只要告诉我们你在什么地方挖到的就行了。"

僧人说："就在树林那头最靠边的那棵树下。"

听完僧人的话，一对好朋友飞似的向树林那头跑去，果然在一棵树下发现了一大堆金子。

其中一个人对另一个人说："真是个呆和尚，这么多金子他竟然说是吃人的东西，难道他真的不知道这些金子都是人人渴望的吗？"另一个人也随声附和地点头称是。

他们将全部的金子都挖出来后开始讨论该怎么拿回去。其中一个

说："白天拿回去太招摇了，不安全，还是晚上拿回去好一些。而且这么多的金子我们也不能就这么拿回去，我看我先留在这里看着金子，你先回家拿些饭菜和两条口袋来，这样我们在这里吃完饭后，夜里就可以将金子用口袋背回去了。"

另外一个人很快就照他说的去准备饭菜和口袋了。

留下的那个人看着眼前的一大堆金子心想："要是这些金子都归我一个人该有多好呀！那我这辈子都不愁吃、不愁喝了，什么都不用做了。对，这些金子就应该是我一个人的，等他一回来，我就用大木棍将他打死。"

留下看金子的人这样想，回去准备饭菜和口袋的人心里也在想："那么多金子要是归我一个人，不仅可以让我盖起一栋很漂亮的房子，还可以让我讨到一个漂亮的老婆。我回去先吃饱饭，然后就在给他的饭里投些毒药，他死了，所有的金子就都是我的了。"

从家里拿饭菜的人很快就回来了，但令他没想到的是，他还没来得及将饭菜放下，等在那里的人就从背后狠狠地用木棍将他打死了。看着朋友死去，这个人还有些不舍道："亲爱的朋友，别怨我，都是金子逼着我这么做的。"

说完之后，他就拿起那个人送来的饭菜，狼吞虎咽地吃了起来。刚吃了几口，他就发现肚子开始像火烧一样疼。他知道是朋友给自己下了毒，临死前他说："还是僧人说得对啊，金子是会吃人的！"

如今人们的心被财富染得五颜六色，有了汽车想洋房，有了洋房想别墅……没完没了的欲望，让自己的心在追逐名利中失去了方向。

心本无忧，请放下贪欲，在想得到更多东西之前，请先给心灵一片宁静，抹去那五颜六色的色彩，让心如明镜般照出真我，这样才能让生活充满快乐！

物质上富足并非真正富有

常言道："天下熙熙，皆为利来；天下攘攘，皆为利往。"生活在一个物质的世界里，许多人很难摆脱物质欲望，甚至着了魔一样地追求它们。

社会的诱惑很多，人们不择手段地想要得到自己喜欢的任何东西，而不择手段的后果，就是让自己迷失在物质的迷宫中再也无法出来。

善于支配物质的人，认为赚钱是一种享受，他们不是简单地从物质中得到，也用一颗感恩、和善的心来帮助弱者。他们从而赢得了人们的信任与尊敬，便可得到更多的成功机会。

对这些人来说，赚取钱财，获得丰富的物质生活，并不是他们真正的目的。获得精神上的升华，能够帮助别人，才是他们生活的意义。换句话说，这样的人才是真正地对物质有知足之心的人。

一天早上，禅师外出宣讲佛法，看到一个年迈的老妇人一边拿着一个瓷瓶在河边取水，一边大哭。

禅师上前问道："施主缘何如此悲伤呢？"

老妇人答道："我每天从早到晚地工作，没有任何休息时间，而只要做得不好，就会受到虐待。过着吃不饱、穿不暖的生活，年纪这么大了，生活还这么困苦，我觉得我没有办法活下去了，但是也没有办法去死。所以才在这里悲伤地大哭。"

禅师问道："施主你既然这么贫穷，为什么不把贫穷卖了呢？"

听见禅师的话，老妇人十分吃惊。她不禁问道："贫穷可以卖吗？谁又愿意买呢？"

禅师说："当然是可以卖的，如果你不再计较，照我说的做，你就可以卖掉你的贫穷。"

老妇人赶紧说："禅师，我会照你说的去做，你说说我怎样才能把贫穷卖掉吧。"

禅师告诉老妇人，让她先回家去沐浴更衣，然后再来找他。

于是，老妇人照着做了。当她再次来到禅师那里时，禅师对她说："如果你想卖掉贫穷的话，就布施给我吧。"

老妇人说："禅师，我只是一个贫穷的老太婆，自己都吃饱、穿不暖，没有钱财，怎样布施给你呢？"

禅师拿出自己的钵盂，对老妇人说："你去用这个钵盂打点清水回来吧。"

老妇人拿起钵盂，取回清水，恭敬地递给了禅师。禅师马上为老妇人送上祝福，并给她讲了一些佛法。老妇人听着禅师的佛法，心中的结一个个打开，忽然不觉得像以前那样痛苦了。

禅师问道："施主，你现在还觉得你是一个贫穷的人吗？"

老妇人回答："虽然我并不富有，但是也不再贫穷了。"

人生本就不应该把所有的眼光都放在物质上，只有物质生活，没有精神生活，那也是一种贫穷。一个对生活知足的人，就算一无所有，同样可以让自己过得快乐、幸福，并且把它们带给别人。

生活既艰难又复杂，世事难料，今天家财万贯，也许明天就没有了。生活的目的不是物质，不是结果，而是你享受生命的过程。当你阅历增多的时候，你的学问和技能就越多；当你懂得适中的时候，你的生活也会变得更好，心灵也会变得更加通融。

不在名利场中迷失自己

人生在世，常常被名利所累，其实名利对任何人来讲都是心理上的慰藉，只是对自我价值的一种评定，因此，名利只不过是一个人为自己挣得的身价筹码而已。但是没有名利的人常常会对自己的价值产生怀疑，进而对自己在世界上的价值失去信心。为此，很多人不惜终身求索名利，最终使名利的绳索变成自己人生的绞索，因此断送了所有的快乐与欢笑。

金钱、名利促使人追求进步，但也阻碍人向前迈进，使人掉入万丈深渊。人生在世，只有将名利看得很轻，方能超然物外，活得轻松快乐。

　　寒山与园清寺的僧人拾得是好友，二人经常在一起吟诗作偈。因为两人常用桦树皮做成帽子，穿得破破烂烂地站在长廊的一端大声地吟诗，还时而在村中引吭高歌，所以世人都视他们为疯子。

　　闾丘胤要前往丹丘做官，临行前，巧遇刚从天台回来的丰干禅师。于是闾丘胤便问丰干禅师："天台那个地方有什么贤人可以为人师表？"

　　丰干禅师回答道："园清寺里的寒山、拾得就是文殊、普贤二菩萨。"于是，闾丘胤在到任三天之后便亲自前往园清寺，一看见寒山和拾得两位诗僧就立即施礼下拜。寒山大笑着说道："丰干真是多嘴！您连弥勒佛（丰干）都不认识，何必对我们施以礼拜呢？"说完之后，就拉着拾得走出寺院，回到了岩窟之中，洞穴的门自动合上了。

　　寒山经常会在竹子、树木以及石壁上记下诗句，其中一首诗为：

> 自乐平生道，烟萝石洞间。
>
> 野情多放旷，长伴白云闲。
>
> 有路不通世，无心孰可攀。
>
> 石床孤夜坐，圆月上寒山。

　　佛家言："知足之人，虽卧地上，犹为安乐；不知足者，虽处天堂，亦不称意。"又言："若欲学道，先须贫苦炼行。"所以，真正的高僧不会被名利和财富打动，因为他们固守着自己的一片天地，在属于自己的乐土中精进修行，净化着自己的心灵。

　　可能你会说，这一境界只属于贫瘠的远古时代，而不适合物欲横流的现代社会，但它至少能让我们找回本性，以免被物欲吞噬。

　　正是因为寒山领悟到了人生的真谛，所以他才淡薄功名富贵，心甘情愿地过着清贫而自在的生活，深山虽然有路，他却不曾让其通往尘俗的世界，所以无心无欲的寒山就会认为官府中人没有什么值得攀援的。

　　道林禅师喜欢一个人住在树上，与鸟巢为邻，于是人送外号曰"鸟巢禅师"。

　　有一次，白居易去拜访道林禅师，见道林禅师在树上坐禅，于是提

醒道林禅师说："你在这样高的树上打坐，实在是太危险了，赶快下来吧！"

道林禅师说："大树虽高，但却并不危险，只要我小心一点儿，就不会掉下去；相反，你的处境才是最危险的！即使你有心躲避，但并不是每次都能躲过的，所以真正需要小心的不是我，而是你自己。"

白居易说："我的生活平稳，而且我是朝廷重臣，哪里会有什么危险？"

道林禅师说："官场如战场，众人从无一心，薪火相交，难道还不够危险吗？"

白居易听了禅师的话，觉得很有道理，于是又问道："佛法是如何解释的呢？"

道林禅师回答："做坏事使我们心智迷乱，做好事使我们心灵明净！"

白居易听了深感失望，说："这些道理连三岁的孩童都明白，又不是什么高深的道理，何必说呢？"

道林禅师叹道："三岁孩童都明白的道理，八十岁老翁却不一定会明白。"

白居易稍一沉吟，便解其意，连连点头称是。

世人皆为功名利禄所累，常常身处险境却仍然执迷不悟。尽管也有人明白身处危险之境，但因受内心欲望的驱使，心智迷乱，结果连自己都控制不了。而欲望的不满足往往是悲剧的根源，正所谓"欲壑难填"，人生的灾祸皆源于此。有时就连三岁小孩都明白的道理，许多人却沉溺其中而不能自省！

怀着一颗清静之心的人恰如"圆月上寒山"，也只有这样的人，才能于尘世中潇洒自如。